KB075718

국회 열어보기

— 한국 국회의 제도와 행태 —

국회 열어보기

한국 국회의 제도와 행태

1쇄 발행 | 2020년 8월 28일
3쇄 발행 | 2022년 7월 27일

지은이 | 손병권·가상준·박경미·유성진·장승진·전진영·조진만
발행인 | 부성옥
발행처 | 도서출판 오름
등록번호 | 제2-1548호 (1993. 5. 11)

주 소 | 서울특별시 중구 필동로 19, 4층
전 화 | (02) 585-9123 / 팩 스 | (02) 584-7952
E-mail | oruem9123@naver.com
ISBN   978-89-7778-515-1   93340

국회 열어보기

— 한국 국회의 제도와 행태 —

손병권 · 가상준 · 박경미 · 유성진 지음
장승진 · 전진영 · 조진만

National Assembly Inside Out

Institutions and Practices of the Korean National Assembly

SOHN Byoung Kwon • KA Sangjoon • PARK Kyungmee
YOO Sung-jin • JANG Seung-Jin
JEON Jin Young • CHO Jinman

ORUEM Publishing House
Seoul, Korea
2022

서문

손병권 | 중앙대학교

민주주의 국가에서 의회는 국민의 대표기관이자 입법기관이며 국가 주요정책의 심의기관으로 행정부와 함께 국민의 의사를 국정에 반영하는 가장 중요한 기구이다. 특히 대통령제 국가에서 의회는 권력분립과 견제와 균형의 원칙에 따라서 대통령과 행정부를 감시하고 감독해야 할 위치에 있어서 그 중요성은 더욱 크다고 할 수 있다. 대통령이 전국단위에서 선출되어 전체 국민으로부터 권력을 위임받는다고 한다면, 지역구 의원이나 비례대표 의원은 각각 지역구 유권자의 의견과 정당의 결집된 의사를 다양하게 대변한다는 의미에서 보다 입체적으로 민의를 대표하는 기구라고 할 수 있다.

민주주의 국가에서 의회의 이러한 중요성으로 인해 한국의 경우 1987년 민주화 이후 민주주의 공고화 과정에서 추진된 제도적 개혁의 상당 부분은 우리 국회의 자율성을 높이는 데 있었다고 해도 과언이 아니다. 대통령의 인사권을 견제하기 위한 인사청문회 제도의 도입, 입법조사처 및 예산정책처 등 국회지원기구의 설립 등은 국회의 권한을 신장하고 보다

전문적인 국회의원 의정활동을 지원해 준 조치로 보인다. 또한 국회선진
화법의 통과, 의원 윤리제도의 강화 등은 국회 내부의 고질적인 문제를
해소하여 국민의 신뢰를 더 얻어내기 위한 국회의 자정 노력 가운데 하나
였다. 이처럼 민주주의의 핵심적 기구로서 우리 국회의 기능을 강화하면
서 이와 동시에 그 부작용을 줄이는 것은 그동안 한국 정치에서 지속적으
로 주요한 관심이었다.

이러한 배경에서 이 책은 우리 국회에 관심이 있는 대학생은 물론 일
반 독자를 대상으로 우리 국회의 다양한 면모를 상세하게 소개하기 위해
서 집필되고 출간되었다. 이 책의 제목인 『국회 열어보기: 한국 국회의
제도와 행태』가 알려주듯이, 국회 안팎의 각종 제도와 국회를 중심으로
벌어지는 다양한 행위자들의 행태와 특징이 이 책에 담겨져 있다. 그리고
또한 부제가 지적해 주듯이 이 책은 무엇보다도 국회 안팎의 각종 제도와
국회의 개인적 혹은 집단적 행위자의 행태를 포괄적으로 기술하고자 하
는 책이다. 요컨대 국회의 모습을 입체적으로 파악하고 그 안팎에서 활동
하는 행위자와 그 행태를 규정하는 제도들을 다각적으로 서술하기 위해
서 만들어진 책이 『국회 열어보기: 한국 국회의 제도와 행태』이다. 가능
한 한 독자가 쉽게 이해 할 수 있는 교과서를 만들자는 것이 저자들의
취지였는데, 그 성공 여부에 대해서는 독자의 판단을 존중할 수밖에 없을
것 같다.

이 책은 필자를 포함하여 7인의 연구진이 약 2년여에 걸쳐서 토론하
고 집필하고 검토한 결과를 내 놓은 것이다. 이미 국회 관련 각종 전문서
적과 훌륭한 교과서들이 있기는 하다. 그러나 국회선진화법 이후의 변화
를 담은 교과서용 개설서는 눈에 잘 보이지 않는다는 공통의 인식을 토대
로 새로운 교과서를 작성하자는 의견이 자연스럽게 모아지면서 그 결실
이 이 책으로 나타났다. 서문에 대신해서 이 책의 전체 체제를 '미리 살짝
열어보기' 형식으로 간략히 적어 소개하고자 한다.

우선 이 책은 6명의 저자가 각각 2장씩 맡아서 집필하였다. 한국의
의회, 정당, 선거정치에 대해 관심을 지니고 이 분야에서 꾸준히 연구성과

를 보인 저자들이 모여서 12개의 장에 들어갈 주제를 선정하고 이를 토대로 제목과 목차를 정한 후에 거의 한 달에 한 번씩 모여 집필과 토론을 반복하였다. 12개의 장은 크게 나누어 보면 '국회 들어가기와 만들기', '국회에서 일하기', '국회 밖을 다루기,' 그리고 '국회 도와주기와 바로잡기' 등의 큰 주제로 구성되어 있다. 먼저 '국회 들어가기와 만들기'의 제1장과 2장은 국회의원의 선거와 충원을, 제3장은 국회의 구성과 운영을 다루고 있다. 그리고 '국회에서 일하기'에서 제4장, 5장, 6장, 7장 등은 국회의 위원회제도, 입법과정, 예산 및 결산과정, 그리고 국회의원의 의정활동을 폭넓게 검토하면서 이를 다각도로 면밀하게 설명하고 있다. 그리고 '국회 밖을 다루기'에 해당하는 제8장, 9장, 10장 등은 국회와 다른 헌법기관인 대통령, 행정부, 사법부 관계를 검토하면서 주어진 권한을 활용하여 우리 국회가 국회 밖의 행위자와 어떻게 상호작용하고 있는지에 대해서 기술하고 있다. 마지막으로 '국회 도와주기와 바로잡기'의 제11장과 12장은 우리 국회를 도와주는 국회보좌진 등 지원기구와 국회의원의 잘못을 바로잡는 윤리 문제를 다루고 있다. 일부 빠진 내용이 있을 수도 있고, 각 장 상호 간에 중복되는 내용이 없을 수 없겠지만, 이는 개정의 기회가 있으면 그때 다시 손을 보고자 한다. 저자들은 우리 국회와 관련되어 한번은 검토해야 할 주제를 대부분 포함한 포괄적인 교과서를 만들어 보자는 목표는 달성한 것으로 자평하고 있다. 간단히 이 책의 특징을 설명하자면 다음과 같다.

『국회 열어보기: 한국 국회의 제도와 행태』는 부제가 알려주는 대로 우리 국회의 제도와 행태 양자를 모두 고려하면서 집필되었다. 그래서 이 책의 각 장은 장별 주제와 관련되는 사항에 있어서 이러한 제도와 행태의 양대 측면을 모두 담아보도록 노력하였다. 각 장마다 그 주제의 성격으로 인해 제도적 측면이 더 부각되는 경우도 있고 행태적인 측면이 더 부각된 경우도 있다. 그러나 전체적으로 우리 국회의 위상과 운영을 규정하는 헌법, 국회법, 다양한 국회규정, 그리고 국회의 포괄적인 원내외 활동범위와 관련된 법률 등 제도적인 측면과 함께, 이러한 제도 속에서 활동하는 국회의원, 국회의장, 원내교섭단체와 지도부, 상임위원회 등 다양한 행위자의 행태에 대해서도 기술하였다. 예컨대 '국회 들어가기와 만들기' 부분과 관련된 선거제도 및 선거구 획정제도, 정당의 공천제도, '국회에서 일하기' 부분과 관련된 국회법 규정, 그리고 '국회 밖을 다루기' 부분과 관련된 헌법과 국회법 규정 등은 우리 국회의 행동반경을 설정하는 제도적 측면이라고 할 것이다. 한편 선거운동, 지역구나 청문회 활동, 법안 발의 등 국회의원의 의정활동, 원구성과 관련된 교섭단체의 활동, 국회운영과 관련된 국회의장의 활동, 공천 및 상임위원회 위원배정과 관련된 정당지도부의 활동은 전체적으로 국회의 행태와 관련된 부분이다.

또한 『국회 열어보기: 한국 국회의 제도와 행태』는 다양한 도표와 그림, 그리고 '박스'를 활용하여 가능한 한 독자의 이해를 돕기 위해서 노력했다. 우리 국회의 제도와 행태를 포괄적으로 다루는 교과서의 특성상 시각적 자료를 통해서 독자의 이해를 돕는 것이 필요한데, 이러한 도표와 그림은 서술된 내용을 압축적으로 제시하여 책읽기의 편의성을 높일 것으로 기대된다. 그리고 가능한 한 2020년 4.15 총선의 결과까지 최대한 도표나 그림의 통계수치에 포함시키려 노력했다는 점도 첨언해 두고자 한다. 그리고 각 장별로 질문에 대한 답변을 박스 형태로 제시하여 추가적인 정보 제공을 통해 독자들이 가장 궁금해 할 내용에 대해 친절하게 답변하고자 노력했다. 예컨대 '국회 보좌진은 어떻게 충원되나?' '감사원을 국회 소속으로 옮겨야 하는가?' '국민소환제는 필요한가?' 등 누구나 관심을 가질만한 질문을 던져보고 이에 대한 답변을 제시하면서 가능한 한 독자들의 흥미를 유발하고자 노력하였다. 이 책의 체제에 관한 이러한 설명에 이어서 다음으로 각 장의 저자들이 서술한 내용을 장별로 간단히 소개하면서 이 글을 마무리하고자 한다.

제1장은 국회의원 선거제도를 다각도로 살펴보고 있다. 해방 이후 국회의원 선거제도가 어떻게 변화되어 왔는지를 개괄적으로 추적하면서 제21대 국회의원선거에서 새롭게 도입된 준연동형 비례대표제의 내용과 문제점도 언급하고 있다. 이 밖에도 항상 지연되는 국회의원 선거구 획정

문제가 어떠한 정치적 관행과 제도적 요인들로부터 기인하는지도 논의하고 있다. 마지막으로 민주화 이후 규제 중심적인 선거법이 어떻게 마련되었으며, 오늘날의 급속하게 변화된 정치환경 속에서 자유와 공정이라는 선거의 중요한 두 가치를 어떻게 균형적으로 구축할 것인가에 대한 논의도 전개하고 있다.

제2장은 국회 충원의 문제를 논의하면서 우리 국회의 경우 의원 충원은 무엇보다도 선거제도 및 권력구조, 정당의 공천방식에 의해 영향을 받는다고 보고 있다. 국회 충원이 정치적, 사회적 중요성을 띠는 것은 무엇보다도 국회의 구성을 통해 과연 어떤 의원들이 누구를 대표하고 있는지 알아볼 수 있기 때문이다. 이와 함께 제2장은 국회 충원을 통해 국회에 입성하는 단계적 과정, 그리고 그 과정에 영향을 미치는 요인을 파악할 수 있다고 보고 있다. 한편 제2장은 우리 국회의 충원과정에서 발견할 수 있는 가장 중요한 특징을 초선의원의 높은 비중과 여성의원의 낮은 비중이라고 보면서, 이는 한국 국회 충원과정의 대표성을 떨어뜨리는 요인이 되고 있다고 비판하고 있다. 최종적으로 대표성을 띤 유능한 인물들이 국회에 쉽게 진입할 수 있을수록 국회에 대한 신뢰는 제고되고, 한국 정치 발전을 기대할 수 있을 것이라는 판단으로 글을 마무리하고 있다.

제3장은 국회 개원을 시작으로 하여 국회 지도부가 구성되고 국회의 권한이 배분되는 과정을 설명하고 있다. 특히 국회 개원 직후의 원구성 단계에서 진행되는 사안들 가운데 국회의장단과 상임위원장직 선출, 교섭단체 구성, 그리고 상임위원회 상임위원 선임, 국회의장 선출과 권한을 중심으로 논의를 전개하고 있다. 이와 관련하여 제3장은 국회 원구성 과정에서 정당 간 합의가 필요한 사안과 그러한 사례 등이 논의하면서 원구성 방식이 어떻게 현재에 이르고 있는지, 그리고 국회를 운영하는 주체로서 교섭단체 구성 요건과 권한을 살펴본 이후 국회 의장단 선출, 국회의장의 직무와 권한, 그리고 중립적 국회의장을 둘러싼 쟁점을 논의하고 있다.

익히 알려져 있듯이 우리 국회의 상임위원회는 국회의 의사결정 그리고 의원들의 주요 의정활동이 이루어지는 핵심적 기구이다. 국회 내 법안의 통과를 위해서는 일차적으로 상임위원회 내에서 법안이 다루어져야 한다. 이러한 상임위원회의 중요성에 착안하여 제4장은 국회의 의사결정이 상임위원회 중심주의를 택하고 있는 한국과의 경우, 위원회의 역할은 본회의 중심주의를 택하고 있는 국가와 비교하여 크게 다르다는 점을 강조하면서 우리 국회의 상임위원회 제도를 논의하고 있다. 제4장에 의하면 국회 내 위원회는 상임위원회, 상설특별위원회, 비상설특별위원회, 그리고 전원위원회로 구분할 수 있다. 상임위원회의 구조는 행정부의 구조에 대응하면서 운영되는 게 대통령제 국가의 일반적인 경향인데, 이러한 이유로 인해 우리 국회 역시 행정부의 부서편제가 변경되면 국회의 상임위원회 구조도 변경된다. 마지막으로 상임위원회 가운데에는 그 권한에 따라서 그리고 지역구의 특성에 따라서 의원들이 선호하는 위원회와 기피하는 위원회가 구분되어 나타나고 있는 형편이다.

제5장은 국회 입법과정을 포괄적으로 설명하면서 국회 입법과정은 크게 법안 발의, 상임위원회 심사, 본회의 심의의 세 단계로 구분하고 있으며, 이 중 가장 중요한 입법단계는 상임위원회 심사단계라고 보고 있다. 시민사회단체가 법안 발의 실적 등 양적인 측면을 중심으로 의원의 의정활동을 평가하기 시작하면서 의원안이 폭발적으로 증가하고 있는 추세이며, 그에 따라서 법안가결률은 하락 추세라는 것이 제3장의 평가이다. 한편 2012년에 일명 국회선진화법으로 불리는 국회법 개정안이 통과되면서 통상적인 위원회 심사단계를 우회할 수 있는 절차들이 신설되었는데, 안건신속처리제, 법사위 체계자구심사 지연 법안의 본회의 자동부의제, 안건조정위원회제도 등이 대표적이다. 일단 상임위원회를 통과한 법안은 97% 이상이 본회의에서 가결된다는 점에서 법안의 운명을 결정하는 가장 중요한 입법단계는 상임위원회 심사단계인데, 이와 관련하여 제5장은 이것이 우리 국회 입법과정이 상임위원회 중심주의를 채택하고 있음을 의미하는 것으로 파악하고 있다. 국회 입법과정을 지배하는 또 다른 중요한 특징을 '협의주의'로 보고 있는 제5장은 이러한 특징으로 인해 원내교섭단체 간 협의가 원활하지 않은 쟁점법안의 경우에는 표결에 회부조차 되지

못해서 다수제가 무력화되는 경우가 발생하고 있다고 보면서, 이런 협의주의적 관행으로 인해서 입법과정에서 소수파가 과도한 비토권을 행사한다는 비판이 제기되고 있음을 지적하고 있다.

거의 예외 없이 민주주의 국가에서는 재정민주주의의 원칙에 입각하여 국가 재정의 수입과 지출에 대한 통제권을 의회에 부여하고 있다. 특히 권력분립의 원칙에 입각한 대통령제에서는 재정의 집행과 감시·감독의 역할, 그리고 예산수정과 집행에의 관여 등에 관한 제도적인 권한이 행정부와 의회로 차별적으로 부여되어 있어 의회의 재정통제 권한이 상대적으로 강하다. 이러한 점에 주목하여 제6장은 우리 국회의 재정상의 권한을 포괄적으로 검토하면서 우리나라 국가재정 관련 법률의 기본적인 체계는 최상위법인 헌법, 예산의 편성·집행·결산 등을 관장하는 국가재정법, 그리고 국회의 예·결산 심의과정 등을 규정하는 국회법으로 구성되어 있다고 보고 있다. 한편 제6장은 민주화 이후 재정에 대한 국회의 통제권한이 제도적으로 강화된 것이 사실이라고 지적하면서도, 우리 국회의 국가재정통제는 예산안 심의과정이 상임위원회 예비심사와 예산결산특별위원회의 종합심사로 이원화되어 있고 실질적으로는 전문성을 가진 상임위원회보다는 예산결산특별위원회에 의해 심의가 결정된다는 점에서 문제가 있다고 비판적인 의견을 개진하고 있다.

제7장은 국회 구성원인 의원들이 어떤 활동을 어떤 식으로 수행하고 있는가라는 질문에 대해서 답변을 모색하고 있다. 제7장은 의원의 의정활동과 그 특징을 나누어 설명하고자 하는데, 먼저 지역구와 비례대표 의원의 의정활동의 차이를 포함하여 우리 국회의원들의 의정활동의 동기가 무엇인지를 논의하고 있다. 이러한 분석을 위해서 제7장은 재선을 목적으로 하는 국회 안팎에서 의원들이 수행하는 의정활동을 원내와 원외 의정활동으로 나누어 살펴보면서, 원내 의정활동은 법안 발의, 상임위원회 활동, 청원 심의, 공청회 참여, 연구단체 활동, 의원총회 및 의원외교 활동 등으로 분류하고 있고, 원외 의정활동은 지역구 활동과 정당 활동 등으로 분류하고 있다.

이원적 정통성을 특징으로 하는 대통령제 국가에서 의회와 대통령은 상호견제와 균형을 위해서 전략적으로 움직이는데, 제8장은 한국의 대통령제 하에서 상호견제의 메커니즘을 설명하고 있다. 제8장은 대통령이 국회의 권한에 관여할 수 있는 핵심적인 제도적인 견제장치를 살펴보면서 거부권이라는 용어로 잘 알려져 있는 '재의요구권,' 대통령령과 같이 위임입법과 긴급명령권 등 국회의 견제를 우회할 수 있는 권한들을 제시하고 있다. 마찬가지로 국회가 대통령에 대해 갖는 견제권한을 검토하면서 탄핵소추권과 같이 대통령의 직무수행에 대한 권한, 입법을 통한 견제권한, 그리고 임명동의안과 같이 대통령의 인사권에 관여할 수 있는 권한들이 제시하고 있다. 제8장에 의하면 민주화 이후 국회와 대통령 간 견제와 균형을 위한 제도들이 상당수 복원되었지만 대통령과 여당, 그리고 야당을 축으로 한 정파적 대립구도는 크게 해소되지 못하고 있는 실정이다. 그 결과 국회-대통령 간 반복되는 권력관계의 불안정성은 국회의 다양한 활동을 정파적 이해다툼의 경합으로 변질시키며 대의민주주의의 원활한 작동을 저해하는 상황을 초래하고 있다고 진단하고 있다.

제9장은 입법과 더불어 국회의 주요한 역할이라고 할 수 있는 행정부에 대한 견제 기능을 설명하고 있다. 이와 관련하여 국회가 행정부를 감시하고 감독하기 위해 활용할 수 있는 수단인 국정감사 및 국정조사 권한, 질문권한, 국무위원 해임건의권 등이 어떠한 절차로 행사되며 실제로 민주화 이후 어떻게 행사되어 왔는지, 그리고 어떠한 제도적 한계를 가지고 있는지에 대해 설명한다. 아울러 지난 2015년 국회법 개정안을 둘러싸고 논란이 불거진 위임입법에 대한 국회의 통제 문제를 소개하고 이에 대한 상반된 시각에 대해 논의하고 있다.

계속해서 제10장은 기존에 국회와 대통령 및 행정부 사이의 관계에만 초점을 맞추던 관례에서 벗어나서 삼권분립의 또 다른 축을 이루는 사법부가 국회와 어떠한 관계를 맺고 있는지 설명하고 있다. 이러한 목적에 따라서 제10장은 위헌법률심판 및 헌법소원심판, 그리고 권한쟁의심판 등을 통해 헌법재판소가 어떻게 국회를 견제하는지 설명하는 한편, 국회

가 헌법재판소를 비롯한 사법부를 견제하기 위해서는 어떠한 제도적 수
단을 가지고 있는지 기술하고 있다. 또한 이와 함께 최근 들어 학계와 언
론의 관심을 주목을 받고 있는 정치의 사법화 현상의 의미와 현황, 그리
고 극복 방안에 대해 비판적으로 서술하고 있다.

　의회제도를 두고 있는 민주주의 국가에서 의원의 활동과 의회의 권한
은 다수의 의회보좌기구의 지원을 통해서 작동하고 있다. 이러한 점은 대
통령과 행정부를 견제해야 할 대통령제 정부형태에서 더 강조되고 있는
데, 제11장은 한국 국회의 보좌진제도와 의정활동 지원기구를 분석하고
있다. 제11장에 의하면 국회의원의 개인보좌진 제도가 확립된 것은 제13
대 국회부터이며, 보좌진 규모는 꾸준히 확대되어서 현재 별정직 공무원
신분의 4급 2인, 5급 2인, 6·7·8·9급 각 1인씩 총 8인의 개인보좌진이
지원된다. 국회 의정활동 지원기구로는 국회사무처, 국회도서관, 국회예
산정책처, 국회입법조사처가 있으며, 그 외에 별도 법인으로서 국회미래
연구원이 있다. 국회사무처는 국회가 개원한 1948년에 설치되어서 의정
활동 지원기구 중에서 가장 역사가 오래되었으며, 의원보좌진이 속한 기
구이므로 그 규모가 가장 크고, 그 주된 업무는 회의지원을 비롯하여 국
회운영 사무에 대한 행정적인 지원이다. 국회도서관은 의정활동에 필요
한 정보의 수집·정리·분석기능을 담당하고 있다. 전문적인 지원기구인
국회예산정책처와 국회입법조사처는 2000년 이후에 신설된 기관이다. 국
회예산정책처는 2004년에 설립되었는데, 국회의 예·결산심의를 지원하
고 의안에 대한 비용추계, 국가의 재정운용 및 거시경제동향 분석 및 전
망 등이 주요 업무이다. 국회입법조사처는 2007년 설립된 기관으로, 모든
정책분야를 망라하여 국회의원 및 위원회에 대한 조사회답업무 및 보고
서 발간 등 종합적인 의정활동지원을 제공하고 있다.

　마지막으로 제12장은 한국 국회의 의원윤리 제도와 정치자금 문제의
실태를 분석하고 개선점을 제시하는 데 초점을 맞추어 글을 작성하였다.
제12장의 분석에 의하면 먼저 의원윤리 제도는 민주화 직후 구성된 제13
대 국회(1988~1992)부터 마련되었는데, 구체적으로 [국회의원 윤리강령]

과 [국회의원 윤리실천규범]이 제정되고, 윤리특별위원회도 설치되었다. 하지만 저자는 국회의원의 징계안이 윤리특별위원회에 회부되더라도 실질적으로 중징계 처벌을 받는 경우는 극히 드물었을 뿐만 아니라, 제20대 국회(2016~2020)에서는 윤리특별위원회를 비상설 특별위원회로 전환하여 국회의원의 윤리 문제에 대한 국회의 심사 기능이 더욱 취약해지는 결과를 초래하였다고 비판하고 있다. 한편 정치후원금 기부가 세금 공제를 받고, 카드를 사용한 정치자금 지출과 이에 기반한 회계 보고가 이루어지면서 정치자금제도의 투명성이 높아진 점은 하나의 성과로 보이지만, 고액 기부자의 인적사항에 대한 철저한 확인과 검증이 제대로 이루어 못하고 있다는 점은 여전히 문제라고 저자는 지적하고 있다. 마지막으로 제12장은 향후 정치자금 지출과 관련하여 회계 보고의 형식을 통일된 방식으로 개선하고, 정보 공개의 수준을 높일 필요가 있다고 개선을 촉구하고 있다.

국회에 대한 국민의 신뢰가 매우 낮은 것이 현실이지만, 대통령제 국가에서 권력분립의 한 축으로서 국회가 가진 권한과 기능은 항상 매우 중요할 수밖에 없다. 국회가 민의를 신속하고 파악하고 이를 반영하여 대통령과 함께 국정운영의 동반자로서 활동할 때, 양대 부처가 상호 견제와 균형의 원리 속에서 건설적으로 협력해 나갈 수 있을 것이다. 국회를 통한 대의민주주의의 건전한 발전을 위해서 무엇보다도 유권자인 국민의 지속적인 관심이 필요할 것이다. 이 『국회 열어보기: 한국 국회의 제도와 행태』가 국회를 보다 입체적으로 이해하기 위한 기초 지식을 독자들에게 전달하여 국회에 대한 관심을 끌어내고 높이는 데 도움이 되리라 믿으면서 책머리 글을 마무리한다.

차례

• 서문 _손병권 | 5

| 제1부 국회 들어가기와 만들기 |

제1장 • **국회의원 선거제도와 선거운동**   조진만
    Ⅰ. 국회의원 선거제도 23
    Ⅱ. 국회의원 선거구 획정 33
    Ⅲ. 공직선거법과 국회의원의 선거운동 39

제2장 • **국회의원 충원**   가상준
    Ⅰ. 지역구 의원과 비례대표 의원 45
    Ⅱ. 국회의원 충원과정 48
    Ⅲ. 국회의원의 사회·경제적 배경 56

제3장 • **국회의 구성과 운영**   박경미
    Ⅰ. 국회 개원과 원구성 61
    Ⅱ. 국회 운영의 주체와 권한 67
    Ⅲ. 국회 지도부 선출과 정치적 중립 70

| 제2부 국회에서 일하기 |

제4장 • **국회 위원회제도**   가상준
  I. 상임위원회 중심주의 79
  II. 위원회 유형과 소위원회 81
  III. 상임위원회 배정과 선호 85
  IV. 상임위원장 배분과 선출 88

제5장 • **국회의 입법과정**   전진영
  I. 법안 발의 91
  II. 위원회 심사 93
  III. 본회의 심의 101
  IV. 국회 입법과정의 특징 107

제6장 • **국회의 예산과 결산**   유성진
  I. 국회의 국가재정 통제 109
  II. 국회 예산심의 과정 115
  III. 국회 결산심의 과정 120

제7장 • **국회의원의 의정활동**   박경미
  I. 지역구 의원과 비례대표 의원의 의정활동 123
  II. 의정활동의 동기 124
  III. 원내 의정활동 125
  IV. 원외 의정활동 132

| 제3부 국회 밖을 다루기 |

제8장 • **국회와 대통령**   유성진
    I. 권력분립과 이원적 정통성 141
    II. 입법에 관한 대통령의 권한 145
    III. 대통령에 대한 국회의 견제수단 149

제9장 • **국회의 행정부 감시 및 감독**   장승진
    I. 국회에 의한 행정부 감시 및 감독의 의의 157
    II. 한국 국회의 행정부 감시 및 감독 권한 159
    III. 위임입법에 대한 통제 168

제10장 • **국회와 사법부**   장승진
    I. 삼권분립과 사법부의 역할 173
    II. 국회에 대한 사법부의 견제 권한 175
    III. 사법부에 대한 국회의 견제 권한 180
    IV. 정치의 사법화 182

| 제4부 국회 도와주기와 바로잡기 |

제11장 • **국회의원 보좌진제도와 의정활동 지원기구**   전진영
   Ⅰ. 의정활동 지원기구의 필요성 189
   Ⅱ. 국회의원 보좌진제도 191
   Ⅲ. 국회 의정활동 지원기구 196

제12장 • **국회의원 윤리와 정치자금**   조진만
   Ⅰ. 의회정치와 의원윤리 203
   Ⅱ. 한국의 의원윤리 제도와 실태 205
   Ⅲ. 정치자금과 의원윤리 213

• 참고문헌 | 219
• 찾아보기 | 227
• 지은이 소개 | 229

▶표 차례

〈표 2-1〉 선거제도 변화 및 정당구도 변화 ・53

〈표 2-2〉 국회의원 후보자 통계(연령대별) ・54

〈표 2-3〉 국회의원 후보자 통계(직업별) ・55

〈표 2-4〉 민주화 이후 국회 내 초선의원의 비율 ・57

〈표 2-5〉 국회별 총선 직후 여성의원 비율 ・57

〈표 2-6〉 국회의원 당선자 통계(연령별) ・58

〈표 2-7〉 국회의원 당선자 통계(직업별) ・59

〈표 4-1〉 제21대 국회 상임위원회 종류와 소관사항 ・82

〈표 4-2〉 특별위원회 종류와 소관사항 ・83

〈표 5-1〉 역대 국회의 본회의 부결 법안 수 ・104

〈표 5-2〉 역대 국회의 본회의 제출 수정안 처리결과 ・105

〈표 6-1〉 연도별 국회 예산안 심의결과 ・114

〈표 6-2〉 국회의 결산 시정요구 등의 현황 ・122

〈표 7-1〉 청원 접수와 처리 ・128

〈표 7-2〉 공청회 개최 ・129

〈표 8-1〉 분점정부와 단점정부 그리고 국회 운영 ・144

〈표 8-2〉 국회 재의법률안 처리 현황 ・147

〈표 9-1〉 민주화 이후 국정조사 요구 및 실시 현황 ・162

〈표 9-2〉 민주화 이후 국무총리 및 국무위원 해임건의안 발의 현황 ・167

〈표 11-1〉 의원보좌진 규모의 변화 ・192

〈표 11-2〉 의원보좌진 평균 보수 현황(2019년 7월 기준) ・195

〈표 12-1〉 제20대 국회 윤리특별위원회에 회부된 징계안 사유와 건수 ・210

〈표 12-2〉 윤리특별위원회 징계안 처리 현황: 제15대~제19대 국회 ・212

▶ 그림 차례 ──────────────────────────────

〈그림 5-1〉 국회 입법과정도 ·95

〈그림 6-1〉 국회의 예산안 심의 과정 ·119

〈그림 6-2〉 국회의 결산심의 과정 ·121

〈그림 10-1〉 위헌법률심판 및 권한쟁의심판 접수 건수 추이(1988~2020) ·184

〈그림 11-1〉 국회사무처 조직도 ·198

제**1**부

국회 들어가기와 만들기

제1장 국회의원 선거제도와 선거운동 · 조진만
제2장 국회의원 충원 · 가상준
제3장 국회의 구성과 운영 · 박경미

제1장

국회의원 선거제도와 선거운동

조진만 | 덕성여자대학교

I. 국회의원 선거제도

1. 선거제도의 중요성

의원의 입장에서 가장 중요한 것은 다음 선거에서 승리하는 것이다 (Mayhew 1974). 의원이 자신의 철학과 소신에 따라 정치 활동을 지속하기 위해서는 다음 선거에서 승리하여 재선하는 것이 필요하다. 뿐만 아니라 지역구민의 의사를 의회에서 반영하기 위해서도 의원으로서의 신분을 유지하는 것이 필수적이다. 이러한 차원에서 보면 의원이 열심히 의정활동과 지역구 활동을 하는 것은 재선의 목적을 달성하기 위한 합리적인 행동일 수 있다(Downs 1957).

이때 의원의 재선 여부를 결정하는 중요한 요인 중 하나가 선거제도이다. 모든 경기에서 규칙이 중요하듯 대의민주주의에서도 선거와 관련

한 제도, 특히 유권자의 선호(투표)가 정치적인 결과(의석)로 어떻게 전환
되는가는 중요한 정치적 의미를 지닌다. 왜냐하면 선거제도는 어떠한 형
태로든 유권자의 투표행태에 영향을 미치게 되기 때문이다. 다시 말해 선
거제도가 어떻게 설정되었는지에 따라 선거에서 승자와 패자가 달라질
수 있다(Farrell 1997; Taagepera and Shugart 1989). 이러한 이유로 선거제
도는 정치권의 복잡한 이해관계를 반영한다. 그 결과, 선거제도의 변화는
일반적으로 여야 정치권의 합의에 기반하여 이루어지게 되고, 현 선거제
도에서 이득을 보는 정당들이 근본적인 변화를 도모하려는 유인이 적다
는 특징을 보인다(Knight 1992).

　　한국의 국회의원선거에서 상당수의 득표를 한 후보자가 낙선되기도
하고, 정당 역시 득표만큼 의석을 확보하는 데 실패하기도 한다. 그 이유
는 한국의 국회의원 선거제도는 하나의 지역구(소선거구)에서 최다 득표
를 한 1등 후보만을 당선시키는 방식이 기본골격을 형성하고 있기 때문이
다. 이처럼 선거에서 표를 통하여 발현되는 국민의 의사가 의회 구성에
있어 다양한 결과로 나타나는 이유는 선거제도의 의석 배분 문제와 관련
이 있다. 즉 비례제를 채택하고 있는지, 아니면 다수제를 채택하고 있는
지에 따라 유권자의 의사가 정치적으로 반영되는 양상은 차이를 보일 수
있다(Farrell 1997, 1-11). 그리고 현실에서 다양한 선거제도가 존재하는 것
은 국가마다 정치 문화와 선거 상황이 다르고, 선거제도를 통하여 궁극적
으로 달성하려는 정치적 목적이 다르기 때문이다. 양대 정당을 중심으로
한 안정된 책임정치를 현실에서 구현하고자 할 경우 다수제를 통하여 유
권자의 다양한 선호를 집약할 가능성이 크다. 반면 유권자의 선호를 그대
로 정치적으로 반영하고자 할 경우 비례제를 채택할 가능성이 크다.

2. 선거제도의 유형과 특징

국회의원 선거제도는 투표방식, 선거구 크기, 의석 배분 방식 등에서 복잡

하고 다양한 차이를 보인다. 하지만 일반적으로 선거제도는 크게 비례제와 다수제의 두 유형으로 구분할 수 있다(Farrell 1997). 비례제는 유권자의 정치적 선호를 왜곡하지 않고 최대한 정치적 결과로 반영하는 것을 주요 목적으로 한다. 다시 말해 비례제는 유권자들로부터 받은 표만큼 정당이 의석을 차지하는 것을 기본원칙으로 한다. 반면 다수제는 유권자의 정치적 선호가 정치적 결과로 정확히 반영되지 않지만 책임정치와 정치적 안정성을 추구하는 것을 주요 목적으로 한다. 즉 다수제는 기본적으로 하나의 정당이 과반수 이상의 의석을 확보하는 것을 용이하게 하여 안정적으로 국정 운영을 담당하게 하고, 그 성과에 대한 책임 소재를 명확하게 하는 것을 특징으로 한다.

의회가 전 국민을 대표하는 대의기구라는 점을 고려할 때, 유권자들로부터 받은 표만큼 정당의 의석을 보장해주는 비례제가 높은 대표성을 보장하는 것으로 인식된다. 다만 다수제의 경우에는 비례제와 달리 소규모의 선거구에 기반하여 대표를 선출한다는 점에서 지역 대표성이 높은 특징을 보인다. 다시 말해 지역구에서 한 명의 대표를 뽑는 다수제의 경우 유권자는 자신의 지역을 대표하는 의원을 갖게 된다. 이러한 이유로 다수제 하에서 지역구 유권자는 자신의 지역 관련 민원이나 요구들을 분명하게 요구하고 그 책임을 물을 수 있는 의원이 존재한다는 점은 장점으로 작용한다.

좀 더 구체적으로 다수제의 경우 기본적으로 하나의 지역구에서 한 명의 의원을 선출하는 방식으로 이루어진다. 다수제의 가장 대표적인 선거제도인 단순다수 소선거구제(First-Past-The-Post: FPTP)에서는 단 한 표라도 많은 득표를 한 후보자가 당선된다.[1] 단순다수 소선거구제의 경우

---

1) 단순다수 소선거구제 이외에 결선투표제와 선호투표제가 다수제에 포함된다. 프랑스 등에서 채택하고 있는 결선투표제는 최초의 선거에서 과반수 이상 등 일정 기준 이상의 득표를 한 후보자가 없을 경우 일정 기간 후에 결선투표를 진행하여 당선자를 결정한다. 결선투표제는 유권자에게 두 차례의 선거 기회를 제공하는 유일한 선거제도이다. 한편 호주에서 채택하고 있는 선호투표제는 유권자들이 출마한 후보자들의 순위를 선

가장 많이 득표한 단 한 명의 후보자만 당선되기 때문에 기본적으로 거대
정당에 유리하다.

특히 중요한 점은 단순다수 소선거구제에서는 유권자 차원에서 심리
적 효과(psychological effect)가 발생하여 거대정당에 더욱 유리한 상황을
만들어진다는 것이다. 단순다수 소선거구제 하에서 당선 가능성이 낮은
군소정당의 후보자를 지지하는 유권자의 경우 자신의 선호에 따라 투표
할 경우 그 표는 선거결과에 아무런 영향을 못 미치는 '죽은 표(死票)'가
될 가능성이 크다. 그리고 그 결과 가장 원하지 않는 거대정당 후보자가
당선되는 결과를 초래할 수도 있다. 이러한 이유로 단순다수 소선거구제
하에서 군소정당 후보자를 지지하는 유권자는 선거제도의 효과를 학습함
으로써 자신의 기본적인 선호를 변경하여 당선 가능성이 큰 거대정당에
전략적으로 투표하는 행태를 보인다.

뒤베르제(Duverger 1954)가 일찍이 단순다수 소선거구제에서는 양당
제가 형성될 가능성이 높다고 주장한 것은 바로 이와 같은 단순다수 소선
거구제의 심리적 효과의 문제를 인식하였기 때문이다. 즉 단순다수 소선
거구제 하에서 군소정당은 선거제도의 심리적 효과에 따른 지지자의 지
속적 이탈로 존립 근거가 점점 취약해질 가능성이 크다. 마찬가지로 거대
정당에 불만을 품은 유권자들이 상당수 존재하더라도 단순다수 소선거구
제의 심리적 효과를 고려할 때 새로운 정당이 창당하여 선거에 임할 가능
성은 상대적으로 크지 않다. 그리고 이러한 상황 속에서 선거가 거듭될수
록 선거 경쟁은 보수와 진보 양 진영의 거대정당을 중심으로 전개될 가능
성이 점점 더 커진다.

한편 비례제는 기본적으로 여러 명의 의원을 선출하는 중대선거구에
서 정당이 제시한 명부에 유권자들이 투표하고, 정당의 득표율에 비례하

택한다. 그리고 1순위를 기준으로 과반수 이상의 득표를 한 후보자가 없을 경우 가장
적은 득표를 한 후보자 순서로 그 선호 순위에 따라 표를 상위 후보자에게 이양시킨다.
이러한 과정을 거쳐 과반수 이상의 득표자가 나오면 당선자가 결정된다.

여 전체 의석을 분배하는 방식으로 이루어진다. 비례제의 경우 단기이양식 비례대표제(Single Transferable Vote: STV)를 채택하고 있는 아일랜드와 몰타를 제외2)하고는 이와 같은 정당명부식 비례대표제가 보편적으로 활용되고 있다.

　비례제에서는 유권자의 표가 정당의 의석을 배분하는 데 정확하게 반영된다. 이러한 이유로 비례제에서 유권자는 사표에 대한 걱정 없이 순수하게 자신의 선호를 표명하는 투표를 한다(Karp et al. 2002). 다시 말해 군소정당을 지지하는 유권자는 다수제 하에서는 사표 방지 심리가 작용하여 당선 가능성이 높은 거대정당에 전략적으로 투표할 가능성이 크지만 비례제 하에서는 이와 같은 고민을 할 필요가 없다. 이러한 이유로 비례제에서는 유권자들의 다양한 선호가 반영된 다당제가 형성될 가능성이 크다. 그리고 현실적으로 일 정당이 과반수 이상의 의석을 확보하기 힘들어서 여러 정당이 연합하여 정부를 구성하는 모습을 보이게 된다.

　이 밖에 다수제의 대표적인 선거제도인 단순다수 소선거구제(후보자 투표)와 비례제의 대표적인 선거제도인 정당명부식 비례대표제(정당 투표)를 병행하여 실시하는 1인 2표 혼합제가 존재한다. 혼합제의 경우 다수제와 비례제가 혼합된 선거제도로서 어느 한 유형으로 분류하기가 어렵다. 하지만 혼합제의 경우에도 후보자 투표와 정당 투표로 선출하는 의석의 비율과 전체 의석이 배분되는 방식에 따라 비례제에 더 근접한 특성을 보이는지, 아니면 다수제에 더 근접한 특성을 보이는지를 가늠할 수 있다.

　예를 들어 제20대 국회(2016~2020)를 기준으로 한국의 국회의원 수는

---

2) 단기이양식 비례대표제는 유권자들이 출마한 후보자들의 순위를 투표용지에 적는다는 점에서 다수제인 호주의 선호투표제와 외형적으로는 큰 차이를 보이지 않는다. 하지만 단기이양식 비례대표제는 3명에서 5명 정도의 의원을 선출하는 중선거구제를 채택하고 있고, 선거구에서 당선자가 되는 데 필요한 득표수가 정해져 있다는 점에서 차이를 보인다. 다시 말해 소선거구에서 과반수 이상의 득표자를 선출하는 다수제 방식이 아닌 중선거구에서 일정 기준의 득표를 한 복수의 당선자가 나올 때까지 유권자의 표를 선호를 고려하여 이양한다는 점에서 비례제의 특징을 보인다.

1인 2표 혼합제 내에서 의석 배분 방식은 어떠한 차이를 보이는가?

1인 2표 혼합제 내에서 병립제(parallel)와 연동제(compensatory)라는 두 가지 종류의 의석 배분 방식이 존재한다. 구체적으로 특정 지역에서 총 20명의 의원을 후보자 투표에서 10명, 정당 투표에서 10명을 선출한다고 가정하자. 이때 1인 2표 병립제에서는 후보자 투표 10명은 10곳의 지역구에서 1위 득표를 한 후보자로 선출된다. 그리고 정당 투표는 정당별 득표율에 비례하여 10석이 배분된다. 즉 A라는 정당이 20%의 정당 득표율을 기록하였다면 10석 중 2석을 가져가는 구조이다. 한편 1인 2표 연동제의 경우 10곳의 지역구에서 1위 득표를 한 후보자가 당선되는 것은 1인 2표 병립제와 동일하다. 다만 1인 2표 연동제에서는 정당 투표의 결과로 그 정당의 전체 의석이 결정된다. 구체적으로 B라는 정당이 정당 투표에서 10%의 득표율을 기록하였지만 후보자 투표에서는 단 한 석도 차지하지 못하였다고 가정해보자. 이 경우 1인 2표 연동제에서는 이 지역 전체 의석 20석의 10%인 2석을 정당 투표 의석에서 배분한다. 이처럼 1인 2표 연동제에서는 정당 투표의 결과에 비례하여 정당의 전체 의석을 보정해주어야 하기 때문에 애초 설정한 전체 의석 20석을 넘는 초과의석이 발생할 수 있다.

총 300명이다. 이 중에서 253명은 지역구에서 후보자 투표로 선출되었고, 나머지 47명은 정당 투표로 선출되었다. 다시 말해 지역구에서 다수제에 기반하여 선출된 국회의원 비율이 84.3%에 달하는 것과 비교하여 전국적인 차원에서 정당 투표(득표율)의 결과에 따라 비례적으로 의석을 배분한 국회의원 비율은 15.7%에 불과하다. 뿐만 아니라 후보자 투표와 정당 투표로 배분된 의석이 상호 독립적인 특징을 보인다. 그러므로 제20대 국회를 기준으로 한국의 국회의원 선거제도는 비례제와 다수제의 특징을 동시에 보유하고 있지만 다수제의 특징이 강한 1인 2표 병립제의 특징을 보인다고 평가할 수 있다.

반면 독일의 경우에는 후보자 투표와 정당 투표로 배분되는 의석 비율이 전체 의석의 절반씩 동일하게 설정되어 있다. 전체 의석의 배분도 정당 투표의 결과를 기준으로 상호 연동적으로 배분된다. 정당 투표의 결과에 따라 전체 의석을 비례적으로 배분하는 과정에서 초과의석도 발생할 수 있다. 이러한 이유로 독일의 선거제도는 1인 2표 연동제라고 명명

되며, 비례제의 특징이 강한 선거제도로 평가된다.

3. 한국의 선거제도 변천

한국의 국회의원 선거제도는 해방 이후 여러 차례의 크고 작은 변화를 겪었다. 하지만 큰 틀에서 볼 때, 한국의 국회의원 선거제도는 기본적으로 다수제의 기본 골격이 유지되는 특징을 보였다고 평가할 수 있다.

해방 이후 1948년 5월 10일에 최초로 실시된 제헌국회(1948~1950) 선거는 남한만을 대상으로 200명의 의원을 단순다수 소선거구제로 선출하는 방식이 채택되었다.3) 제헌국회 선거를 왜 단순다수 소선거구제로 시행하였는지는 명확하지 않다. 다만 제헌국회 선거를 위한 선거법이 미군정 하에서 마련되었다는 점을 고려할 때, 단순다수 소선거구제로 하원 의원을 선출하고 있다는 점이 고려되었을 가능성은 존재한다. 특히 제헌국회 의원의 임기가 유일하게 미국 하원 의원과 같은 2년이었다는 점은 당시 미국의 영향을 많이 받았을 가능성이 크다는 점을 시사한다.

3.15부정선거로 촉발된 4.19혁명으로 이승만 대통령이 하야(下野)하고, 1960년 7월 29일에 실시된 제5대 국회의원선거는 의회제 개헌으로 민의원과 참의원을 각각 선출하는 방식으로 진행되었다. 민의원은 이전 국회의원선거와 동일하게 단순다수 소선거구제로 선출되었고, 참의원은 시도 단위로 2명에서 8명을 최다 득표자 순으로 선출하는 중대선거구제가 채택되었다.

1961년 5월 16일 박정희가 중심이 된 군사쿠데타가 발생하고, 의회제를 대통령제로 변경하는 개헌이 이루어졌다. 그리고 이 과정에서 양원제

---

3) 당시 제주도에서는 남한에서만 진행되는 단독 선거에 반대하는 4.3항쟁이 발생하였다. 그 영향으로 총 세 개의 지역구 중 두 개의 지역구에서는 정상적인 선거가 이루어지지 못하였다. 이러한 이유로 제헌국회는 198명의 국회의원으로 구성되었다.

는 폐지되어 민의원과 참의원의 구분이 사라졌다. 1963년 11월 26일에 실시된 제6대 국회의원선거는 단순다수 소선거구제로 시행되었다. 그리고 전국구 비례대표제가 처음으로 도입되었다. 당시 전체 국회의원 수는 175명이었는데, 이 중 4분의 1에 해당하는 44명이 전국구 비례대표 의석으로 배정되었다. 명칭은 비례대표제였지만 실질적으로 비례제의 특징을 보이는 선거제도는 아니었다. 왜냐하면 별도의 정당 투표를 진행하는 것이 아닌 지역구 후보자 투표를 정당별로 집계하여 의석을 배분하였고, 제1당(실질적으로 여당인 민주공화당)에게 절대적으로 유리한 방식으로 의석이 배분되었기 때문이다. 당시 전국구 비례대표 의석은 득표율과 상관없이 제1당에게 우선적으로 절반을 배분하고, 만약 제1당의 득표율이 50%를 넘으면 3분의 2까지 의석을 배분하도록 규정되어 있었다.

1973년 2월 27일에 실시된 제9대 국회의원선거는 박정희 정부가 개헌을 통하여 유신헌법을 확정한 이후에 실시되었다. 제9대 국회의원선거에서는 하나의 지역구에서 최다 득표순으로 두 명의 당선자를 내는 1선거구 2인선출제가 도입되었다. 이와 같은 국회의원 선거제도가 도입된 이유는 박정희 정부가 근대화를 추진하는 과정에서 도시가 발전하게 되었고, 도시에 거주하는 유권자들의 경우 농촌 지역에 거주하는 유권자들과 비교하여 정부에 비판적인 태도를 보이는 여촌야도(與村野都) 현상이 나타났기 때문이다(윤천주 1963). 다시 말해 도시에서 단순다수 소선거구제로 1위만 당선시키는 국회의원선거를 진행할 경우 여당의 후보자들이 낙선할 가능성이 크다는 점을 고려한 것이다. 또한 전통적으로 높은 지지를 받은 농어촌 선거구에서는 복수의 여당 후보가 당선될 수 있다는 점도 고려되었다. 이외에도 전국구 비례대표제를 폐지하였고, 전체 국회의원의 3분의 1을 대통령의 제청으로 통일주체국민회의에서 간접 선출하는 유신정우회를 만들었다.

제9대 국회의원선거에 적용되었던 선거제도는 이후 유신정우회 폐지와 전국구 비례대표제 부활, 그리고 의석 배분 방식의 변화 등 작은 변동이 있었지만 민주화 이전까지 그 골격이 그대로 유지되었다. 그리고 민주화 직후인 1988년 4월 26일에 실시된 제13대 국회의원선거에서는 단순다수 소선거구제가 다시 채택되었다. 당시 단순다수 소선거구제의 채택은 박정희 정부와 전두환 정부로 이어지는 권위주의 체제 하에서 실시된 1선거구 2인선출제가 여당이 의석을 확보하는 데 유리하다는 점이 반영된 결과였다. 뿐만 아니라 민주화로 인하여 '민주 대 반민주'의 정치적 균열이 퇴색된 상황 속에서 김영삼, 김대중, 김종필로 대별되는 3김 야당 지도자들이 영남, 호남, 충청이라는 확고한 지역 기반을 갖추고 있었기 때문이다. 한국의 경우 민주화 이후 단순다수 소선거구제를 채택하지만 다당제에 기반한 여소야대(與小野大) 국회가 형성된 배경에는 이와 같은 지역주의의 영향력이 중요하게 작용하였다.

제13대 국회의원선거 이후 선거제도 개혁은 전국구 비례대표 의석의 배분을 정당의 의석수 기준에서 득표율 기준으로 변화하는 수준에서 이루어졌다. 하지만 2004년 4월 15일에 실시된 제17대 국회의원선거에서는 1인 2표 병립제가 최초로 도입되었다. 앞서 살펴보았듯이 박정희 정부에서 최초로 도입한 전국구 비례대표제는 군소정당의 국회 진출이나 전문가 집단의 국회 충원 등의 순기능을 제대로 수행하지 못한다는 비판을 많이 받았다. 이러한 문제는 1등만 선출하여 거대정당에 절대적으로 유리한 지역구 선거의 후보자 투표 결과를 정당의 득표로 의제(擬制)하여 의석을 배분한다는 점과 밀접한 관련이 있었다. 이에 학계와 시민단체들은 이 문제를 지속해서 제기하였다. 그리고 헌법재판소는 2001년 7월 19일 1인 1표제 방식으로 비례대표 국회의원을 결정하는 것은 직접선거, 평등선거, 자유선거의 민주주의 원리에 부합되지 않는다고 위헌 결정을 내렸다. 1인 1표에 의거한 비례대표 국회의원 결정은 무소속을 지지하는 유권자들의 표를 인정하지 않는다는 점, 지지하는 정당의 후보자가 선거구에 출마하지 않은 경우와 지지하는 정당과 후보자가 다를 경우 일방적인 선택을 강요하게 된다는 점에서 위헌 결정을 내린 것이다.

2020년 4월 13일에 실시된 제21대 국회의원선거는 또다시 새롭게 마련된 선거제도 하에서 실시되었다. 2019년 12월 27일, 더불어민주당, 바

른미래당, 정의당, 민주평화당, 대안신당 등은 제1야당인 자유한국당의 반대에도 불구하고 일명 준연동형 비례대표제 도입을 주요 내용으로 하는 공직선거법 일부개정법률안을 본회의에서 통과시켰다. 이 공직선거법에 따라 제21대 국회의원선거에서는 지역구 국회의 253명과 비례대표 국회의원 47석을 선출하였다. 유권자는 한 표는 지역구 후보자에, 또 다른 한 표는 정당에 투표한다는 점에서 이전 선거와 표면상으로 큰 차이를 느끼지는 않았다. 다만 비례대표 의석을 정당별로 배분하는 방식에서 총 47명 중 30명은 연동률 50%를 적용한다는 점이 차이를 보였다. 구체적으로 제21대 국회의원선거에서 비례대표 의석을 배분을 받을 수 있는 정당 투표 최소 득표율 3%를 기록하고, 지역구에서는 단 한 석의 의석도 차지하지 못한 A정당이 존재한다고 가정하자. 일단 A정당은 정당 투표의 득표율에 의하여 의석이 배분되는 17석 중 3%에 해당하는 0.51석(1석)을 차지한다. 그리고 이 과정에서 지역구에서 다수의 당선자를 배출한 주요 정당들은 자신의 정당 투표 득표율을 상회하는 의석을 이미 확보하였을 가능성이 크다. 그렇다면 정당 투표의 득표율과 연동되어 의석이 배분되는 나머지 30석의 경우 거대정당들을 배제한 채 군소정당들이 모여서 의석을 배분받게 된다. 이때 A정당은 지역구 당선자가 없으므로 전체 국회의원 300명에 정당 투표 득표율 3%를 곱한 값(300×0.03)으로 나온 9석의 50%인 4.5석(5석)을 확보하게 된다. 그래서 A정당은 총 6석(병립제 1석, 준연동제 5석)의 비례대표 의석을 가질 수 있다. 제20대 국회의원선거라면 A정당은 비례대표 의석 47석 중 3%의 정당 투표 득표율에 해당하는 1.4석(1석)만을 배당받았을 것이다.

최대한 간단한 방식으로 준연동형 비례대표제의 의석 배분 방식을 설명하였지만 준연동형 비례대표제는 공직선거법상에 공식이 들어가 있을 정도로 매우 복잡한 선거제도이다. 또한 비례대표 국회의원 의석 배분을 놓고 거대정당이 위성정당을 만들어 선거에 참여할 가능성도 있고, 실제로 제21대 국회의원선거에서 현실로 나타났다. 유권자들은 제21대 국회의원선거에서 복잡한 선거제도로 인하여 전략적 선택을 하는 데 많은 어

> **준연동형 비례대표제 도입에 따른 정당들의 고민은 무엇인가?**
>
> 준연동형 비례대표제 도입에 반대한 미래통합당은 공직선거법이 통과되자 제21대 국회의원선거에서 정당 투표를 위한 비례용 위성정당인 미래한국당을 만들겠다고 천명하였다. 하나의 정당으로 지역구 후보자 투표와 정당 투표에 임하는 것보다 각각 별도의 정당을 만들어 대응하는 것이 의석을 확보하는 데 절대적으로 유리하다고 판단한 것이다. 상황이 이렇게 되자 여당인 더불어민주당 내부에서도 범진보 진영이 연합하여 비례용 위성정당을 만들어야 한다는 논의가 진행되었다. 그리고 결국 당론 투표를 통하여 더불어시민당이라는 비례용 위성정당을 만들기로 결정하였다. 하지만 이와 같은 주요 정당들의 대응은 비례성을 높이고 군소정당의 국회 진출을 도모하고자 하였던 준연동형 비례대표제 도입의 취지를 살리지 못하는 결과를 초래하였다. 비례의석을 배정받기 위한 3% 이상의 정당 투표 득표율을 기록한 정당은 미래한국당, 더불어시민당, 정의당, 국민의당, 열린민주당이었다. 제21대 국회의원선거 정당 투표에는 35개의 정당이 등록하였다. 상황이 이렇다 보니 정당 투표 용지가 48.1cm에 이르러 전자개표기를 사용하지 못하고 수(手) 개표를 진행하는 상황도 벌어졌다.

려움을 겪었을 가능성이 높다. 이러한 점을 고려하면 제21대 국회(2020~2024)에서 어떠한 형태로든 공직선거법 개정을 위한 또 한 차례의 논란과 진통이 있을 것으로 예상된다.

II. 국회의원 선거구 획정

1. 선거구 획정의 쟁점

단순다수 소선거구제를 기반으로 하는 한국의 국회의원 선거제도 하에서 행정구역에 대한 고려 속에서 지역구의 경계를 어떻게 결정하는가의 문제는 중요한 의미를 갖는다. 그 이유는 다음의 두 가지 차원에서 생각해

볼 수 있다. 먼저 지역구 국회의원의 경우 재선의 목적을 달성하기 위하여 임기 동안 지역구 관리에 전념하였을 가능성이 크다. 자신이 4년 동안 관리한 지역구가 변경되어 기존 지역구의 일부가 다른 지역구로 떨어져 나가거나 새로운 지역이 지역구에 편입될 경우 재선에 중요한 영향을 미칠 수 있다. 다음으로 지역구 내에서 도시와 농촌이 혼합되어 있는 경우, 그리고 소지역주의가 존재할 경우 어떤 지역이 새로운 지역구에 편입되거나 떨어져나가는가의 문제는 국회의원의 득표에 영향을 미쳐 당락을 결정짓는 요인으로 작용할 가능성이 크다. 이러한 이유로 국회의원 선거구 획정은 매우 민감한 문제이고, 치열한 공방이 이루어지는 영역이다.

한국정치에서 국회의원 선거구 획정은 정당 간의 정치적 타협, 현직 국회의원의 로비 내지는 영향력 행사 등을 통하여 이루어져 왔던 측면이 크다. 그리고 이와 같은 정치적인 논리가 작용하는 국회의원 선거구 획정이 가능하였던 것은 정당과 국회의원들 간의 거래와 타협을 통하여 선거구 획정안이 최종적으로 확정되어야 한다는 점이 크게 작용하였다. 하지만 지난 2015년 5월 공직선거법 개정을 통하여 국회에 소속되어 운영되던 선거구획정위원회를 중앙선거관리위원회 산하로 독립시킴으로써 이와 같은 문제는 일정 부분 해소되었다.

뿐만 아니라 과거 권위주의 정부 하에서 여당은 유권자가 많은 도시에서 득표율이 낮고 유권자가 적은 농어촌 지역에서는 득표율이 높은 여

외국에서는 어떠한 선거구 획정 제도를 채택하고 있는가?

선거구 획정 제도는 국가별로 다양한 차이를 보인다. 영국, 프랑스, 독일의 경우 선거구획정위원회가 상설 독립기관으로 운영된다. 미국은 선거구 획정 권한은 개별 주 정부에 있고, 선거구획정위원회 구성은 각 주의 법에 따라 주의회에서 구성한다. 한편 일본은 선거구획정위원회가 총리부 산하 자문기구로 구성된다. 미국, 독일, 일본, 프랑스는 선거구 획정안에 대하여 의회가 수정할 수 있는 권한을 갖는다. 하지만 영국은 의회가 선거구 획정안에 대하여 가부만을 결정할 수 있고, 수정할 권한은 없다.

촌야도(與村野都)의 특징을 보였다(윤천주 1963). 그리고 이러한 상황 속에서 권위주의 정부와 집권 여당은 도시에서 국회의원이 많은 수의 유권자를 대표하게 하고, 농어촌 지역은 될 수 있으면 국회의원 수를 늘려 배정하려는 차원에서 선거구 획정을 하는 모습을 보였다.

   민주화 이후 국회의원 지역구의 선거구 획정 문제와 관련하여 선거구 간 인구 편차를 줄이고자 하는 노력은 끊임없이 이어졌다. 실제로 지역적으로는 호남과 대구-경북 지역보다 인구가 많은 충청 지역의 국회의원 수가 적다는 점에 대한 불만이 많았다. 또한 기초자치단체 간에도 인구수와 국회의원 수 간의 차이가 존재한다는 점에 대한 불만도 제기되었다. 하지만 다른 한편으로 인구수가 적은 농어촌 지역 국회의원들을 중심으로 인구수만을 기준으로 선거구 획정이 이루어지면 국토 균형 발전의 가치가 훼손될 수 있어 농어촌 선거구를 위한 예외조항을 마련할 필요가 있다는 주장도 제기되었다.

   이러한 상황 하에서 지난 2014년 10월, 헌법재판소는 국회의원선거에서 3 대 1 이내로 되어 있던 최대 선거구와 최소 선거구 간의 인구 편차를 2 대 1 이내로 조정하라는 결정을 내렸다. 그리고 그 이유로 대의민주주의 하에서 국민주권의 원칙에 기반한 투표 가치의 평등이 무엇보다도 중요하다는 점을 강조하였다. 이러한 헌법재판소의 위헌 결정으로 인하여 제19대 국회(2012~2016)는 2016년 3월 2일 246개의 국회의원 지역구를 253개로 늘리고, 비례대표 국회의원의 수를 53석에서 47석으로 줄이는 선거구 획정안을 본회의에서 가결하였다.

2. 선거구 획정 제도

공직선거법 제24조에 따르면 국회의원선거구획정위원회는 중앙선거관리위원회에 설치하고, 직무에 관한 독립성을 보장받는다. 국회의원선거구획정위원회는 중앙선거관리위원회 위원장이 지명하는 1인과 학계, 법조

계, 언론계, 시민단체, 정당 등으로부터 추천받은 사람들 중에서 국회의
소관 상임위원회(제20대 국회의 경우 행정안전위원회) 또는 선거구 획정에
관한 사항을 심의하는 특별위원회가 8인의 위원을 의결을 통하여 선정하
는 방식으로 구성된다.[4) 위원장은 위원들 중에서 호선하는데, 관례적으
로 중앙선거관리위원회 위원장이 지명한 1인(중앙선거관리위원회 사무총장)
이 호선된다.

국회의원선거구획정위원회는 국회의원선거가 실시되기 18개월 전부
터 설치되어 운영할 수 있다. 국가기관이나 지방단체의 경우 국회의원선
거구획정위원회로부터 선거구 획정 업무에 필요한 자료의 요청을 받았을
경우 지체 없이 이에 따라야 한다. 국회의원선거구획정위원회는 국회의
원 지역구를 획정함에 있어서 국회에 의석을 가진 정당에게 선거구 획정
에 대한 의견 진술의 기회를 부여하고 있다. 국회의원선거구획정위원회
는 재적위원 3분의 2 이상의 찬성으로 의결한 선거구 획정안과 관련 사항
을 기재한 보고서를 국회의원선거가 실시되기 13개월 이전까지 국회의장
에게 제출하여야 한다.

국회의장은 국회의원선거구획정위원회로부터 선거구 획정안을 받으
면 소관 위원회에 회부하여야 한다. 선거구 획정안을 회부받은 위원회는
이를 지체 없이 심사하여 국회의원 지역구의 명칭과 그 구역에 관한 규정
을 개정하는 법률안을 제안하여야 한다. 이 경우 위원회는 국회의원선거
구획정위원회가 제출한 선거구 획정안을 그대로 반영하되, 선거구 획정안
이 공직선거법 제25조제1항의 기준에 명백하게 위반된다고 판단하는 경
우[5)에는 그 이유를 붙여 재적위원 3분의 2 이상의 찬성으로 국회의원선

---

4) 국회의원 및 정당의 당원(국회의원선거구획정위원회의 설치일부터 과거 1년 동안 정당
   의 당원이었던 사람을 포함)은 국회의원선거구획정위원회의 위원이 될 수 없다. 국회의
   원선거구획정위원회의 위원은 명예직으로 활동하기 때문에 일비, 여비, 그 밖의 실비만
   을 지급받는다.
5) 공직선거법 제25조는 국회의원 지역구는 시·도의 관할구역 안에서 인구, 행정구역, 지
   리적 여건, 교통, 생활문화권 등을 고려하여 획정하도록 규정하고 있다. 그리고 국회의

선거구 획정에 어떠한 요인들이 고려되는가?

선거구 획정에서 인구 수가 가장 중요하게 고려된다. 하지만 선거구 획정에 있어 인구 요인뿐만 아니라 행정구역, 지리적 대표성, 생활문화권 등 비인구적 요인도 고려된다. 일반적으로 선거구 획정은 다음과 같은 점들을 고려하여 이루어진다 (김지윤 2013). ①가장 인구가 많은 선거구와 가장 적은 선거구의 인구 차이가 너무 커서는 안 된다. ②선거구의 인구는 될 수 있으면 밀접하여 있어야 한다. ③선거구 전체의 경계선은 가급적 짧아야 한다. ④선거구는 인접한 지역으로 구성되어야 한다. ⑤선거구의 균형을 맞추기 위한 목적이 아니라면 동일 행정구역이 서로 다른 선거구에 속하도록 구획되어서는 안 된다. ⑥하나 이상의 선거구로 관할지역이 쪼개지는 시 또는 읍의 숫자는 될 수 있는 대로 줄여야 한다.

거구획정위원회에 선거구 획정안을 다시 제출하여 줄 것을 한 차례만 요구할 수 있다. 국회 소관 위원회로부터 선거구 획정안 재제출 요구를 받은 국회의원선거구획정위원회는 그 요구를 받은 날부터 10일 이내에 새로이 선거구 획정안을 마련하여 국회의장에게 제출하여야 한다. 국회의장은 선거구 획정 관련 법률안이 제안되면 처음 개의하는 본회의에 이를 부의해야 하고, 법률안에 대한 수정 없이 곧바로 표결을 진행해야 한다. 이러한 일련의 과정을 통하여 공직선거법 제24조의2는 국회가 국회의원 지역구를 선거일 전 1년까지 확정하여야 한다고 규정하고 있다.

지금까지 국회의원 선거구 획정이 공직선거법에서 정한 시한을 맞추어 이루어진 적은 단 한 차례도 없다. 제17대 국회의원선거를 앞두고는 선거일 37일 전에 선거구 획정안이 확정되었다. 그 이후 제18대 국회의원선거부터 제21대 국회의원선거까지는 선거일 47일, 44일, 42일, 39일을 앞두고 선거구 획정안이 확정되었다.

원 지역구 획정의 기준이 되는 인구는 선거일 전 15개월이 속하는 달의 말일 기준 주민등록표에 따라 조사한 인구로 한다. 뿐만 아니라 인구비례 2 대 1의 범위를 벗어나지 않는 범위 내에서 농산어촌 지역의 대표성이 반영될 수 있도록 노력해야 한다는 점도 명시하고 있다.

　이처럼 선거구 획정안 확정이 늦어지는 이유는 국회가 선거제도 개혁을 지연하고, 권역별 의석수 배정 등과 관련한 기준을 제때 합의하지 못하였기 때문이다. 또한 국회가 국회의원선거구획정위원회의 위원들을 의결로써 선정하기 때문에 선거구 획정안을 마련하는 과정이 정당의 대리전 양상으로 진행되어 지체되는 측면도 존재한다. 더욱이 이와 같은 상황 속에서 공직선거법상 국회의원선거구획정위원회가 선거구 획정안을 의결하기 위해서는 재적위원 3분의 2 이상의 찬성을 요구하고 있다는 점도 선거구 획정이 지연되는 요인으로 작용하고 있다.[6]

　앞으로도 국회의원선거를 앞두고 선거구 획정 문제는 뜨거운 논쟁거리가 될 것으로 전망된다. 다만 국회의원 지역구의 선거구 획정이 민감한 사안이라는 점을 고려할 때, 이와 관련한 정당과 현역 국회의원들의 영향력을 가급적 배제하는 방식으로 제도적 개선방안을 모색하는 것이 바람직할 수 있다. 그리고 향후 이 문제와 관련하여 국회의원선거구획정위원회를 상설 기구화하고, 위원의 수를 늘려 그 구성을 다양하게 하는 것도 고민해볼 필요가 있다.

---

[6] 중앙선거관리위원회는 이와 같은 점들을 고려하여 2016년 6월 23일 국회의원선거구획정위원회 구성과 운영에 관한 공직선거법 개정 의견을 국회에 제출한 바 있다. 당시 제출한 개정 의견의 핵심 내용은 다음의 두 가지이다. 첫째, 교섭단체를 구성한 정당이 추천한 각 1인과 학계, 법조계, 언론계, 시민단체 등이 추천한 자 중 공정하고 중립적인 자 6인을 중앙선거관리위원회의 의결을 거쳐 위원장이 위촉하는 것이다. 둘째, 선거구 획정안과 그 보고서의 의결 요건을 재적위원 과반수 찬성으로 완화하는 것이다.

III. 공직선거법과 국회의원의 선거운동

1. 선거운동의 자유와 공정한 선거

민주주의가 공고화되기 위해서는 선거가 누가 정치권력을 갖는가를 결정하는 유일한 게임(the only game in town)으로 인정받아야 한다(Linz and Stepan 1997, 15). 그리고 그 상황 속에서 자유롭고 공정한 경쟁과 설득의 과정이 보장되어야 한다. 선거를 통한 자유롭고 공정한 경쟁과 설득의 과정이 보장될 때, 다양한 사회적 쟁점들이 활발하게 공론화될 수 있다. 뿐만 아니라 이를 통하여 유권자의 정치적 관심과 참여가 제고된다. 즉 선거를 통한 자유롭고 공정한 경쟁과 설득의 과정이 보장될 때 민주주의는 제대로 운영되는 모습을 보인다. 선거가 자유롭고 공정한 경쟁과 설득의 과정을 중심으로 이루어지지 못하면 그 결과에 대한 정치권과 시민들의 동의 수준뿐만 아니라 대중의 정치적 관심과 참여 수준도 낮아질 수밖에 없다. 그리고 이러한 상황에서는 민주주의가 위기를 맞이하게 된다.

이때 선거에서 경쟁과 설득의 과정은 정당, 후보자, 유권자의 차원에서 다양하게 진행되는 선거운동을 중심으로 이루어지게 된다. 그리고 이 과정에서 선거운동의 자유와 규제의 문제를 법과 제도의 차원에서 어떻게 설정할 것인가의 문제는 중요하다. 선거과정에서 자유로운 정치적 의사 형성과 표현의 보장, 유권자의 알 권리 충족과 관련된 선거운동의 자유는 중요하다. 하지만 다른 한편으로 선거과정의 형평성과 공정성을 보장하는 선거운동에 대한 규제 역시 민주주의에서 중요하다. 문제는 자유와 공정이라는 두 가치가 선거운동 차원에서 서로 충돌할 수 있다는 점에 있다. 선거운동의 자유를 최대한 보장해줄 경우 자유로운 정치적 의사 형성과 표현이 보장될 수 있다. 하지만 정치자금의 확보와 운영 등에서 서로 차이를 보이는 정당과 후보자들 사이에는 선거운동 자유의 최대한 보장이 형평성의 문제를 일으키는 요인으로 작용할 수 있다. 반면 선거과정의 공정성을 중시할 경우 선거운동에 대한 법적 규제는 필연적으로 강화되는 경향을 보인다. 그리고 이 경우 자유로운 정치적 의사 형성과 표현, 유권자의 알 권리 보장은 일정 수준 제한을 받을 수밖에 없다.

그렇다면 민주주의 공고화를 도모하기 위해서는 선거운동의 자유와 규제를 어떠한 방향에서 어떻게 설정하는 것이 좋은 것인가 하는 의문이 제기된다. 그리고 이 질문에 대해서는 각 국가의 정치적 현실을 고려할 때 다양한 주장이 제시될 수 있다. 다만 민주주의 하에서 정치적 의사 형성과 표현의 자유는 기본적인 원리에 속하는 영역이라는 점을 유념할 필요가 있다(김용철 2011). 민주주의를 채택하고 있는 이상 정당과 후보자가 정견이나 정책들을 마련하여 유권자들에게 홍보하고 설득하는 행위에 대한 자유, 그리고 유권자들이 정치적 의사를 형성하여 타인의 간섭 없이 이를 표현하고 전달하는 행위에 대한 자유를 제한할 수 있는 원론적 근거는 상대적으로 취약하다. 즉 민주주의의 정신과 이상을 고려할 때 정치적 의사 형성과 표현의 자유는 궁극적으로 최대한 보장하는 것이 바람직하다.

2. 한국의 선거운동의 규제

한국의 공직선거법은 선거운동의 자유를 상당히 제약하고 있다(임성호 2008). 현행 공직선거법은 279개 조로 방대하게 구성되어 있는데, 그중 절반이 선거운동과 관련한 규제로 이루어져 있다. 대한민국 헌법은 유권자인 국민이 주권자이자 권력자임을 분명하게 명시하고 있고, 언론·출판·집·결사의 자유도 보장하고 있다. 하지만 선거 때가 되면 유권자는 "당선되거나 되게 하거나 되지 못하게 하기 위한 행위"를 자유롭게 하지 못한다. 왜냐하면 공직선거법상 선거에 영향을 미칠 수 있는 포괄적인 형태의 선거운동이 금지 또는 제한되기 때문이다.

구체적으로 공직선거법은 선거운동을 할 수 있는 기간, 주체, 방식을 구체적으로 규정하고 있다. 먼저 선거운동 기간은 선거기간 개시일부터

선거일 전일까지로 제한되어 있다. 그러므로 원칙적으로 이 이외의 기간
에 진행되는 선거운동은 불법으로 간주된다. 다만 선거일 120일 전에 예
비후보자로 등록을 하면 선거사무소 설치, 간판과 현수막 등 설치와 게시,
명함 배포, 예비후보자홍보물 제한적 발송, 어깨띠 착용 등이 허용된다.
하지만 현역 국회의원들은 실질적으로 상시 선거운동이 가능하다는 점을
고려할 때, 선거운동 기간을 제한하는 것은 형평성 문제가 제기된다. 유
권자의 알 권리가 제대로 보장되지 못하는 것은 물론이다.

　다음으로 선거운동의 주체와 관련하여 선거운동은 후보자, 배우자, 공
식적으로 등록된 운동원으로 제한되어 있다. 이들을 제외한 유권자가 선
거운동 기간에 어깨띠, 모양과 색상이 동일한 모자나 옷, 표찰·수기·마
스코트·소품과 그 밖의 표시물을 사용하여 선거운동을 하면 안 된다. 단
체나 동아리가 선거운동을 하는 것도 물론 금지되어 있다.

　마지막으로 선거운동의 방식에 대하여 세세하게 규정하는 규제들도
많이 존재한다. 후보자가 학교 운동장에서 명함을 나누어주거나 연설을
할 수는 있지만 급식실, 체육실, 양호실을 방문하지는 못한다. 호별 방문

다음 중 공직선거법 위반에 해당되는 것은 무엇일까?

① 현수막: "촛불이 만든 대선, 투표합시다" 문구가 적힌 투표 독려 펼침막을 게시
　　한다.
② 페이스북: 교사가 페이스북에 '새누리당이 압승하면 진보 교육감의 싹이 잘린
　　다'라는 내용의 글을 올린다.
③ 인쇄물: 대통령선거 후보의 청소년 인권 공약을 비교한 글을 종이에 인쇄하여
　　시민들에게 나눠 준다.
④ 광고: 정치인의 친척이 연루된 개발사업에 '엄정 수사를 촉구한다'라는 내용의
　　광고를 지역신문에 싣는다.
⑤ 포스터: 사드(THAAD) 유치에 찬성한 주요 정치인의 사진을 담은 포스터를
　　서울 광화문광장에 붙인다.

＊정답: ①, ②, ③, ④, ⑤
출처: 한겨레21 제1208호, 2018년 4월 16일 자

에 의한 선거운동으로 간주되어 금지하기 때문이다. 선거기간 중에 선거에 영향을 미치기 위하여 향우회, 종친회, 동창회, 단합대회, 야유회 등의 집회나 모임을 개최하는 것도 금지되어 있다. 선거기간에 사람들이 모이면 자연스럽게 선거 이야기를 하지 않을 수 없을 텐데 공직선거법을 우려하여 모임을 연기해야만 하는 상황이 전개될 수 있다. 정치에 대한 무관심과 투표율 저하를 심히 우려하면서도 후보자나 유권자 모두의 자유로운 선거운동을 보장하지 못하는 모순이 발생하고 있다.

　과거 한국의 선거는 대규모 조직을 동원하고, 많은 돈을 사용하는 조직선거와 금권선거의 문제가 심각하였다. 그러므로 이러한 병폐를 해소하기 위하여 공정의 가치를 강조하면서 선거운동의 자유를 제한하는 규제들이 많이 생겨났다. 하지만 공명선거 문화가 어느 정도 정립된 현시점에서는 선거운동의 자유를 좀 더 확대하는 방향으로 공직선거법 개정이 필요하다는 목소리가 높다. 공직선거법상의 세세한 규제를 잘 알지 못하는 유권자는 자칫 잘못하면 부정 선거운동을 한 혐의로 3년 이하의 징역 또는 600만 원 이하의 벌금형을 받을 수 있다. 복잡하고 무서운 공직선거법에 저항하거나 도전하기보다는 침묵하고 행동을 안 하는 유권자로서 남는 안전한 길을 선택할 가능성이 크다.

　규제 중심적인 공직선거법이 문제가 되는 이유는 현역 국회의원에게 절대적으로 유리한 측면이 존재하기 때문이다. 정치신인들의 경우 선거에 출마하기 위하여 유권자들에게 자신을 알리기 위한 노력을 적극적으로 해야 한다. 그런데 공직선거법상 많은 제약이 존재한다면 선거를 대비하여 유권자들과 자유롭게 접촉하면서 자신의 정치적 철학과 정책 등을 알리는 데 많은 제약을 받게 된다. 이러한 상황은 정치신인이 인지도와 조직력에서 앞선 현역 국회의원들과 대등한 상황에서 선거경쟁을 할 수 없는 결과를 초래한다. 규제적인 선거법에 대한 지적이 많음에도 불구하고 입법자인 국회의원들이 이를 획기적으로 개선하지 않는 실질적 이유도 여기에 있다. 현역 국회의원들 입장에서는 선거운동의 규제를 풀게 되면 자신들의 재선에 결코 유리하지 않다는 인식이 존재하는 것이다. 그리고 이 부분을 정당화하기 위해서 공직선거법의 규제를 풀면 선거가 과열되고 혼탁해진다고 주장한다. 뿐만 아니라 선거비용이 많이 들고 부정부패가 생겨난다는 논리도 전개한다.

하지만 이것이 유권자들에게 도움이 되는 것은 아니다. 규제적인 공직선거법 하에서는 유권자가 정당과 후보자와 접촉할 수 있는 기회가 줄어들고, 그 결과 선거와 관련한 공약이나 정책과 관련한 정보들을 접하는 것도 제한적일 수 있다. 더욱이 유권자가 자신이 지지하는 정당이나 후보자를 위한 자유로운 선거운동을 진행하는 데 제약을 받게 된다. 헌법에서 보장하고 있는 정치적 기본권이 선거과정에서는 오히려 침해되고 있는 것이다. 유권자들이 자유롭게 선거운동을 하지 못하는 민주주의가 온전하게 좋은 평가를 받기는 힘들다.

선거는 민주주의 꽃이라고 한다. 그리고 선거는 축제와 같은 분위기 속에서 진행되어야 한다. 그래서 선거에서 자유라는 가치는 공정이라는 가치에 항상 우선해야 한다. 하지만 한국에서는 과거 부정선거의 멍에를 아직도 벗어던지지 못하고 공명선거의 가치에만 매몰되어 있는 측면이 존재한다. 자유보다 공정의 가치를 우선시한다는 것은 한국의 선거가, 민주주의가 여전히 문제가 많다는 점을 시인하는 것이다. 그리고 이러한 상황 속에서 현역 국회의원들은 공정한 선거 경쟁에서 벗어나 상대적으로 많은 혜택을 누리게 된다. 그러므로 향후 선거운동과 관련한 핵심적인 규제를 남겨 놓고 강력하게 처벌하는 것, 그리고 선거비용 중심의 선거운동 규제를 하는 것이 한국의 민주주의를 심화시키는 데 더욱 유용할 수 있다.

제2장

국회의원 충원

가상준 | 단국대학교

I. 지역구 의원과 비례대표 의원

국회의원 충원은 크게 두 가지 방식으로 이루어지는데 지역구 선거에서 승리하여 국회에 입성하거나 정당의 추천을 받아 비례대표의원으로 국회에 진출하는 것이다. 이러한 이유로 국회의원 충원은 정당의 공천방식, 선거제도와 깊은 관련이 있으며 이를 통해 나타나는 결과가 어떠한 대표성을 보이는지 알아볼 수 있게 한다.

지역구 의원들은 소선거구 단순다수제에 의해 선출되며 지역을 대표하는 역할을 한다. 지역구 의원으로 선출되기 위해서는 정당의 공천을 받아 혹은 무소속으로 출마하여 후보자 중 다수의 표를 획득해야 한다. 지역구 의원은 지역의 이익을 대변하고 지역구 민원을 해결하기 위해 많은 시간과 노력을 투자해야 한다. 이는 대표로 선출해준 주민들에 대한 의무이며 재선을 위해 해야 할 당연한 과제다. 기본적인 입법활동뿐만 아니라 지역구 관리 활동을 전개해야 하는 지역구 의원들은 비례대표 의원에 비해 바쁜 일정을 소화하는 편이다.

비례대표제는 소선거구 단순다수제의 단점을 보완하기 위해 도입되었다. 비례대표제를 통해 군소정당의 의회진출을 용이하게 하고, 소수 집단과 계층의 다양한 목소리가 의회에 전달될 수 있도록 하며, 다양한 전문가를 의회에 진출시켜 의회의 전문성을 제고하기 위해서이다(Farrell 2001; Liphart 1994; Taagepera and Shugart 1989). 그러나 전문가들은 한국의 비례대표제가 소선거구제의 단점을 보완하는 차원에서 운영되고 있다고 보고 있지 않다(손병권 외 3명 2007; 신명순 1994; 윤형섭 1992; 음선필 2009; 정영국 1995). 대신 정당 지도부의 입지 및 영향력을 강화시키는 차원에서 비례대표제가 운영되는 경향을 보이고 있다. 또한 비례대표의원의 정치적 선호도 및 배경을 보았을 때 이들을 통해 다양한 목소리와 의견이 국회로 전달되고 있다고 말하기 힘들다. 선거에서 정당이 획득한 득표율과 의석비율 차이의 문제를 해결하기 위해 비례대표의원 수를 늘려야 한다는 의견이 제기되지만, 비례대표 의원 공천과정에서 나타나는 투명성 문

국회의원 정수는 꼭 300명이어야 하나?

헌법은 국회의원의 정수 관련해서 "국회의원의 수는 법률로 정하되, 200인 이상으로 한다"고 규정하고 있으며(제41조제2항), 공직선거법 제21조제1항은 "국회의 의원정수는 지역구 국회의원과 비례대표 국회의원을 합하여 300명으로 한다"고 되어 있다. 국회에서 논의되고 있는 선거제도 개혁안은 비례대표제 강화를 위해 국회의원 정수를 조정하자는 의견이 강하다. 한편, 도시화로 인해 농어촌 지역 인구감소가 급격히 진행되고 있어 도시지역 특히 수도권 지역 의원만 늘어나는 현상이 발생하고 있다. 농어촌 지역 의원의 수가 크게 줄어드는 것을 방지하기 위해 지역구 의원의 수를 늘려야 한다는 주장 또한 제기되고 있다. 정수 조정이 없는 상황에서 지역구 의원의 수를 늘리면 상대적으로 비례대표 의원의 수를 줄여야 한다. 국회에 대한 국민들의 불신이 큰 상황에서 국회의원 수를 늘리는 것은 어려워 보인다. 지역구 의원을 늘려야 한다는 주장과 비례대표 의원을 늘려야 한다는 주장은 국회의원 정수를 300명에 고정한 상황에서 풀기 힘든 과제다.

제해결이 선결조건이라는 의견도 강한 편이다.

지역구 의원과 비례대표 의원은 충원방식에서 차이가 있지만 이들의 역할에 있어서는 커다란 차이가 없다. 이들은 모두 의회의 입법기능, 행정부 견제기능, 갈등해소 및 사회통합기능을 위한 역할을 한다. 한편, 지역구 의원은 비례대표 의원과는 달리 지역을 대표하고 이익을 대변하는 역할을 수행해야 한다. 이러한 이유로 지역구 의원들의 의정활동은 비례대표 의원에 비해 다양할 수밖에 없다. 특히 지역구가 국회가 위치한 서울과 멀리 떨어져 있을 경우 그리고 지역구의 크기가 클 경우 더욱 그렇다. 지역구 의원들은 자신의 지역구와 연고를 두고 있는 경우가 많다. 반면 비례대표 의원은 지역구 이익과 이익 차원의 활동에서 벗어나 활동할 수 있다는 점에서 지역구 의원들과 입법활동에 있어 차이가 있다. 지역구 의원의 경우 지역구 이익에 반하는 법안이 통과되는 것을 막는 역할을 하며 지역구에 이익이 돌아올 수 있도록 의정활동을 전개한다. 그러나 비례대표 의원은 이러한 압박으로부터 자유롭다. 비례대표 의원은 여성의원이 50% 이상이고 사회적 약자 혹은 소외된 전문지식을 가진 의원으로 구성되어 있다. 이들은 사회적으로 관심은 낮지만 사회에 필요한 이슈, 국가 미래를 위해 필요한 정책을 개발하고 입법하는 데 역할을 수행한다.

지역구 의원은 지역구 활동을 통해 재선의 기회를 찾으려 한다. 물론 정당의 공천이라는 단계를 거치고 본선에서 승리해야 한다. 자신의 지역구가 있고 의원으로 활동하였다는 점은 다음 선거에서 유리하게 작용한다. 상대방 후보의 경쟁력, 선거환경이 재선에 영향을 미치는 중요한 요인이다. 비례대표 의원의 가장 큰 관심 또한 재선이다. 그러나 한 차례 비례대표 의원을 경험한 후에 다시 비례대표 의원으로 국회에 입성하는 것은 당헌·당규에 의해 불가능하다. 그렇기에 지역구 의원으로 재선에 도전하는 것이 일반적이다. 이를 위해서는 자신이 도전할 수 있는 지역구를 찾아야 한다. 가장 좋은 지역구는 자신과 연고가 있으며 당내 현역 의원이 없는 곳일 것이다. 당내 현역 의원이 없더라도 지역구를 오랫동안 관리한 당협위원장이 있다면 공천을 위한 당내 경선을 거쳐야 한다. 승리하여 공천을 받더라도 그 지역구에는 반대당 현역 의원이 있을 수 있어 재선으로 가는 길이 쉽지만은 않다.

II. 국회의원 충원과정

국회의원의 충원은 정당의 공천을 받은 후 본선인 총선에 승리한 후보자들에 의해 이루어진다. 이러한 차원에서 정당의 공천은 당내 경쟁, 총선은 정당 간 경쟁이라 할 수 있다. 각 정당들은 선거에서 승리하기 위해 유능한 인물을 충원하며, 경선을 통해 유권자들의 관심과 참여를 제고하며, 본선에서 승리할 수 있도록 자원과 정보 제공의 역할을 수행한다는 점에서 국회의원 충원에 실질적 역할을 하고 있다.

1. 후보자 공천

공천은 정당이 공직선거에 후보자를 추천하는 것으로 국회의원선거에서 정당은 지역구 후보와 비례대표 후보를 추천하게 된다. 정당의 공천을 받기 위해서는 후보자 간 경쟁을 거치는 게 일반적이다. 물론 정당의 전략적 선택 그리고 명망 있는 인물의 충원을 통해 경쟁보다는 지도부의 결정에 의해 공천이 이루어지는 경우도 있다. 과거 정당 공천이 정당 지도부에 의해 결정되었던 것에 비해 최근 들어 정당은 공정한 경쟁을 통해 후보자를 결정하려 하고 있다. 공천이 선거의 승리 그리고 정당 민주화를 위해 무엇보다 중요하게 작용하고 있어 정당들은 유능하고 당선가능한 후보자를 공천하기 위해 노력하고 있다. 또한, 정당들은 공천에 있어 후보자 간 과열 경쟁, 불공정한 심사가 이루어지지 않도록 하기 위해 공정한 경선 규칙을 만드는 데 초점을 맞추고 있다.

공천은 정당 고유의 영역으로 이에 대한 규정과 규칙은 정당의 내부 결정에 의해 이루어진다. 그러나 공천과정은 선거결과와도 직접적 관련을 띠고 있기 때문에 절차의 공정성과 민주성이 중요하다. 특히, 헌법 제8조제2항에서 명시하듯이 정당은 그 목적·조직과 활동이 민주적이어야 한다는 규정과 공직선거법 제47조제2항 즉, 정당이 후보자를 추천하는 때에는 민주적인 절차를 따라야 한다는 규정은 정당 공천은 공정하고 민주적이어야 함을 말해주고 있다.

정당들은 국회의원선거 때마다 공정성과 유권자들의 관심을 높이기 위해 그리고 유권자의 시선에 맞추기 위해 공천 규정을 새롭게 다듬는다. 특히, 경선과정에서 여성과 신인 정치인이 현직의원들에 비해 불리하지 않도록 신진가산점과 여성가산점을 부여하고 있다. 이는 경선과정에서 현직의원이 갖는 유리함 때문이기도 하지만 새로운 인물이 불러오는 신선함이 필요하기 때문이기도 하다.

한국 국회의 중요한 특징 중 하나는 초선의원의 비율이 높다는 점이다. 이는 국회와 정당에 대한 높은 불신과 관련이 있다. 총선을 앞둔 우리 정당들은 정당과 국회에 대한 유권자들의 불만과 불신을 상쇄시키기 위해 현직의원을 새롭고 신선한 인물들로 대체하여 비난에서 벗어나려 하였다(가상준 외 2명 2009; 박홍민·이준한 2004; 이현출 2004). 한국 국회 초선의원의 비율이 높은 또 다른 이유는 선거를 앞두고 이합집산하는 한국 정당들의 특징으로 인해 새로운 인물들이 필요했기 때문이다(가상준 외 2명 2009).

한편 정당 공천에 있어 큰 이슈로 부각되는 사안은 정당의 승리를 위해 영입된 외부인사와 공천을 위해 오랫동안 당원으로 활동한 내부 인사와의 갈등이다. 한국 정당들은 새로운 외부인사 영입을 통해 국회와 정당에 대한 부정적 이미지를 바꾸려 한다. 이를 위해 가장 좋은 방식은 앞서 논의하였듯이 신인 정치인과 명망 있는 인물을 영입하여 후보자로 공천하는 것이다. 이는 많은 경우 정당 내 갈등을 초래하게 되는데, 이러한 갈등이 나타나는 이유는 신진영입이 정당 공천을 받기 위해 오랫동안 노력해온 정당 활동가들의 반발에 부딪치게 되기 때문이다. 또한, 이러한 방식의 정당 공천은 현직의원들의 공천 배제를 통해 이루어지는 경우가 많은데, 이는 현직의원들의 강한 반발이나 무소속 출마로 이어지곤 한다.

정당은 후보자 공천에 있어 전략공천을 실시하는 경우도 있다. 전략공천이란 상대 정당의 특정 후보를 떨어뜨리기 위해 경쟁력 있는 자기 정당의 후보자를 특정 후보 지역에 공천하는 것이다. 여기서 경쟁력 있는 후보는 다른 지역구 국회의원일 수도 있으며 새로 영입한 인물일 수도 있다. 그러나 전략공천은 해당 지역구에 연고가 없는 후보자를 공천한다는 점에서 그 지역구 공천을 위해 오랫동안 공들인 후보자를 배제하고 지역주민의 의사를 무시한다는 지적을 받고 있다. 한편, 전략공천은 상대방 후보자를 낙선시키기보다는 자기 정당의 특정 후보자에게 공천을 주기 위해 사용되는 경우가 있어 정당 내 갈등을 불러일으키기도 한다.

정당들은 공천개혁이 본선 승리를 위한 필요조건으로 생각하며 다양하게 공천방식을 변화시키고 있다. 특히 정당들은 하향식 공천보다는 유권자의 관심과 참여를 이끌어낼 수 있는 상향식 공천방식을 도입하기 위해서 노력하고 있으며, 그 방식으로는 국민참여경선, 숙의배심원제도, 여론조사 등이 있다. 정당의 당헌·당규는 지역구 후보자 공천방식에 대해

누가 공천권한을 갖는가?

공천방식에 있어 포괄성(inclusiveness)은 후보자를 지명하는 주체를 누구로 할 것인가에 관한 것이다(Rahat and Hazan 2001; 전용주 2005). 여기에는 일반 유권자, 당원, 중앙당에 의해 지명된 기구, (소수 혹은 1인의) 중앙당 지도부로 구분될 수 있다. 일반 유권자 방식은 유권자면 누구나 공천결정에 참여할 수 있는 방식이고, 당원방식은 정당 소속 당원들의 결정에 의해 후보자를 공천하는 방식이다. 중앙당에 의해 지명된 기구에 의한 방식은 공천심사위원회와 같이 중앙당에 의해 선정된 위원에 의해 구성된 위원회가 후보자를 결정하는 방식이다. 중앙당 지도부 방식은 소수의 정당 지도부가 후보자를 결정하는 방식이다. 과거 한국의 정당은 소수 혹은 1인 중앙당 지도부가 후보자를 결정하는 방식을 사용했다면 현재는 포괄성이 높은 방식으로 후보자를 공천하고 있다.

명시하고 있는데, 공통적으로 공정하고 투명한 공천심사를 위한 공천관리위원회를 규정하고 있다. 또한, 후보자 심사 및 결정에 있어 공천관리위원회의 권한, 공천관리위원회 결정에 대한 당 최고위원회의 결정권 등을 당헌에 규정하고 있다. 한편, 일반적으로 정당들은 당헌과 당규에 비례대표 의원 후보자 공천을 위한 위원회를 따로 두고 있으며, 그 위원회 구성, 비례대표 후보자 공모, 심사 및 결정에 있어서 비례대표 공천관리위원회의 권한에 대해 규정하고 있다.

한편, 정당 공천에 있어 계파 간 이해를 둘러싼 갈등이 문제로 지적되고 있다. 당내 계파갈등은 공천 제도화의 실패이며 세력확대를 추구하는 당내 다수파와 위기에 놓인 소수파간 대립이라 하겠다(지병근 2016). 과거 3김시대 정당에 확실한 지도자가 있을 때에는 공천은 1인에 의해 이루어졌고 계파는 존재하지 않았다. 그러나 3김이 사라진 후 당권과 공천권을 확보하기 위해 계파가 형성되었고, 공천심사 원칙과 공천심사위원회 구성 등을 둘러싸고 갈등이 발생하면서 정당이 분열하고 분당으로 치닫는 모습이 목격되곤 하였다.

여론조사를 통한 공천방식의 문제점은 무엇인가?

최근 들어 정당은 공천의 개방성을 확대하고 공정성을 위해 공천에 여론조사를 도입하여 반영하고 있다. 전문가들은 여론조사를 통한 후보자 결정방식에 대해 부정적이다(강원택 2009; 문우진 2011; 지병근 2010). 여론조사 방식은 정당정치를 약화시킬 수 있으며, 정치에 관심 없는 비자발적 응답자들의 선택이 후보선출에 영향을 미치고, 유능한 후보보다는 인지도 높은 후보에 유리한 경향이 있어 공천민주화에 걸림돌로 작용하고 있기 때문이다. 그럼에도 현재 정당들은 여론조사 방식에서 벗어나기보다는 점차 활용하는 쪽으로 가고 있다. 이는 공천에 드는 시간과 비용을 줄이기 위해서이기도 하지만 여론이 반영된 결과라는 점을 보여주기 위해서다. 또한 조진만(2012)과 같이 여론조사를 통한 공천이 여론 반영을 통한 대표성 제고라는 측면에서 보았을 때 긍정적인 면이 있다는 주장도 존재한다.

2. 국회의원선거

공천 후 본선거는 예비후보로 있다가 정당의 공천을 받은 후보자 간 경쟁으로, 그 결과는 선거제도, 정당의 선거운동, 유권자의 선택에 의해 결정된다. 물론 무소속 후보자들도 본선에 참여할 수는 있다. 무소속 후보자들이 본선에 참여하기 위해서는 300인 이상 500인 이하 선거권자의 추천을 받아야 한다. 물론 다른 후보자들과 마찬가지로 선거 기탁금(3천만 원)과 필요한 서류를 납부해야 한다.

선거제도는 제1공화국부터 현재 제6공화국에 이르기까지 소선거구제와 중선거구제, 비례대표 실시 유무, 비례대표 선출방식 등 다양한 모습으로 변화해 왔다. 민주화 이후 소선거구 단순다수제와 비례대표제가 혼합된 선거제도를 일관적으로 사용해 왔으나 2004년 총선 이후 지역구와 비례대표의원 선출방식이 1인 1표제에서 1인 2표제로 변화하였다. 한편, 민

공직선거 후보로 등록하기 위해 제출해야 하는 서류에는 무엇이 있는가?

후보자로 등록하기 위해서는 다음의 자료를 중앙선거관리위원회에 제출해야 한다.

- 공직자윤리법 제10조의2제1항의 규정에 의한 등록대상재산에 관한 신고서
- 공직자 등의 병역사항신고 및 공개에 관한 법률 제9조제1항의 규정에 의한 병역사항에 관한 신고서
- 최근 5년간의 후보자, 그의 배우자와 직계존비속(혼인한 딸과 외조부모 및 외손자녀를 제외한다)의 소득세·재산세·종합부동산세의 납부 및 체납(10만 원 이하 또는 3월 이내의 체납은 제외한다)에 관한 신고서. 이 경우 후보자의 직계존속은 자신의 세금납부 및 체납에 관한 신고를 거부할 수 있다.
- 벌금 100만 원 이상의 형의 범죄경력(실효된 형을 포함하며, 이하 "전과기록"이라 한다)에 관한 증명서류
- 초·중등교육법 및 고등교육법에서 인정하는 정규학력에 관한 최종학력 증명서와 국내 정규학력에 준하는 외국의 교육기관에서 이수한 학력에 관한 각 증명서
- 대통령선거·국회의원선거·지방의회의원 및 지방자치단체의 장의 선거와 교육의원선거 및 교육감선거에 후보자로 등록한 경력에 관한 신고서

표 2-1   선거제도 변화 및 정당구도 변화

(단위: 명)

구분	선거제도	정당구도
제13대 국회	1인 1표 지역구/비례대표: 224/75	민주정의당(125), 통일민주당(59), 평화민주당(70), 신민주공화당(35), 한겨레민주당(1), 무소속(9)
제14대 국회	1인 1표 지역구/비례대표: 237/62	민주자유당(149), 민주당(97), 통일국민당(31), 신정치개혁당(1), 무소속(21)
제15대 국회	1인 1표 지역구/비례대표: 243/46	신한국당(139), 새정치국민회의(79), 민주당(15), 자유민주연합(50), 무소속(16)
제16대 국회	1인 1표 지역구/비례대표: 227/46	한나라당(133), 새천년민주당(115), 자유민주연합(17), 민주국민당(2), 한국신당(1), 무소속(5)
제17대 국회	1인 2표 지역구/비례대표: 243/56	열린우리당(152), 한나라당(121), 민주노동당(10), 새천년민주당(9), 자유민주연합(4), 국민통합21(1), 무소속(2)
제18대 국회	1인 2표 지역구/비례대표: 245/54	한나라당(153), 통합민주당(81), 자유선진당(18), 친박연대(14), 민주노동당(5), 창조한국당(3), 무소속(25)
제19대 국회	1인 2표 지역구/비례대표: 246/54	새누리당(152), 민주통합당(127), 통합진보당(13), 자유선진당(5), 무소속(3)
제20대 국회	1인 2표 지역구/비례대표: 253/47	더불어민주당(123), 새누리당(122), 국민의당(38), 정의당(6), 무소속(11)
제21대 국회	1인 2표(준연동제) 지역구/비례대표: 253/47	더불어민주당(163), 미래통합당(84), 미래한국당(19), 더불어시민당(17), 정의당(6), 국민의당(3), 열린민주당(3), 무소속(5)

주화 이후 국회의원의 정수는 큰 변화를 보이지는 않았지만, 지역구 의원 숫자는 늘어나고 비례대표의원의 숫자는 줄어드는 경향을 보이기도 했다. 이러한 국회의원 충원방식의 변화는 선거환경과 맞물려 정당구도에 영향을 주게 되었다.

정당의 공천을 받은 후보자들의 연령대와 직업적 배경을 살펴보면 연령대별 특징으로 제18대 국회의원선거에서는 40대 후보자들이 가장 많았고 50대가 그 뒤를 잇고 있다. 반면 제19대 국회의원선거에서는 50대 후

표 2-2   국회의원 후보자 통계(연령대별)

(단위: 명)

구분	제18대		제19대		제20대		제21대	
	지역구	비례대표	지역구	비례대표	지역구	비례대표	지역구	비례대표
30세 미만	16	1	13	5	20	6	15	12
30세 이상~40세 미만	132	19	20	16	50	11	54	33
40세 이상~50세 미만	438	45	236	53	197	36	178	71
50세 이상~60세 미만	375	72	433	65	458	66	536	102
60세 이상~70세 미만	137	48	178	43	187	31	284	62
70세 이상	15	3	22	6	22	8	34	21
합계	1,113	188	902	188	934	158	1,101	301

출처: 중앙선거관리위원회 선거통계시스템

보자들이 가장 높은 비율을 차지하고 있으며 다음으로 40대 후보자가 그 뒤를 잇고 있다. 제20대 국회의원선거에서는 가장 높은 비율을 차지하는 연령대는 50대이며, 40대가 그다음으로 나타나고 있다. 반면, 제21대 국회의원선거에서는 50대 비율이 가장 높고 60대가 다음을 차지하고 있다. 세 번의 선거에서 발견되는 커다란 변화는 30대 후보자 비율이 최근 들어 현격하게 줄어들었고 대신 60대 후보자 비율이 높아졌다는 점이다. 전반적으로 30대 미만 후보자가 차지하는 비율이 매우 낮다는 점을 그리고 비례대표의원 후보자 중 가장 높은 비율을 차지하는 연령대는 50대라는 점을 발견할 수 있다.

〈표 2-3〉에서는 정당 공천을 받은 국회의원 후보자를 직업별로 구분해 살펴보았다. 가장 눈에 띄는 점은 후보자 중 전직을 정치인으로 구분한 후보자가 가장 많다는 점이다. 그 이유는 해당 후보가 다른 직업을 가진 적이 있었더라도 당원으로 활동했기 때문에 자신의 전직을 정치인으로 표시한 것이라고 할 수 있다. 국회의원이 그 뒤를 따르고 변호사와 교육

표 2-3　　　　　　　　　국회의원 후보자 통계(직업별)

(단위: 명)

구분	제18대		제19대		제20대		제21대	
	지역구	비례대표	지역구	비례대표	지역구	비례대표	지역구	비례대표
국회의원	196	2	169	1	191	1	181	3
지방의원	0	0	0	0	0	0	0	0
교육감			0	0	0	0	0	0
교육의원			0	0	0	0	0	0
정치인	447	77	294	91	309	61	407	113
농·축산업	9	3	11	1	11	2	11	4
상업	11	0	14	7	11	16	35	23
광공업	2	0	1	0	2	0	0	0
운수업	1	1	1	0	2	0	7	0
수산업	0	0	1	0	0	0	3	0
건설업	11	4	10	2	12	1	20	1
언론인	4	3	4	1	0	1	0	0
금융업	2	0	1	0	4	1	5	0
약사·의사	4	4	8	3	14	7	25	9
변호사	69	7	60	4	75	7	60	14
종교인	10	2	3	1	2	6	8	5
회사원	27	12	25	14	18	3	32	18
교육자	47	23	78	14	51	19	48	21
정보통신업	4	1	4	1	2	0	1	0
출판업	1	0	3	0	7	0	0	2
공무원	1	0	0	0	0	0	0	0
무직	10	1	20	2	9	0	15	2
기타	257	48	195	46	214	33	243	86
합계	1,113	188	902	188	934	158	1,101	301

출처: 중앙선거관리위원회 선거통계시스템

자도 높은 비율을 보이고 있다. 한편 회사원, 농·축산업, 상업, 건설업, 종교인, 약사·의사를 직업적 배경으로 하고 있는 후보자도 많은 편이다. 반면 공무원, 광공업, 운수업, 수산업의 비율은 매우 낮은 편이다. 〈표 2-3〉의 결과를 통해 후보자들의 직업적 배경을 뚜렷하게 알기는 쉽지 않다. 추정컨대 이는 직업적 배경을 명확히 구분할 수 없는 정치인과 기타 후보자의 비율이 너무 높기 때문일 것으로 보인다. 이들의 직업적 배경이 당선과 어떻게 관련 있는지는 알기 어렵다. 〈표 2-3〉의 결과는 국회의원 후보자들의 직업적 배경은 다양하지만 후보자의 직업이 특정 직종에 치중되어 있다는 점을 보여주고 있다.

III. 국회의원의 사회·경제적 배경

정당의 공천을 받고 국회의원선거에서 유권자의 선택을 받은 후보자가 국회에 입성하게 된다. 선출된 국회의원들의 사회, 경제적 배경을 알아보는 것은 국회의 구성이 전체 사회의 구성과 어떠한 관련이 있는지 그리고 한국의 경제, 사회적 변화를 보여준다는 점에서 의미가 크다. 또한, 국회의원들의 사회, 경제적 배경 및 변화를 통해 공천 그리고 선거제도와 국회의원 충원과의 연관성을 발견할 수 있어 중요하게 다루어진다.

먼저 〈표 2-4〉를 보면 초선의원의 비율이 높다는 점을 발견할 수 있다. 제17대 국회의 초선의원 비율은 62.5%로 민주화 이후 가장 높았다. 민주화 이전에도 초선의원의 비율은 매우 높았으며, 특히 개헌 이후 새로운 공화국이 시작되는 국회의 초선의원 비율이 높은 편이었다.

〈표 2-5〉를 보면 과거에 비해 여성의원의 비율은 높아지고 있는데, 이는 새로운 인물을 요구하는 국회와 정당의 이해관계가 반영된 것으로 제17대 국회부터 비례대표 여성후보 공천 의무할당제가 실시되었기 때문

표 2-4 민주화 이후 국회 내 초선의원의 비율

	제13대	제14대	제15대	제16대	제17대	제18대	제19대	제20대	제21대
전체 의석	299	299	299	273	299	299	300	300	300
초선 의원	166	117	137	111	187	133	148	132	151
비율	55.5%	39.1%	45.8%	40.7%	62.5%	44.5%	49.3%	44.0%	50.3%

출처: 국회수첩, 대한민국 헌정회, 언론보도 등을 토대로 구성

표 2-5 국회별 총선 직후 여성의원 비율

구분	제13대	제14대	제15대	제16대	제17대	제18대	제19대	제20대	제21대
전체의석	299	299	299	273	299	299	300	300	300
여성의원 (지역구/비례)	6 (0/6)	7 (0/7)	11 (2/9)	21 (5/16)	39 (10/29)	41 (14/27)	47 (19/28)	51 (26/25)	57 (29/28)
비율	2.0%	2.3%	3.7%	7.7%	13.0%	13.7%	15.7%	17.0%	19.0%

출처: 중앙선거관리위원회 선거통계시스템, 한국여성의정 홈페이지

이다. 과거에 비해 여성의원의 비율이 높아진 것은 사실이지만 그럼에도 불구하고 여성의원의 비율은 여전히 낮다. 여성의원의 국회 진출이 비례 대표제에 의존하고 있고 지역구에서는 약세를 보이고 있기 때문이다. 제 17대부터 제21대 국회의원선거까지 지역구 선거에서 여성 후보자는 각각 65명(남성 1,102명), 132명(남성 981명), 63명(남성 839명), 98명(남성 836명), 209명(남성 892명)으로 남성에 비해 현격하게 낮다는 점을 알 수 있다. 지역구 선거에서 여성 후보자가 차지하는 비율은 낮지만 이들의 당선율은 15.4%(제17대 국회의원선거), 10.6%(제18대 국회의원선거), 30.2%(제19대 국회의원선거), 26.5%(제20대 국회의원선거), 13.9%(제21대 국회의원선거)로 나타나고 있다.

〈표 2-6〉은 당선자들의 연령대 분포를 적은 것이다. 제18대, 제19대,

●| 표 2-6 |　　　　　　　　　　国회의원 당선자 통계(연령별)

(단위: 명)

구분	제18대		제19대		제20대		제21대	
	지역구	비례 대표	지역구	비례 대표	지역구	비례 대표	지역구	비례 대표
30세 미만	0	0	0	0	0	1	0	2
30세 이상~40세 미만	4	3	3	6	1	1	6	5
40세 이상~50세 미만	76	12	66	14	42	8	28	10
50세 이상~60세 미만	119	23	118	24	140	21	157	20
60세 이상~70세 미만	40	15	59	10	66	15	59	10
70세 이상	6	1	0	0	4	1	3	0

출처: 중앙선거관리위원회 선거통계시스템

제20대, 제21대 국회에서 공통적으로 발견되는 것은 50대 비중이 가장 크며, 30세 미만 및 30대 당선자의 비율은 매우 낮다는 점이다. 한편, 제18대 국회와 제19대 국회에서 40대 당선자 비율은 50대 다음이었지만 제20대 국회와 제21대 국회에서 40대 당선자 비율은 60대보다 낮은 편이다. 또한, 제20대, 제21대 국회의 50대 당선자 비율은 제18대 국회와 제19대 국회에 비해 월등히 높은 편이다. 이를 통해 국회가 거듭할수록 국회의 평균 연령은 높아지고 있음을 알 수 있다.

〈표 2-7〉은 당선된 국회의원들의 직업적 배경을 보여주는 것이다. 앞서 후보자들의 직업을 검토한 결과, 정치인, 국회의원, 변호사, 교육자, 기타 직종의 비중이 높았는데, 당선자들 중에서도 이들의 비중이 높은 편이다. 또한 앞에서 살펴본 것과 같이 국회의원 후보자들 중 회사원, 농·축산업, 상업, 건설업, 종교인, 약사·의사를 직업적 배경으로 하고 있는 후보자도 꽤 있었지만, 당선자만을 놓고 보았을 때 이들의 비율은 급격하게 낮아진다는 점을 알 수 있다. 특히 비례대표 의원의 직업을 보면 정치인의 비율이 현격하게 높은 편이다. 지역구 의원들과는 다른 전문직 혹은

표 2-7

국회의원 당선자 통계(직업별)

(단위: 명)

구분	제18대		제19대		제20대		제21대	
	지역구	비례대표	지역구	비례대표	지역구	비례대표	지역구	비례대표
국회의원	129	2	108	1	138	0	115	0
정치인	61	23	77	21	61	21	86	16
농·축산업	0	0	1	1	0	1	0	0
상업	0	0	0	2	0	1	1	3
광공업	0	0	1	0	0	0	0	0
건설업	1	0	1	0	1	1	2	0
언론인	0	1	0	0	0	0	0	0
금융업	0	0	0	0	1	1	0	0
약사·의사	0	2	1	1	1	1	2	2
변호사	23	3	19	1	13	3	17	3
회사원	1	2	2	5	2	1	0	2
교육자	9	7	15	9	8	10	10	6
정보통신업	0	0	1	1	0	0	0	0
출판업	0	0	0	0	2	0	0	
무직	1	0	0	0	0	0	0	1
기타	20	14	20	12	26	7	20	14

출처: 중앙선거관리위원회 선거통계시스템

다양한 의견을 국회에 제시할 수 있는 인물들이 비례대표제를 통해 국회에 입성할 것으로 기대해 보았지만, 결과는 이와는 다르게 나타나고 있다. 앞에서도 후보자들의 전직이 특정 직종에 치우쳤다는 점을 발견할 수 있었는데, 이러한 경향은 당선자만을 놓고 보았을 때 더욱 심각하게 나타나고 있다.

국회의 구성과 운영

박경미 | 전북대학교

I. 국회 개원과 원구성

4년마다 치러지는 국회의원선거 직후 국회는 '개원(開院)'한다. 국회 개원 기간은 선거 직후인 5월 30일부터 4년 후 5월 29일까지로, 4년의 국회의원 임기와 연동되어 있다. 이처럼 국회의원 임기 시작일인 5월 30일을 국회 개원일로 하는 이유는 현행 헌법에 근거하여 치러진 제13대 국회(1988~1992년) 개원과 관련되어 있다(헌법 부칙 제3조). 1988년 4월 26일에 치러진 제13대 국회의원선거 후 5월 30일에 개원하였고, 이 날짜에 맞춰 현재에도 국회의원 임기가 시작된다. 그에 따라 국회법 제5조제3항은 국회의원 임기가 시작되는 5월 30일 후 7일이 되는 날에 원을 구성하기 위한 첫 임시회를 열도록 규정하고 있다.

1. 원구성

국회의 실질적 개원은 원구성 협상으로부터 시작한다. 원(院)구성[1]은 국회 기능과 업무 수행을 위해 국회의 각 기관과 조직을 구성하는 것을 의미하며, 국회의장 1명과 부의장 2명, 상임위원장의 선출 및 상임위원회 상임위원 선임을 모두 끝냈을 때 원구성이 되었다고 말한다.

원구성이 마무리될 때까지 대체로 많은 시간이 걸리는데, 그 이유는 원구성을 둘러싼 정당 간 갈등 때문이다. 정당 간 합의에 의해 진행되는 원구성을 둘러싼 갈등 지점은 어느 정당 소속 의원이 의장단과 상임위원장 직을 맡는가에 있다. 그것이 중요한 이유는 의장과 상임위원장이 본회의와 상임위원회 운영의 주도권을 갖기 때문이다. 의장과 상임위원장이 갖는 본회의와 상임위원회 운영 권한은 여러 정당 혹은 의원이 함께 공유할 수도 나눠 가질 수도 없기 때문에, 한 정당이 의장이나 위원장을 맡게 되면 다른 정당의 영향력이 그만큼 줄어들게 되는 것이다. 이로 인해 정당들은 원구성 협상을 국회 운영에 관한 영향력을 극대화할 수 있는 기회로 인식하여, 원구성 협상 자체가 첨예한 쟁점이 된다.

첫 번째 원구성은 국회 개원 시점에, 그리고 두 번째 원구성은 의장단 및 상임위원장이 2년의 임기를 마치기 5일 전에 한 번, 총 두 차례 진행된다. 이때 국회의장 1명과 부의장 2명을 본회의 표결로 선출하고(국회법 제15조) 상임위원장과 상임위원은 별도의 법규 없이 정당 간 합의에 따라 정당별 의석비율로 배분하고 선임하는 것이 관행이다. 총 4년의 의원 임기 중간에 의장단과 위원장을 선출하는 한국 국회만의 특성은 원구성 지연의 원인이 되어 왔다. 의장단과 상임위원장 선출 이외에 여·야 다수당 교체

---

[1] 원(院)은 회의체 단위로, 원이 하나일 경우에는 단원제(單院制), 둘이면 양원제(兩院制) 등으로 부른다. 한국은 단원제, 미국, 영국, 일본은 양원제를 도입하여 운영하고 있다. 과거 남아프리카공화국 의회는 3개 인종에 따라 별도의 회의체를 구성하는 삼원제로 운영하다가 양원제로 바꾸었고, 지금은 사라진 유고슬라비아는 오원제 의회를 운영하기도 하였다.

나 정치이슈에 연계한 등원 거부 등 정치적 이유도 원구성이 지연되는 또
다른 이유이다.

2. 원구성의 쟁점

원구성에 대한 쟁점은 국회의장 및 부의장, 상임위원장의 선출과 상임위
원회 위원 선임과 관련되어 있다. 각 직책에 대한 선출과 선임 방식은 제
13대 국회(1988~1992년)를 기점으로 제도화되었다. 민주화 이전에는 여당
이 의장직과 상임위원장직을 모두 차지하던 승자독식 방식이었다(유병곤
2006). 제13대 국회부터 교섭단체를 구성한 정당의 의석비율에 따라 상임
위원장직을 배분하는 방식으로 전환되었고, 제15대 국회(1996~2000년)부
터는 여야에 상관없이 다수당이 국회의장직을 차지하는 원구성이 자리를
잡았다.

먼저 상임위원장직 배분 방식이 현재와 같이 변화한 계기는 제13대 국
회였다. 민주정의당(125석), 평화민주당(70석), 통일민주당(59석), 신민주공
화당(35석), 네 개의 정당으로 구성된 제13대 국회는 여당인 민주정의당
이 과반을 차지하지 못한 여소야대 상황이었다. 제1당인 민주정의당이 의
장직을, 평화민주당과 통일민주당이 부의장직을 맡는 것에는 합의가 이루
어졌으나 민주정의당이 상임위원장직을 모두 차지하는 데에 대한 합의에
는 실패하였다. 최종합의에 따라 제13대 국회 전반기(1988~1990년) 상임
위원장직은 정당별 의석비율에 따라 7:4:3:2로 배분되었다.

이러한 균형은 제13대 국회 후반기(1990~1992년)에서는 깨지는 듯하
였다. 1990년 2월에 있었던 민주정의당, 통일민주당, 신민주공화당의 합
당, 이른바 '3당 합당'으로 여당인 민주자유당이 216석을 갖는 다수당 지
위를 차지하게 되었기 때문이다. 그러나 정당별 의석비율에 따라 상임위
원장직을 배분하는 원구성 방식에 대한 합의가 유지되면서 민주자유당과
평화민주당이 각각 13개와 4개의 상임위원장직을 맡았다(국회 2008, 629-

정당 의석비율 기준에 따른 상임위원장직 배분 관행의 파괴

제21대 국회는 정당 의석비율에 따른 상임위원장직을 나누어 선출하던 민주화 이후의 관행을 깨고 18대 상임위원장직 모두를 여당이자 다수당인 민주당 소속의원으로 선출하였다. 여당이 모든 상임위원장직을 차지한 것은 제12대 국회가 마지막이었고 민주화 이후에는 첫 사례이다.

선거 직후부터 원구성이 쟁점이 되었던 제21대 국회는 6월 5일 국회의장단을 선출하는 임시회를 열었지만, 제1야당인 미래통합당(103석 34.33%)이 참석하지 않았다. 국회의장직에 민주당 박병석 의원, 부의장직에 민주당 김상희 의원을 선출한 표결에는 민주당, 정의당, 열린민주당, 기본소득당, 시대전환 등이 참여하였으며 미래통합당 정진석 의원은 또 한 명의 부의장으로 내정되어 있었지만 미래통합당의 불참으로 선출되지 못하였다.

이와 같이 제21대 국회 개원이 쟁점이 되었던 이유는 법제사법위원장직을 어느 정당 소속의원이 맡느냐에 있었다. 모든 법률안이 거치는 법제사법위원회 위원장직을 제1야당이 맡아왔었던 관행을 지켜야 한다는 미래통합당과 여당이 맡는 것이 국회를 효율적으로 운영하는 방식이라는 민주당의 주장이 맞섰다. 논쟁을 거듭하다가 6월 15일 국회 본회의에서 법제사법위원회, 기획재정위원회, 외교통일위원회, 국방위원회, 산업통상자원중소벤처기업위원회, 보건위원회 등 총 6개 상임위원장직에 민주당 소속의원들이 선출되었다. 본회의 결과를 취소하라는 미래통합당 요구는 받아들여지지 않았고 원구성이 지연되었다. 그 후 제21대 국회 전반기 법제사법위원장직은 여당이 맡고 후반기는 다음 대선결과에 따라 여당이 맡자는 양당 사이의 합의안이 본회의 직전에 만들어졌다. 이러한 사전 합의에도 불구하고 6월 29일 본회의에서 미래통합당 원내대표가 본회의의 부적절성을 지적하고 소속의원들이 전원 퇴장하면서 다시 파행되었다. 남아있던 민주당을 비롯해 118명 의원이 참석한 가운데 정보위원장을 제외한 11개 상임위원장을 선출하였다. 7월 16일 본회의가 정보위원장을 선출한 제21대 국회는 7월 29일 현재 의장단과 18개 상임위원장 선출 및 상임위원 선임을 모두 마쳤지만 부의장 1명을 선출하지 못해 원구성을 마치지 못하였다.

630). 제13대 국회 원구성 방식은 현재까지 유지되어, 상임위원장직은 정당별 의석비율을 기준으로 정당 간 합의로 결정된다.

반면 국회의장 선출 방식은 제15대 국회(1996~2000년)에서 쟁점이었다. 제15대 국회 이전에는 집권당이 항상 국회 제1당이었고 국회의장은 제1당이자 여당 소속 의원이 맡았다. 이러한 관행은 제15대 전반기와 후반기 국회 사이에 있었던 대통령선거 결과로 인해 갈등 사안이 되었다.

전반기 국회(1996~1998년)에서는 신한국당(139석), 새정치국민회의(79석), 자유민주연합(50석), 통합민주당(15석)으로 구성되었다. 의장 선출이 29일 지연되었지만 여당이자 제1당이었던 신한국당의 김수한 의원이 271명 투표에 246표를 얻어 당선되었고 부의장직에는 신한국당과 새정치국민회의 소속 의원이 선출되면서 전반기 원구성이 완료되었다(국회 2008, 731).

순조로웠던 전반기 국회의 원구성과 달리, 후반기(1999~2000년)에는 국회의장 선출 방식이 논란이 되었다. 1997년 12월 제15대 대통령선거에서 김대중 대통령 당선으로 새정치국민회의가 여당이 되었지만 제1당은 아니었다. 처음으로 정권교체가 이루어진 상황에서 제15대 후반기 국회의장직을 제1당이 맡아야 하는지, 여당이 맡아야 하는지가 쟁점이 된 것이었다. 이러한 갈등 속에서 신한국당과 새정치국민회의가 각각 출마시킨 후보에 투표하여 국회의장을 선출하자는 데 합의하게 되었다. 제1당이 국회의장을 맡아야 한다는 한나라당은 오세응 의원을, 여당이 맡아야 한다는 새정치국민회의·자유민주연합(DJP 선거연합)은 자유민주연합 박준규 의원을 후보로 내세웠다. 재적의원 과반수 득표를 얻은 후보가 없어 세 차례 치러진 선거에서 147표, 146표, 149표를 받은 박준규 의원이 137표, 141표, 139표를 얻은 오세응 의원을 누르고 국회의장에 선출되었다(국회 2008, 722). 제1당 한나라당 의원 151명 중 149명이 투표에 참여하였지만 국회의장선거에서 패배한 것이다. 그 후부터는 국회의장은 투표로 선출하는 관행을 이어오고 있다.

원구성의 또 다른 쟁점은 상임위원회의 소속 상임위원 선임과 관련된 것이다. 교섭단체가 소속 의원들의 의석비율에 따라 상임위원을 배정하거나 바꾼다(국회법 제48조). 이에 대한 절차는 교섭단체 대표가 각 상임위원 명단을 첫 임시회가 열린 후 2일 이내에 국회의장에게 제출하고 국회의장이 상임위원을 선임하는 것으로 마무리된다. 어떤 의원을 어떤 상임위원회에 배정할 것인가에 대한 실질적 결정은 각 정당에서 진행한다. 대체로 각 정당은 소속 의원들에게 상임위원회에 대한 선호를 조사하고 이를 반영하여 배정하며 의원들 사이에 선호가 충돌할 경우 정당 지도부에

위원회 상임위원 배정은 왜 2년마다 바뀌는가?

상임위원 임기는 역사적으로 변화해왔다(가상준 2018). 제헌국회는 제1희망과 제2희망 선호 위원회를 의원들이 적어내어 상임위원을 선임하였으며, 임기는 의원 임기와 같았다. 상임위원 임기가 의원 임기보다 짧아진 것은 제2대 국회의 국회법 개정에서부터였다. 교섭단체별로 상임위원을 배정하기로 결정한 제2대 국회는 1951년 국회법 개정을 통해 국회의장과 부의장 임기를 2년으로, 상임위원 임기도 의원 임기의 절반인 2년으로 결정하면서 국회는 전반기와 후반기로 나뉘기 시작하였다. 임기를 2년으로 정한 이유는 상임위원장 선거가 당파적으로 결정되는 경향으로 인해 국회가 제1당 중심으로 운영될 것을 우려했기 때문이었다. 이후 제5대 국회부터는 임기를 1년으로 줄였다가 제9대부터 의원 임기(6년)의 절반에 해당하는 기간(3년)을 임기로 정하였고 현재에도 임기 절반인 2년으로 하고 있다. 또한 2년마다 상임위원을 배정할 때 정당은 지역구 사업 유치 등 의원들의 선호를 고려한다. 그러나 현재와 같이 2년 임기는 의원 경력을 반영한 전문적 상임위원회 구성에 불리하고 정책활동 강화를 제약하여 전문성 축적에 좋지 않다는 지적도 있다(최정원 2010, 96). 재선 이상의 의원 비율이 높은 미국의 경우, 경력주의(careerism)와 선임우선(seniority rule)을 기반으로 상임위원을 선임하여 해당 상임위원회 사안에 관련된 의원의 전문성을 강화하도록 하고 있다.

서 결정하여 상임위원을 선임한다.[2] 그 이외에 교섭단체에 속하지 않는 의원의 상임위원회 배정 권한은 국회의장에게 있다.

---

[2] 상임위원장 사임은 본회의 동의를 받아야 하는 사안이며 폐회 중에는 의장의 허가를 받아 사임할 수 있다(국회법 제41조 제5항). 상임위원회 위원 개선(사임(辭任)과 보임(補任))은 임시회 회기 중에 개선될 수 없으며 정기회에는 선임 또는 개선 후 30일 이내에는 개선될 수 없지만 질병 등 부득이한 사유로 의장의 허가를 받은 경우에는 사·보임을 할 수 있다(국회법 제48조 제6항).

II. 국회 운영의 주체와 권한

1. 정당과 교섭단체의 차이

원구성 협상에 참여하는 주체는 교섭단체를 구성한 정당으로, 교섭단체는 20명 이상의 의석을 갖는 정당이나 단체를 말한다. 20명 이상의 의원이 있는 정당은 교섭단체로 등록할 수 있으며 한 정당은 하나의 교섭단체만을 구성할 수 있다(국회법 제33조제1항). 국회 원내 의석수가 20석 이상이 있는 '원내정당'은 '교섭단체'라는 명칭과 지위를 얻게 되지만 20석보다 의석이 적은 정당은 '비교섭단체' 지위를 갖게 된다. 물론 원내 의석이 하나도 없는 정당, 즉 '원외정당'만 있는 정당도 있지만 이들은 원내의석이 없기 때문에 국회 원구성과 운영에 대한 어떤 권한도 없으며 교섭단체도 구성할 수 없다.

정당, 원내정당, 교섭단체의 구성요건은 다르다. 정당은 중앙선거관리위원회에 필요한 서류를 제출하여 등록하는 절차를 거치면 만들 수 있다. 또한 20석의 의석을 가진 원내정당만이 교섭단체 지위를 얻을 수 있기 때문에 모든 원내정당이 모두 교섭단체가 되는 것은 아니다. 다시 말해, 교섭단체는 정당들 사이에서 그리고 원내정당들 사이에서도 고유한 지위와 영향력을 갖는 정치적 단위인 것이다.

소속 의원 20명은 교섭단체 구성에 결정적이다. 그 사례로는 제16대 (2000~2004년) 국회 자유민주연합을 들 수 있다. 당시 자유민주연합은 20석에서 3석이 모자라는 17석이어서 교섭단체를 구성할 수 없었다. 이때 연합관계에 있었던 새정치국민회의 의원 3명이 자유민주연합으로 당적을 바꾸는 이른바 '의원 꿔주기'를 통해 20석을 채운 자유민주연합은 교섭단체를 구성할 수 있었고 원구성 협상에 참여하여 1개의 상임위원장직도 차지할 수 있었다. 또한 제17대 국회(2004~2008년) 민주노동당 의원 10명은 20명의 기준을 채우지 못해 교섭단체를 만들 수 없었다.

물론 20석을 갖지 못한 정당도 교섭단체를 구성할 수 있다. 원내정당, 무소속 또는 두 개 이상의 원내정당 소속 의원이 모여 총 20명 이상의 의원이 합의하면, 즉 교섭단체 구성 요건을 갖추면 교섭단체를 만들 수 있다. 제20대 국회에서 민주평화당(14석)과 정의당(6석)이 '평화와정의'라는 이름으로 한동안 하나의 교섭단체 활동을 한 것이 그 예이다.

이와 같은 교섭단체 구성 요건은 교섭단체와 비교섭단체 사이의 정치적 위상과 권한 차이로 인해 논란이 되기도 하였다. 그동안 교섭단체를 구성하지 못한 비교섭단체 정당들이 교섭단체 구성 요건을 완화시켜달라는 요구가 몇 차례 있었다. 그 사례로는 제16대 국회(2000~2004년)의 자유민주연합(17석), 제17대(2004~2008년)의 국회 민주노동당(10석), 제18대(2009~2012년) 국회 자유선진당(18석)을 들 수 있다.

제헌국회(1948~1950년) 초기에는 교섭단체를 인정하지 않았다. 16개 정당이 원내에 진입하여 어떤 정당도 과반수를 점하지 못하였던 제헌국회에서 교섭단체 허용은 파당의식을 조장할 뿐만 아니라 교섭단체를 이룬 다수당 횡포와 비교섭단체에 속하는 소수파의 발언권을 억압한다고 인식하였다(조진만 2018, 120-126). 현재와 유사한 교섭단체 유형의 활동을 허용한 것은 1949년 제4회 정기회였다. 이때부터 국회 운영에 관한 협의를 원활하도록 하기 위해 의원들의 의견을 사전에 조율·통합·조정하는 교섭의 창구로 '단체교섭회'를 인정하였다. 그 이후 교섭단체 구성 요건은 몇 차례 달라졌는데, 제헌국회에서부터 제5대 국회(1949년)까지는 20명이었다가, 제6대(1960년)부터는 10명으로 낮춰졌으며, 제9대 국회(1973년)부터는 20명 이상을 교섭단체 구성 요건으로 하여 현재에 이르고 있다.

2. 교섭단체의 권한

정당들이 교섭단체를 구성하려는 이유는 교섭단체인지 비교섭단체인지에 따라 정당의 위상과 국회에서 행사할 수 있는 권한에 차이가 나기 때문이다. 가장 큰 차이는 교섭단체만이 국회 원구성과 운영 등 주요 사안의 결정에 참여할 수 있다는 데 있다. 이러한 권한은 교섭단체 대표의원, 통상적으로 각 정당의 원내대표 의원에게 부여되어 실질적으로 행사된다.

구체적으로 교섭단체가 갖는 권한을 살펴보면, 첫째, 원구성에 대한 영향력을 꼽을 수 있다. 의장단 선출에서부터 상임위원장직 배분, 상임위원회 및 특별위원회 위원 선임에 이르는 원구성 협상에는 교섭단체만이 참여할 수 있다. 둘째, 본회의와 위원회 등 국회 운영에 대한 제도적 권한을 들 수 있다. 전반적으로 국회 운영에 관한 권한은 국회 의장단 및 교섭단체 대표의원 간의 협의과정에서 행사된다. 본회의에 관한 교섭단체의 권한은 교섭단체 대표의원들 간 협의에 따라 본회의 의사일정 변경 및 발언자 수, 질문시간, 발언의원을 결정할 수 있는 것이다. 반면 위원회 운영에서는 교섭단체 대표의원이 각 위원회 위원의 임명 및 개선을 요청할 수 있으며 전원위원회 개회 요구 시 이를 개회하지 않기로 하는 동의권 등을 행사할 수 있다. 셋째, 국회 안의 각종 직책에 관한 인사권을 들 수 있다. 교섭단체 대표의원은 50명으로 구성되는 예산결산특별위원회 위원 선임 요청권, 윤리심사자문위원회 자문위원 8명 추천권(국회법 제46조의2) 등을 갖는다.3) 넷째, 교섭단체에게는 비교섭단체에는 주어지지 않는 재정적 지원과 제도적 권한이 주어진다는 차이도 있다. 교섭단체는 비교섭단체에 비해 정치자금법에 의해 제공되는 경상보조금과 선거보조금 등 국고보조금 배분에서 유리하다.4) 이와 더불어 교섭단체는 별도의 사무실을

---

3) 교섭단체 대표의원은 국회운영위원회 위원과 정보위원회 위원을 당연직으로 맡는다(국회법 제39조제2항과 제48조제3항).

4) 경상보조금은 매년, 그리고 선거보조금은 선거가 있는 해에만 지급된다. 정치자금법 제27조에 따르면, 경상보조금과 선거보조금은 국회법 제33조 제1항 본문의 규정에 의하여 동일 정당의 소속의원으로 교섭단체를 구성한 정당에 대하여 그 100분의 50을 정당별로 균등하게 분할하여 배분·지급한다. 또한 보조금 지급 당시 제1항의 규정에 의한 배분·지급대상이 아닌 정당으로서 5석 이상의 의석을 가진 정당에 대하여는 100분의 5씩을, 의석이 없거나 5석 미만의 의석을 가진 정당 중 다음 각 호의 어느 하나에 해당하는 정당에 대하여는 보조금의 100분의 2씩을 배분·지급한다. 여기에 해당하여 보조

주요국 의회는 교섭단체제도를 어떻게 운영하는가?

독일, 일본, 프랑스는 한국과 마찬가지로 국회법이나 의사규칙 또는 헌법에 교섭단체를 명시하고 제도적 권한도 부여한다. 반면 두 정당이 거의 의석 대부분을 차지하는 미국과 영국은 별도 규정 없이 정당을 하나의 단위로 하여 교섭단체 지위를 인정한다(박경미 2010). 그러나 명시적 법근거가 있는지 없는지에 관계없이 교섭단체는 의장 선임, 위원회 구성 및 배정, 법안 발의, 사무실 등의 권한과 제도적 지원을 받는다는 공통점이 있다. 그러나 교섭단체 구성 요건에는 차이가 있다. 독일은 의사규칙에 근거하여 5% 이상의 득표율을 받은 정당이 교섭단체(fraktion)를 구성할 수 있다. 일본 국회법은 의원 2명 이상이면 회파(會派)를 구성할 수 있다. 반면 프랑스는 의사규칙에 따라 의원 20명 이상이 모여 교섭단체(groupe politique)를 구성할 수 있다.

제공받으며 소속 의원의 입법 활동을 보좌하는 정책연구위원 선임 등 행정적, 재정적 지원을 받을 수 있다.

III. 국회 지도부 선출과 정치적 중립

원구성 단계에서 중요한 일정 중 하나는 의장단과 상임위원장, 즉 국회 지도부를 선출하는 것이다. '선출'한다는 것은 의원들이 유권자가 되어 의장단과 상임위원장으로 출마한 후보를 지지할 것인지의 여부를 표명하는 선거를 치른다는 것이다. 국회 지도부 선출은 교섭단체 간 협상으로 진행

금의 2%를 받는 정당은 첫째, 최근 국회의원선거 득표율이 2% 이상인 정당, 둘째, 국회 의원선거 득표율 2% 미만의 득표를 하였더라도 의석을 가진 정당이 지방선거에서 0.5% 이상의 득표를 한 정당, 셋째, 국회의원선거에 참여하지 않았지만 지방선거에서 2%를 득표한 정당을 말한다.

되는 원구성의 협상대상이기 때문에 통상적인 의미의 선거와는 차이가 있다. 한 국회에 2년에 한 번씩, 총 두 차례의 선거로 선출되는 의장단과 상임위원장은 의원 임기의 절반인 2년 동안 국회와 상임위원회 운영에 권한을 갖는다.

1. 의장단 선출

국회 의장·부의장선거에 참여할 후보 임명에 대해서는 명문화된 법적 근거가 없으며 각 정당의 당헌이나 당규에 따라 대체로 각 정당 의원총회에서 후보를 선출하는 것이 일반적이다. 최근에는 의장단 후보는 각 정당의 의원총회에서 경선으로 선출하며 상임위원장 후보의 경우에도 외교통일위원회와 같이 인기 있는 상임위원장 후보도 경선을 하는 경우가 있다.

국회의장 후보를 내는 제1당의 경우, 원구성 협상 전에 의원총회에서 국회의장 후보를 선출한다. 제20대 국회 전반기(2016~2018년)에 제1당이었던 더불어민주당 의원총회에서는 당내 최다선인 의원 6선의 정세균 의원과 문희상 의원이 참여하는 국회의장 경선이 있었다. 이 의원총회에서 국회의장 후보로 선출된 정세균 의원은 본회의 투표에서 총 287명 중 274표를 받아 국회의장이 되었다. 부의장선거도 동일한 절차를 거쳤는데, 각 정당 의원총회가 선출한 부의장 후보는 새누리당 심재철 의원과 국민의당 박주선 의원이었다. 두 명의 부의장 후보에 대한 본회의 투표도 각각 진행되었는데, 심재철 의원은 272표 중 237표를, 박주선 의원은 244표 중 230표의 찬성표를 받아 국회 부의장이 되었다.

국회 의장단을 선출하기 위한 본회의 투표는 어떻게 진행되는가? 국회 의장단, 즉 국회의장과 부의장에 당선되기 위해서는 의원들이 참여하는 무기명 투표에서 재적의원 과반수의 지지를 얻어야 한다(국회법 제15조).[5]

---

5) 본회의 투표가 진행될 때에는 먼저 의원들이 투표용지와 명패를 받아 투표소에 들어가

본회의 투표에서 의장단 후보는 의원 300명 중에서 151명 이상의 지지, 즉 국회의원 과반수의 지지를 받아야 국회의장 혹은 부의장으로 선출될 수 있다.

의장과 상임위원장 후보가 재적의원 과반수의 지지를 받지 못할 경우에는 2차 투표를 실시한다. 만약 2차 투표의 개표에서도 재적의원 과반수의 지지를 받은 후보가 없는 경우에는 3차 투표가 진행된다.[6] 3차 투표는 2차 투표에서 최고득표자가 1명이면 가장 표를 많은 얻은 최고득표자 1명과 두 번째로 표를 많이 받은 차점자 1명, 총 두 명에 대한 결선투표이다. 만약 최고득표자가 2명 이상이면 이들 최고득표자에 대한 결선투표를 진행한다. 결선투표는 재적의원 과반수 출석과 출석의원 과반의 지지를 받은 후보자를 당선자로 확정하며 선출과정을 마무리한다. 이처럼 의원 절반 이상이 선호하는 의원이어야 하는 의장단 선출방식과 마찬가지로, 상임위원장도 의원 과반수의 지지를 필요로 하는 본회의 절차를 거쳐 선출한다. 이때 상임위원장 후보 전체에 대한 일괄적인 투표가 아니라 상임위원장 한 명 한 명의 후보자에 대하여 별도의 투표를 진행하여 상임위원장 선출과정을 마친다.

의장과 상임위원장 선출 방식은 국가마다 다르다(전진영 2012, 22-31). 미국 하원의장은 각 정당의 의원총회가 선출한 의장 후보자에 대한 호명투표(roll-call vote)를 통해 선출한다. 이때 소수당도 의장후보를 내지만 다수당 후보가 하원의장에 당선되기 때문에 소수당 의장 후보 지명은 형식적 절차에 불과하다. 상임위원장은 승자독식의 원칙에 따라 모두 다수당이 차지한다. 정당 당규 규정에 따라 상임위원장을 결정, 본회의 제출

투표용지 기명란에 지지하는 후보의 이름을 기재하고 나와 투표용지와 명패를 함에 넣는 것으로 투표 절차가 끝난다. 개표 시에는 명패 수와 투표용지 수가 일치하는지를 점검하여 투표인 수를 확정한다.

6) 그동안 과반수 득표를 얻지 못해 3차까지 투표가 이루어진 경우는 제15대 국회 후반기 (1998~2000년) 국회의장선거가 유일하다. 박준규 의원과 오세응 의원이 경합을 치룬 국회의장선거 2차 투표에까지 과반을 얻은 사람이 없어 3차 결선투표까지 치렀다.

절차를 거쳐 선출하기 때문에 본회의 투표도 형식적 절차에 불과하다.

　　영국 하원의 경우, 본회의 투표로 다수득표자가 의장에 선출되고 이의가 제기되지 않는 한 전임의장이 연임하는 것이 오랜 관행이었다. 이러한 관행이 깨진 것은 2000년대 다수의 의장 후보가 경쟁하면서부터이다. 2001년 의장 선출에 관한 하원의사규칙을 마련하여 2009년부터는 전임의장이 계속 맡고자 할 경우 전임의장을 하원의장으로 다시 선출한다는 연임안을 표결에 부쳐 그 결과에 따라 연임여부를 결정하도록 바꾸었다. 또한 무기명 비밀투표에 의한 의장 선출방식을 도입하였다. 과반수 득표자가 나올 때까지 최소투표자와 5% 이하의 득표자를 탈락시켜 투표를 반복하는 선출방식이다. 반면 상임위원장은 정당 간 협상에 따라 의석비율을 고려하여 정당별로 배분한다.

2. 국회의장의 직무와 권한

국회의장은 어떠한 직무와 권한을 하는가? 국회의장 직무는 "국회를 대표하고 의사를 정리하며, 질서를 유지하고 사무를 감독"(국회법 제10조)하는 것이다. 국회의장은 국회 안팎에서 국회를 대표하는 대표자의 역할을 하면서 국회 전반에 관한 권한을 가지고 있다.

　　구체적인 직무와 기능을 살펴보면 첫째, 국회의장은 국회를 대표하는 대표자이다. 대외적으로는 입법부를 대표하는 대표자이다. 국회 밖에서는 300명의 의원 전체를 대표하며 안에서는 본회의와 상임위원회 등 국회운영 전반에 관한 의원들의 다양한 요구와 입장을 대변하는 대표자이다. 국회가 입법부로서의 기능을 수행하기 위해 열리는 본회의 등의 회의체를 주관하는 업무를 수행한다.

　　둘째, 의사정리권(議事整理權)은 회의에서 의견을 주고받거나 논의할 사항을 정리할 수 있는 국회의장의 권한을 말한다. 국회의장이 행사하는 의사정리권으로는 국회운영 기본일정, 회기 전체 의사일정의 일부 변경,

안건심사기간, 발언원칙, 5분 자유발언, 긴급현안질문 등 회의에 관한 사안에 관한 결정권한을 들 수 있다(국회법 제5조의2, 제85조, 제105조, 제122조의3 등). '국회선진화법'으로 불리는 2012년 5월 국회법 일부개정 이후 그 요건이 세부적으로 명시되어 축소된 직권상정 권한도 국회의장의 의사정리권에 속한다.

셋째, 질서유지권(秩序維持權)은 국회 회의장 질서를 훼손하는 행위나 상황이 발생하였을 때 국회의장이 행사할 수 있는 권한으로 경호권과 가택권(家宅權)을 말한다. 국회의장은 국회질서를 유지하기 위해서 국회 안에 있는 모든 사람들, 즉 의원을 포함하여 일반 방청인에게 명령하고 이를 물리적으로 강제할 수 있는 경호권을 행사할 수 있다(국회법 제143조). 반면 가택권은 다른 사람들의 의사당 출입을 금지하고 필요하다고 인정되는 경우에 퇴장을 요구할 수 있는 권한이다(국회법 제145조와 제154조). 본회의나 위원회 회의장에서 회의장 질서를 어지럽혔을 때에 경고나 제지할 수 있는 권한도 국회의장에게 있다(국회법 제145조 제1항과 제2항). 이를 따르지 않는 의원을 국회의장이 당일 회의에서 발언을 금지 또는 퇴장시킬 수 있으며 소란하여 질서를 유지할 수 없을 경우 회의를 중지하거나 산회를 선포할 수 있다(국회법 제145조제3항). 이러한 의장의 권한을 행사하기 위하여 국회에 경위(警衛)를 두며, 국회운영위원회의 동의를 받아 기간을 정하여 국회의장은 국가경찰공무원 파견을 요청할 수 있다(국회법 제144조).

넷째, 사무감독권(事務監督權)은 국회의 사무를 지휘 및 감독하는 국회의장의 권한을 말한다(국회법 제21조). 국회 입법과정 및 예산결산 심사 등의 활동에 필요한 행정사무를 처리하는 기관은 국회사무처이다. 국회사무처에 대한 국회의장의 권한의 핵심은 국회사무처 사무총장을 임면하는 것이다. 국회의장은 각 교섭단체 대표의원과 협의와 본회의 승인을 받아 사무총장을 임면할 수 있으며 사무총장은 국회의장의 감독을 받아 국회 사무를 총괄하고 소속 공무원을 지휘, 감독한다.

3. 국회의장의 중립성과 당파성

국회의장 직무를 원활히 수행하기 위해서 국회의장은 원래의 당적을 버림으로써 어느 정당의 편에도 서지 않는 정치적 중립을 유지하여야 한다. 국회법 제20조의2는 국회의장에 "당선된 다음 날부터 의장으로 재직하는 동안은 당적을 가질 수 없"도록 '당적 보유 금지'를 강제하고 있다. 2002년 3월 국회법 개정 이전에도 규범적으로는 국회의장이 정치적 중립일 것을 기대하고 강조되었지만 당적을 그대로 유지한 채 국회의장 직무를 수행하였고 당적 보유에 대한 법적 근거는 없었다.

현재에는 국회법 제20조의2에 근거하여 국회의장은 재임기간 동안 당적을 버려야 하지만 실제로 중립적 역할을 할 수 있는지에 대해서는 여전히 논란이 있다. 국회의장이 재선을 위해 국회의원선거에 출마하지 않는다면 당적 보유 금지가 정치적 중립을 위한 조건이 될 수 있지만 국회의장 임기 이후에 또 출마한다면 정치적 중립을 보장할 수 없기 때문이다. 정당 공천을 받아 국회의원선거에 출마하려는 경우에는 의원 임기 만료 90일 전에 당적을 가질 수 있는데, 이때 복귀하는 당적은 국회의장이 되기 이전의 탈당한 정당이어야 한다(국회법 제20조의2제2항). 이는 당적 보유 금지가 국회의장의 정치적 중립을 위한 충분하지 않을 수 있다는 의미이다.

이처럼 국회의장의 정치적 중립을 강조하게 된 이유는 국회 입법과정에서 소속 정당의 입장을 고려한 국회의장의 직무 수행이 국회 운영에 논란이 되었기 때문이다. 당적을 갖는 국회의장은 쟁점 법안이 본회의나 상임위원회에 상정되었을 때 소속 정당의 입장에서 법안을 처리하는 당파적 태도를 보이는 것이 다반사이다. 특히 국회의장의 당파적 태도가 가장 극적으로 표출되는 경우는 국회의장이 법안의 '심사기간'을 지정하였을 때이다. 국회의장은 상임위원회에서 심사를 마치지 못한 법안을 심사기간을 정하여 다른 위원회에 부의하거나 본회의에 바로 상정하는 이른바 '직권상정'을 할 수 있다(국회법 제85조). 직권상정된 법안의 통과를 막기 위하여 의원들이 본회의장 진입을 막거나 각종 물품을 부수는 등 폭력적 상황이 국회 신뢰를 추락시키는 일이 종종 발생하였다.

그동안 논란이 되었던 국회의장의 직권상정 권한은 2012년 5월 국회법 일부개정, 일명 국회선진화법을 통해 약화되었다. 국회선진화법 이전에는 교섭단체 대표의원과 협의만 이루어지면 위원회에 회부하는 안건 또는 회부된 안건에 대하여 심사기간을 지정할 수 있었다. 직권상정 행사 여부의 판단 자체가 국회의장의 고유 권한이었던 것이다. 그러한 권한을 축소시킨 국회선진화법은 1) 천재지변의 경우, 2) 전시·사변 또는 이에 준하는 국가비상사태의 경우, 3) 의장이 각 교섭단체 대표의원과 합의하는 경우(국회법 제85조)에만 심사기간을 지정할 수 있도록 하여, 국회의장이 직권상정 권한을 독자적으로 판단하여 행사할 수 있는 여지를 좁혔다.

미국과 영국은 의장의 당파적 입장 허용에 차이가 있다(전진영 2012, 22-31). 당적을 포기하지 않는 미국 하원 의장은 다수당의 입장을 대변하는 당파적 성격을 띤다. 반면 영국은 하원 의장이 어떤 당지에도 있을 수 없는 정치적 중립성을 강조하는 국가이다.

제2부

국회에서 일하기

제4장 국회 위원회제도 • 가상준
제5장 국회의 입법과정 • 전진영
제6장 국회의 예산과 결산 • 유성진
제7장 국회의원의 의정활동 • 박경미

제4장

국회 위원회제도

가상준 | 단국대학교

I. 상임위원회 중심주의

우리 국회에서 의사결정을 포함하여 의원들의 주요 의정활동이 이루어지는 곳은 상임위원회이다. 상임위원회의 일차적 기능은 담당하는 분야의 의안과 청원을 심사하는 것이다. 국회 내 법안의 통과를 위해서는 일차적으로 상임위원회 내에서 법안이 다루어져야 한다. 상임위원회 중심주의를 택하고 있는 국가의 의회에서 상임위원회의 역할은 본회의 중심주의를 택하고 있는 국가의 의회와 비교해 볼 때 매우 다르다. 본회의 중심주의를 택하고 있는 의회는 의원이 전부 모이는 본회의에서 중요 사안이 심의되며 결정된다. 반면 상임위원회 중심주의를 택하고 있는 의회에서는 상임위원회가 중요 사안들을 심사하고 의결한다. 물론 상임위원회가 내린 결정은 전체 의원들이 모인 본회의에서 최종적으로 표결을 통해 승인되는 과정을 거쳐야 한다. 그러나 상임위원회 결정이 실질적으로 최종 의사결정이라 할 수 있다는 점에서 상임위원회 중심주의는 본회의가 아닌 상임위원회가 의회운영서에 핵심적 역할을 수행하고 있는 것이다.

상임위원회 중심주의를 택하고 있는 한국 국회에서 법안의 통과여부는 상임위원회에서 가결되는지와 직접적인 관련이 있다. 즉, 상임위원회를 통과한 법안들의 대부분은 본회의를 통과하지만 상임위원회를 통과하지 못한 법안들은 국회를 통과하지 못한다. 우리 국회가 처음부터 상임위원회 중심주의를 택한 것은 아니다. 제헌국회는 본회의 중심주의를 도입하여 본회의에서 사안을 심의하고 결정하였다. 본회의 중심주의에서 상임위원회 중심주의로 바뀐 것은 국회 의사진행의 효율성을 극대화하기 위해서다. 즉, 의원 전원이 모여 모든 사안을 논의하는 것은 많은 시간이 소요되고 의사결정이 쉽지 않아 분업을 통한 효율성과 전문성을 높이기 위해 상임위원회 중심주의를 택하게 된 것이다.

한국 국회가 제도와 운영방식에 있어 모델로 삼고 있는 미국 의회도 처음부터 상임위원회가 중심이 된 것은 아니었다. 19세기 초 미국의회에는 소수의 상임위원회만이 존재하였고, 이러한 상임위원회도 사실상 임시위원회(select committee) 혹은 특별위원회(special committee)라는 형식에서 진화한 것이었다. 그러나 임시위원회 혹은 특별위원회가 정책개발, 분업과 전문성에 따른 업무 효율성을 발휘하자 이를 상임위원회로 변경시켜 영구화하였고, 이후 미국은 19세기 말 이후 상임위원회제도를 확립하였다(Cooper and Brady 1981).

상임위원회 구성에 관한 이론적 논의는 미국의회를 중심으로 발전되었다(손병권 1999; 조진만 2010). 먼저, 이익분배론(distributive theory)은 의원이 재선을 목적으로 지역구 유권자가 선호하는 서비스를 제공할 수 있는 상임위원회를 선택한다고 보는 입장이다(Hall and Grofamann 1990; Shepsle and Weingast 1987). 특정 상임위원회 활동이 제공할 수 있는 서비스가 의원의 상임위원회 선호에 영향을 미치며, 그에 따라 각 상임위원회는 전체 의원의 정치적 입장과 구별되는 상임위원회 고유한 이해관계를 갖는 위원들로 구성된다. 둘째, 정보확산론(informational theory)은 상임위원회

위원들이 의회 의사결정에 필요한 정보를 전체 의원들에게 제공하는 역할을 한다는 시각이다. 의사결정에 필요한 정보를 수집·제공하는 분업 원리에 기반을 둔 정보확산론은 상임위원과 전체 의원들이 정치적 입장 차이가 없다고 보며 상임위원회가 전체 의원들에게 정보를 제공하고 확산시키는 역할을 한다고 본다(Gilligan and Krehbiel 1990; Krehbiel 1991; 1990). 셋째, 정당이익론(partisan theory)은 의회 주요한 행위자인 정당이 소속 의원들의 의정활동에 영향을 미친다고 보는 입장이다. 의원은 개개인의 독자적 선호보다는 소속 정당의 영향력 하에서 상임위원회 활동을 한다는 것이다(Aldrich 1995; Cox and McCubbins 2005; 1993). 다시 말해, 정당이익론은 상임위원회에 어떤 의원을 배정하느냐는 정당이익과 관련이 있다는 것이다.

II. 위원회 유형과 소위원회

1. 상임위원회

국회 내 위원회는 상임위원회, 상설특별위원회, 비상설특별위원회, 그리고 전원위원회로 구분할 수 있다. 상임위원회는 국회법에 의해 설치된 상설위원회로서 상임위원회 정수는 국회 규칙으로 정하게 되어 있으며, 정보위원회만 국회법에 12명으로 규정되어 있다. 상임위원회는 국회의 결정에 따라 늘어나거나 줄어들 수도 있으며, 제21대 국회(2020~2024)는 17개의 상임위원회를 두고 있다. 상임위원회의 구조는 행정부의 구조에 대응하도록 구성되어 운영되는 게 대통령제에서는 일반적이다. 이러한 이유로 행정부 구조가 변경되면 국회의 상임위원회 구조도 변경되게 된다. 각 상임위원회는 맡아서 관리하는 업무 즉, 소관사항을 두고 있다. 〈표 4-1〉

○ 표 4-1 　　　　　　　　제21대 국회 상임위원회 종류와 소관사항

상임위원회	소관사항
국회운영위원회	• 국회 운영에 관한 사항 • 국회법과 국회규칙에 관한 사항 • 국회사무처, 국회도서관, 국회예산정책처, 국회입법조사처, 대통령비서실, 국가안보실, 대통령경호처, 국가인권위원회 소관에 속하는 사항
법제사법위원회	• 법무부, 법제처, 감사원 소관에 속하는 사항 • 헌법재판소 사무에 관한 사항 • 법원·군사법원의 사법행정에 관한 사항 • 친일반민족행위자재산조사위원회 소관에 속하는 사항 • 탄핵소추에 관한 사항 • 법률안·국회규칙안의 체계·형식과 자구의 심사에 관한 사항
정무위원회	• 국무조정실, 국무총리비서실, 국가보훈처, 공정거래위원회, 금융위원회, 국민권익위원회 소관에 속하는 사항
기획재정위원회	• 기획재정부, 한국은행 소관에 속하는 사항
교육위원회	• 교육부 소관에 속하는 사항
과학기술정보방송통신위원회	• 과학기술정보통신부, 방송통신위원회, 원자력안전위원회 소관에 속하는 사항
외교통일위원회	• 외교부, 통일부 소관에 속하는 사항 • 민주평화통일자문회사무처에 관한 사항
국방위원회	• 국방부 소관에 속하는 사항
행정안전위원회	• 행정안전부 소관에 속하는 사항 • 중앙선거관리위원회 사무에 관한 사항 • 지방자치단체에 관한 사항
문화체육관광위원회	• 문화체육관광부, 문화재청 소관에 속하는 사항
농림축산식품해양수산위원회	• 농림축산식품부, 해양수산부, 농촌진흥청, 산림청, 해양경찰청 소관에 속하는 사항
산업통상자원중소벤처기업위원회	• 산업통상자원부, 중소벤처기업부, 특허청 소관에 속하는 사항
보건복지위원회	• 보건복지부, 식품의약품안전처 소관에 속하는 사항
환경노동위원회	• 환경부, 고용노동부 소관에 속하는 사항
국토교통위원회	• 국토교통부 소관에 속하는 사항
정보위원회	• 국가정보원 소관에 속하는 사항 • 국가정보원법 제3조 제1항 제5호에 따른 정보 및 보안 업무의 기획·조정 대상 부처 소관의 정보 예산안과 결산 심사에 관한 사항
여성가족위원회	• 여성가족부 소관에 속하는 사항

출처: 국회 홈페이지

은 이에 대한 구체적인 내용을 보여주고 있다.

국회의 상임위원회 제도는 제헌국회부터 있었다. 제헌국회(1948~1950)
는 법제사법위원회, 외무국방위원회, 내무치안위원회, 재정경제위원회, 산
업위원회, 문교사회위원회, 교통체신위원회, 징계자격위원회 총 8개의 상
임위원회를 두었다. 제2대 국회(1950~1954)는 12개의 상임위원회(법제사법
위원회, 내무위원회, 외무위원회, 국방위원회, 재정경제위원회, 농림위원회, 상공
위원회, 문교위원회, 사회보건위원회, 교통체신위원회, 징계자격위원회, 국회운영
위원회)를 두었다. 이후 점차 행정국가화의 경향에 따라서 국회도 분야별
업무가 분화되면서 상임위원회의 수는 점차 늘어났다.

2. 특별위원회와 소위원회

국회법 제44조에 의해 "국회는 둘 이상의 상임위원회와 관련된 안건이거
나 특히 필요하다고 인정한 안건을 효율적으로 심사하기 위하여 본회의
의 의결로 특별위원회를 둘 수 있다."고 규정하고 있다. 국회법에 따라

◦ 표 4-2   **특별위원회 종류와 소관사항**

특별위원회	소관사항
예산결산특별위원회	• 예산안·기금운용계획안 및 결산 심사
윤리특별위원회	• 의원의 자격심사·징계에 관한 사항
인사청문특별위원회	• 헌법에 의하여 그 임명에 국회의 동의를 요하는 대법원장·헌법재판소장·국무총리·감사원장 및 대법관과 국회에서 선출하는 헌법재판소 재판관 및 중앙선거관리위원회 위원에 대한 인사청문, 대통령 당선인이 인사청문의 실시를 요청하는 국무총리 후보자에 대한 인사청문
기타 특별위원회	• 수개의 상임위원회 소관과 관련되거나 특히 필요하다고 인정한 안건 • 구성할 때에 정해진 활동기한이 종료하거나 그 안건이 본회의에서 의결될 때까지 한시적으로 존속

출처: 국회 홈페이지, 국회법

제21대 국회에는 〈표 4-2〉에서 보듯이 특별위원회로 예산결산특별위원회(상설특별위원회), 윤리특별위원회, 인사청문특별위원회를 두고 있다.

상임위원회는 국회법 제57조에 의거하여 "소관 사항을 분담·심사하기 위하여 상설소위원회를 둘 수 있고, 필요한 경우 특정한 안건의 심사를 위하여 소위원회를 둘 수 있다." 개정된 국회법에 따라 상임위원회는 소관 법률안의 심사를 분담하는 둘 이상의 소위원회를 둘 수 있게 되었으며 현재 모든 상임위원회는 적어도 세 개 이상의 소위원회(법안심사소위원회, 예산결산심사소위원회, 청원심사소위원회)를 두고 있다. 소위원회는 폐회 중에도 활동할 수 있으며, 법률안을 심사하는 소위원회는 매월 2회 이상 개회한다고 규정하고 있다.

국회 상임위원회 제도가 좀 더 발전하기 위해서는 소위원회의 기능적 분화, 예산결산특별위원회의 상임위원회 전환, 그리고 특별위원회를 통해 추진되고 있는 업무들의 소위원회로의 전환이 이루어져야 한다. 일반적으로 소위원회는 법안심사, 청원심사, 예산결산심사로 구분되는 형태를 보이는데 소관 사항과 정책 영역을 바탕으로 분화하여 소위원회를 두어야 할 것이다. 또한 예산결산특별위원회의 상임위원회 전환을 통해 상임위원회가 담당한 업무 중 예산결산 관련 업무를 줄여주어야 한다. 마지막으로 매 국회마다 많이 설치되어 있는 특별위원회 업무가 상임위원회 소위원회에서 다루어질 수 있음에도 특별위원회를 지나치게 많이 설치하는 경향을 보이고 있다. 이는 국회가 당시 여론을 의식한 보여주기식 접근(강원택 2011)이며 위원장직을 만들어 정당 간 나누기라는 지적이 있다. 특별위원회 설치를 줄이고 관련 업무를 소위원회에서 할 수 있게 함으로써 의원들이 특별위원회가 아닌 상임위원회 활동에 집중할 수 있도록 해야 한다.

3. 전원위원회

국회에는 또한 전체 국회의원으로 구성되는 전원위원회가 있다. 국회법 제63조2항에 의하면 "국회는 위원회의 심사를 거치거나 위원회가 제안한 의안 중 정부조직에 관한 법률안, 조세 또는 국민에게 부담을 주는 법률 안 등 주요 의안의 본회의 상정 전이나 본회의 상정 후에 재적의원 4분의 1 이상이 요구할 때에는 그 심사를 위하여 의원 전원으로 구성되는 전원 위원회를 개회할 수 있다. 다만, 의장은 주요 의안의 심의 등 필요하다고 인정하는 경우 각 교섭단체 대표의원의 동의를 받아 전원위원회를 개회 하지 아니할 수 있다"고 규정하고 있다. 전원위원회는 본회의에 상정 전 (혹은 후)에 있는 의안에 대해 수정안을 제출할 수 있다. 수정안은 재적위 원 5분의 1 이상 출석으로 개회하고 재적위원 4분의 1 이상의 출석과 출 석위원 과반수의 찬성으로 의결된다. 그러나 수정안을 의결했다 하더라 도 원안이 폐기되는 것은 아니다. 수정안이 의결되면 원안과 함께 본회의 에 제출되며 먼저 수정안을 놓고 표결이 실시된다. 전원위원회는 1948년 국회법 제정 때 도입되어 1960년 9월 25일까지 운영되었다. 이후 폐지되 었다가 2000년 제16대 국회에서 전원위원회제도를 재도입하였다. 재도입 취지는 상임위원회 중심제도의 문제점을 개선하고 안건의 심도 있는 심 사와 국회의 원만한 운영을 제고하기 위해서이다(김현우 2001). 그러나 실 제로 지금까지는 2003년 3월 이라크 파병동의안 처리 관련하여 전원위원 회가 열린 것이 처음이자 마지막이다.

III. 상임위원회 배정과 선호

상임위원회는 법안통과에 커다란 영향력을 행사한다. 상임위원회에 법안이 상정되면 상임위원회는 심의를 통해 법안의 내용과 통과여부를 결정한다. 그리고 상임위원회에서 법안이 통과되더라도 원안대로 통과되기보다는 수정되어 통과되는 것이 일상적이다. 상임위원회의 결정은 정당 간 합의를 통해 이루어진다. 이러한 점에서 국회의 중요 사안에 대한 논의와 합의가 이루어지는 곳이 상임위원회라고 할 수 있다. 이와 같이 상임위원회는 법안 통과에 막강한 권한을 가지고 있으며 중요한 안건 심사, 국정감사 및 국정조사에 필요한 청문회를 열 수 있다. 또한, 상임위원회는 공직후보자에 대한 인사청문회를 개최하며, 국정감사와 국정조사를 통해 관할권 하에 있는 행정부처를 감시, 감독하고 있다.

　　그러나 모든 상임위원회가 동일한 권한을 갖고 있다고 말하기는 힘들다. 어느 행정부 부처에 대해 관할권 가지고 있느냐에 따라 상임위원회의 위상은 위원들에게 다르게 느껴진다. 이로 인해 의원들이 선호하는 위원회와 기피하는 위원회가 구분되어 나타나는 편이다. 물론 국회의원의 지역구의 특징에 따라 선호하거나 기피하는 위원회가 다를 수 있다. 과거에 행해진 의원들에 대한 설문조사에 의하면 일반적으로 의원들이 선호하는 위원회는 외교통일위원회, 국토교통위원회, 기획재정위원회였다(가상준 2007; 김민전 1996; 박경미 2009; 박천오 1998; 이현우 2009). 외교통일위원회는 국가의 중요한 외교 및 통일관련 사안을 다루고 있기 때문에 위상이 높아 의원들이 선호하는 위원회였다. 국토교통위원회는 지역구 선심성 사업을 유치하는 데 있어 장점을 지닌 위원회였다. 재선을 노리는 의원에게 국토교통위원회는 최선의 상임위원회였다. 기획재정위원회는 국가의 예산을 다루는 기획재정부에 영향력을 행사할 수 있다는 점에서 의원들이 선호하는 위원회로 나타났다.

　　일반적으로 의원들이 선호하지 않은 위원회로는 법제사법위원회, 환경노동위원회, 여성가족위원회, 농림축산식품해양수산위원회 등이 거론되고 있다. 법제사법위원회는 법안 심사 및 통과에 영향력을 행사할 수 있는 위원회이지만 모든 법률안, 국회규칙안의 체계·형식과 자구의 심사를 해야 하는 만큼 업무가 과다하다. 환경노동위원회는 사무가 복잡하고 합의를 이루기 힘든 사안을 다루어야 해서 기피하는 위원회로 구분되며, 여성가족위원회는 위원회의 관할권이 적기 때문이다. 농림축산식품해양수산위원회의 경우 지역구가 농림, 해양, 축산과 관련되지 않은 의원들에게는 기피 대상이라 할 수 있다. 의원들은 둘 이상의 상임위원회의 위원이 될 수 있다. 그러나 의원들 가운데 선호하는 두 상임위원회에 위원으로 배정되는 의원은 없다. 일반적으로 국회운영위원회, 법제사법위원회, 정보위원회, 여성가족위원회의 위원인 의원은 통상적으로 두 개 상임위원회 위원으로 활동한다.

상임위원회 간 위상의 차이로 의원들은 한 상임위원회에 머무르기보다는 선호하는 상임위원회로 이동하는 경향을 보인다. 상임위원회 위원의 임기를 2년으로 정한 것은 위원들이 다양한 위원회에서 활동할 수 있도록 하기 위함이다. 이를 통해서 보면 우리 국회의 경우 상임위원회 위원 배정은 전문성보다는 형평성에 초점을 맞추고 있다고 볼 수 있다. 이러한 점은 예산결산특별위원회 관련 규정에서 더욱 자세히 알 수 있다. 예산과 결산을 담당하는 예산결산특별위원회는 의원들이 매우 선호하는 위원회다. 예산결산특별위원회의 위원 수는 50명이며 임기는 1년이고, 통상의 상임위원회 배정 외에 별도로 배정받을 수 있는 특별위원회이다. 많은 위원들이 예산결산특별위원회에서 활동할 수는 있는 기회를 보장받게 된다. 4년 동안 선호하는 상임위원회에 소속되지 못했을 경우 이를 보상해 줄 수 있는 방법이 예산결산특별위원회에 특정의원을 위원으로 배정하는 것이다.

한편, 최근 연구들은 특정 상임위원회에 머무르고 있는 위원들이 많아지고 있다는 점을 보여주고 있다(가상준 2012; 이현우 2009). 상임위원회에 위원들이 오랫동안 활동할수록 상임위원회의 전문성은 높아질 수 있다. 상임위원회 위원들의 전문성이 커질 때 입법 활동은 활발해지며 행정부를 효율적으로 감시, 감독할 수 있게 된다. 그러나 상임위원회에 대한 의원들 선호가 다양한 만큼 상임위원회 이동은 빈번할 수밖에 없다.

IV. 상임위원장 배분과 선출

상임위원장은 위원회를 대표하고 의사를 정리하며, 질서를 유지하고 사무를 감독하고, 위원회의 의사일정과 개회일시를 간사와 협의하여 정한다 (국회법 제49조). 상임위원장은 상임위원회 소관에 속하는 의안과 청원 등의 심사, 그 밖에 법률에서 정하는 직무 수행에 커다란 영향을 미친다. 이에 따라 정당들은 되도록 많은 상임위원장 확보를 위해 노력하며, 상임위원장을 둘러싸고 정당 간 갈등 그리고 정당 내 갈등을 경험하고 있다. 상임위원장 선임을 둘러싼 정당 간 갈등은 교섭단체 간 합의에 의한 원구성 방식이 정착된 제13대 국회부터 지속적으로 나타나고 있다. 이에 비해 상임위원장 자리를 두고 나타나는 정당 내 갈등은 최근 현상이라고 볼 수 있다. 국회 상임위원장 정당 간 배분은 특별한 공식이 있는 것이 아니다. 국회 내 정당이 차지하고 있는 의석 비율, 여당, 야당 여부, 정당 지도부의 협상력 등이 상임위원장 배분에 영향을 미치는 요인이다. 국회는 전반기와 후반기 원구성을 위해 의장단 선출, 상임위원회 위원장 배분, 그리고 상임위원회 위원 배정을 마쳐야 한다. 상임위원장 배분은 매우 합의가 어려운 과정이며 정당 간 갈등으로 국회법이 규정한 시한에 맞추지 못하고 있는 것이 일상화되었다. 상임위원장 배분에 있어 가장 기본이 되는 것은 국회 내 정당이 차지하고 있는 의석비율과 관례라 할 수 있다. 정당의 의석비율을 고려하여 전체 상임위원장을 정당별로 배분한다. 또한 관례적으로 여당이 운영위원장을 맡게 되며, 야당이 법제사법위원장을 맡게 된다. 그다음으로 특별한 규정이 있는 것이 아니기에 정당 간 상임위원회가 차지하는 위상 그리고 상임위원회에 대한 관심의 차이를 통해 상임위원장을 배분하게 된다.

그러나 제21대 국회에서 상임위원장 배분은 과거의 전통과는 다르게 진행되었다는 점에서 눈여겨봐야 한다. 과거 야당이 법제사법위원장을 맡았던 관례를 깨고 여당인 더불어민주당이 차지하면서 상임위원장 배분을 둘러싼 갈등은 여당 독식으로 종결되었다. 민주화 이후 다수당이 모든 상임위원장을 차지한 첫 사례라고 할 수 있다. 앞으로 이러한 결과가 이어질지 지켜봐야 한다.

상임위원장이 정당별로 배정되게 되면 각 정당들은 상임위원장 선출을 위한 과정을 거치게 된다. 과거 정당 지도부의 결정에 의해 선출되었던 상임위원장은 현재는 경쟁을 통한 방식으로 바뀌고 있다. 정당들은 상임위원장 선출에 있어 정당 내 갈등을 최소화하기 위한 방안을 강구하고 있다. 무엇보다 상임위원장이 되기 위해서는 선수가 중요하다. 일반적으로 3선 이상 의원들이 상임위원장을 맡게 된다. 정당 내 상임위원장 자리를 두고 경쟁할 경우 정당의 결정방식은 다소 차이가 있다. 후보자 간 선수와 연령을 염두에 두고 결정하는 경우도 있지만 경선을 통해 결정하는 경우도 있다. 한편, 정당 지도부는 후보자 간 갈등과 경선의 후유증을 없애기 위해 상임위원장 임기를 1년씩 나누어 맡는 방안을 택하기도 한다. 국회법에는 상임위원장 임기를 상임위원의 임기와 같다고 규정하고 있다. 상임위원의 임기는 2년으로 되어 있어 상임위원장 임기도 2년인 것이다. 그러나 최근 들어 1년 임기 상임위원장을 많이 찾아볼 수 있다. 17개 상임위원회에 2년씩 임기를 하게 된다면 34명만이 상임위원장을 할 수 있다. 여기에 예산결산특별위원회 위원장이 임기는 1년이기 때문에 4명에게 돌아갈 수 있다. 전체적으로 38명이 상임위원장이 될 수 있는 것이다. 그러나 3선 이상의 의원들은 이보다 많은 숫자다. 결국 상임위원장을 1년으로 하면서 이러한 문제를 해결하려 하고 있으며 한편으로 특별위원회 위원장 자리를 통해 갈등을 봉합하고 있다. 상임위원장 선출은 국회 본회의 의결이라는 마지막 단계를 거쳐야 한다. 정당 간 그리고 정당 내 합의가 된 상태로 본회의 표결이 지니는 큰 의미는 없다.

제5장

국회의 입법과정

전진영 | 국회입법조사처

I. 법안 발의

입법과정의 첫 단계는 국회에 법안을 제안[1]하는 것이다. 우리나라는 국회의원뿐만 아니라 정부도 법안제안 권한을 갖고 있다(헌법 제52조). 그리고 국회의 위원회 역시 소관사항에 속하는 법안을 위원장 명의로 제안할 수 있다(국회법 제51조). 의원이 법안을 발의하기 위해서는 발의자를 포함하여 10인 이상의 찬성이 필요하다. 또한 법안이 예산상 또는 기금상의 조치를 필요로 하는 경우에는 비용추계서를 첨부해야 한다. 비용추계서 첨부는 법안제안에 대한 최소한의 책임성을 부과하기 위해서 제13대 국회

---

1) 법안을 의원이 국회에 낼 때는 '발의,' 정부가 낼 때는 '제출,' 위원회가 낼 때는 '제안,' 의장이 낼 때는 '제의'라고 부르며, 이를 모두 포함하는 용어는 '제안'이다(국회사무처 2016a, 366).

에서 처음으로 도입된 바 있다. 의원안뿐만 아니라 정부안과 위원회안 역시 비용추계서를 첨부해야 하지만, 위원회안의 경우에는 긴급한 사유가 있는 경우 위원회 의결로 추계서 제출을 생략할 수 있다(국회법 제79조의2).

의원안의 경우에는 찬성의원 요건과 비용추계서 첨부 이외에 법안발의 이전에 별도의 필수절차는 없는데 반해서, 정부안은 국회제출 이전에 거쳐야 할 필수절차가 많다. 정부제출안은 '입안 → 관계기관 협의 → 입법예고 → 규제심사2) → 법제처 심사 → 차관회의 → 국무회의 → 대통령 서명' 등의 절차를 거친 후에 국회에 제출된다. 이처럼 국회제출 이전에 거쳐야 할 단계와 설득해야 할 대상이 많다 보니, 정부안이 제출되기까지는 최소한 6개월에서 1년 정도가 걸리는 것이 일반적이다.

이처럼 복잡한 사전절차로 인해서 정부입법은 신속한 입법이 요구되는 사안에 신속하게 대처하기 어렵다. 이로 인해서 사실상 정부가 성안한 법안을 여당의원을 통해서 의원안의 형태로 제출하는 경우가 종종 있다. 정부입장에서는 법안제안에 걸리는 시간을 단축할 수 있고, 의원입장에서는 법안 발의 실적을 높이는 장점이 있기 때문에 이런 입법관행은 좀처럼 근절되지 않고 있다. 이 같은 '대리입법'은 단순히 입법의 시급성 때문만

국회의원의 법안 발의는 왜 폭증하고 있나?

국회가 새로 개원할 때마다 의원안의 발의가 폭증하고 있다. 의원안은 제15대 국회에서 처음으로 1,000건을 넘은 이후로 제18대 국회에서 12,220건, 제19대 국회에서 16,728건, 제20대 국회에서 21,594건이 발의되었다. 이처럼 의원안이 폭발적으로 늘어난 계기는 시민운동단체들이 법안 발의 실적을 기준으로 국회의원을 평가하여 공개하기 시작한 것이다. 물론 현대사회에서 입법의제가 보다 복잡하고 다양화됨에 따라서 입법수요가 늘어난 것도 중요한 배경이겠지만, 재선을 목적으로 하는 국회의원에게 시민단체의 의원평가는 결코 무시할 수 없는 요인으로 작용했을 것이다.

---

2) 이는 규제개혁위원회에서 신설·강화되는 규제에 대한 심사절차를 의미한다.

이 아니라, 정부안이 거쳐야 하는 복잡한 성안과정을 의도적으로 회피하기 위해서 이루어지기도 한다는 점에서 '절차회피용 우회입법' 또는 '청부입법'으로 불리기도 한다. 또한 다수 국민의 이해관계와는 무관하거나 사적인 이익대립이 첨예한 법안의 경우에도 정부제출안보다는 의원발의안으로 처리하는 경향이 있다(전진영 2009). 이는 이익집단 관련 법안을 정부가 제출할 경우, 불편부당해야 할 정부가 특수이익에 편파적으로 보일 위험이 있기 때문이다.

II. 위원회 심사

1. 위원회 일반 입법과정

제헌국회 이래로 국회에 제출되는 법안의 양은 폭발적으로 증가하고 있을 뿐만 아니라, 입법의제의 범위와 내용도 매우 폭넓고 복잡해지고 있다. 300여 명의 의원이 국회에 제출되는 모든 법안을 심사하기란 현실적으로 어렵다. 효율적이고 전문적인 법안심사의 필요성은 위원회 제도를 발전시켰다. 정책분야별로 구분된 위원회에서 해당 분야에 대한 전문성이나 경력을 가진 의원이 소관법안을 심사함으로써 '분업을 통한 입법효율성'을 도모할 수 있게 된 것이다.

국회에서 법안심사가 심층적으로 이루어지고, 법안의 운명이 결정되는 단계는 위원회 심사단계이다. 이런 입법과정의 특징은 '위원회 중심주의'로 불린다. 국회에 제출되는 대부분의 법안은 위원회에 회부되지만, 이 중 매우 제한적인 법안만이 위원회를 통과하여 본회의에 보고된다. 제18대 국회의 경우 위원회에 회부된 법안 중에서 위원회를 통과한 법안은 20.6%에 불과하며, 위원회를 통과한 법안 중에서는 97.4%가 본회의에서 가결되었다(전진영·박찬욱 2012). 이런 점에서 위원회는 '법안의 무덤'이며, 국회에 제출된 무수히 많은 법안 중에서 심사할 가치가 있는 법안을 취사선택하는 수문장(gatekeeper) 역할을 함과 동시에 '의회의 작업장(workshops of congress)'으로 평가받는다(Davidson & Oleszek 2008). 실제로 위원회 중심주의 입법과정을 채택하고 있는 의회에서 위원회를 통과한 법안이 본회의에서 부결되는 경우는 매우 드물다.

위원회 심사절차는 국회의장이 법안을 소관 상임위원회에 회부하면서 시작된다. 법안의 내용이 2개 이상의 위원회의 소관사항과 관련될 경우 국회의장은 소관위원회와 별도로 관련위원회를 지정하여 복수회부할 수 있다. 관련위원회는 소관위원회에 의견을 제출할 수 있지만, 이것이 소관위원회의 결정을 구속하지는 않는다(국회법 제83조).

법안이 위원회에 회부된 후 심사할 안건으로 상정되어야만 이후 위원회의 심사절차가 진행될 수 있다. 이로 인해서 의안의 위원회 상정여부를 둘러싸고 여야 간의 충돌이 발생하는 경우가 빈발하자, 의안의 상정 자체를 둘러싼 정쟁을 막기 위하여 2012년 국회법 개정을 통해서 의안자동상정제가 도입되었다. 이는 위원회에 의안이 회부된 후 숙려기간3)이 지난 후 30일이 경과한 날 최초로 개회하는 위원회 의사일정으로 자동상정하도록 한 것이다(국회법 제59조의2). 의안을 의사일정에 상정하기 전에 숙려기간을 두는 이유는 충분한 법안검토 및 예비심사를 거치도록 하기 위해서이다.

이후 위원회의 법안심사 절차는 법안제안자의 취지설명 → 전문위원의 검토보고 → 대체토론 → (공청회) → 소위원회 심사 → 축조심사 → 찬반토론 → 표결의 순서로 진행된다(〈그림 1〉 참조). 법안이 상정되면 제안자로부터 법안의 취지설명을 듣는다. 의원안의 경우 발의의원이, 정부안

---

3) 국회법 제59조는 의안의 상정시기를 규정하고 있는데, 법안이 개정안인 경우에는 15일, 제정안 및 전부개정안인 경우에는 20일, 체계·자구심사를 위해서 법제사법위원회에 회부된 법안의 경우에는 5일이 지나야 위원회에 상정할 수 있도록 하고 있다. 이는 법안이 위원회에 상정되기 전에 위원에게 법안에 대한 최소한의 검토기간을 보장하기 위한 장치이다.

그림 5-1 **국회 입법과정도**

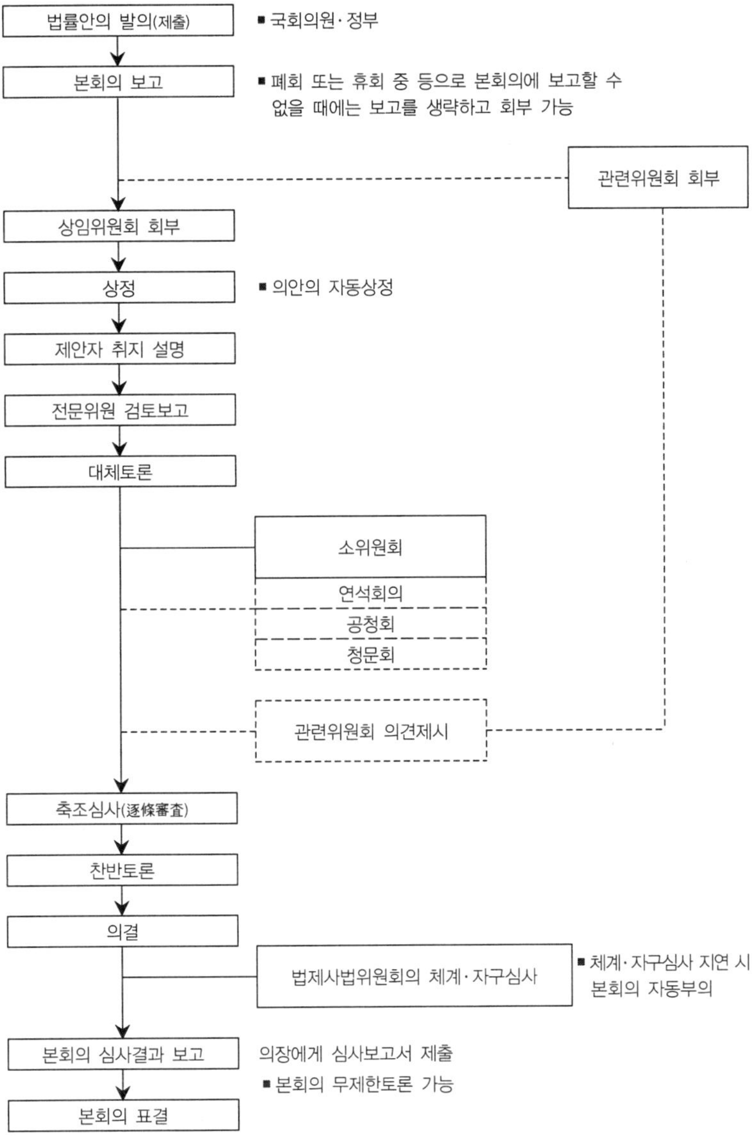

주: 입법과정상 실선은 필수절차이고, 점선은 임의절차임

의 경우에는 소관부처의 장관이나 차관이 취지설명을 하는 것이 일반적
이다. 취지설명이 끝나면 위원회 소속 전문위원[4]이 법안의 내용일반에
대한 검토결과를 보고하며, 이후 의원들은 법안의 전반적 사항에 대해 제
안자에게 질의하고 답변하는 대체토론을 한다. 여기에서 대체토론은 법
안에 대한 구체적인 심사에 앞서서 법안의 전반적인 쟁점에 대한 토론절
차를 말한다.

법안이 제정안이나 전문개정안일 경우 대체토론 이후 소관위원회가
공청회 생략을 의결하지 않는 한, 공청회를 개최하여 이해당사자와 전문
가의 의견을 수렴하는 절차를 거친다. 공청회 개최 이후 법안내용에 대한
보다 구체적이고 심도 있는 논의는 '법안심사소위원회'에서 이루어진다.
소위원회는 의원 4인에서 11인 정도로 구성되며, 법안내용에 대한 구체적
인 심사가 이루어지는 곳이다.

소위원회가 심사결과를 위원회에 보고하면, 위원회 전체회의를 열어
서 법안에 대한 축조심사를 한다. 축조심사는 법안을 한 조문씩 읽어가면
서 법안내용을 구체적으로 심사하는 것이다. 위원회 전체회의에서 축조
심사는 일반적으로 생략되지만, 소위원회 법안심사과정에서 축조심사는
생략할 수 없다. 따라서 사실상 구체적인 법안조문을 확정하는 축조심사
가 소위원회에서 이루어지고 있다는 점은 소위원회 심사과정의 중요성을
잘 보여준다.

2. 예외적 입법절차

제19대 국회에서부터 국회선진화법(2012년 5월 개정된 국회법)의 도입에

---

4) 위원회 소속 전문위원은 국회공무원으로서 위원회 소관에 속하는 의안에 대한 검토보
   고를 비롯하여 소관사항 관련 자료를 수집하여 위원에게 제공하고, 위원회의 의사진행
   을 보좌하는 역할을 담당한다(국회사무처법 제9조). 주로 입법고시나 국회공채를 통해
   서 충원된다.

따라 새로운 절차들이 시행되기 이전까지 국회의 입법교착을 타개하는 수단으로 이용되었던 대표적인 절차는 국회의장의 직권상정(심사기간 지정)이었다. 여야 간의 첨예한 입장차이로 상임위원회 심사의 문턱을 넘지 못하고 교착상태에 빠져 있는 쟁점법안에 대해 국회의장은 해당법안에 대한 심사기간을 지정한 이후 그 심사기간이 경과하면 바로 본회의에 부의할 수 있었다. 물론 국회의장의 직권상정이 주로 대통령과 집권여당이 주도하는 정책의제를 신속하게 처리하기 위한 절차로 이용되면서 법안처리 이후 국회파행이 반복되었지만, 직권상정이 입법교착에 빠져 있는 쟁점법안의 입법지연을 타개하는 수단으로 기능했다는 사실도 부인하기 어렵다.

　국회선진화법의 도입으로 인해서 국회의장이 직권상정이 천재지변, 전시·사변 또는 이에 준하는 국가비상사태의 경우, 그리고 각 교섭단체 대표의원 간 합의가 있는 경우로 제한되었다. 이에 국회의장 직권상정 제도를 대체할 수 있는 새로운 절차가 도입되었는데, 안건신속처리제와 법제사법위원회 체계·자구심사 지연법률안의 본회의 자동부의 절차 등이다.

1) 안건신속처리제

안건신속처리제는 일명 패스트트랙(fast-track)[5]으로 불리는 절차로, 신속처리 대상안건으로 지정되면 입법과정의 각 단계에서 안건심사기간이 제한되어서 일정 기간이 지나면 다음 단계로 자동회부 또는 부의되도록 한 절차이다. 이 절차가 도입된 배경은 여야 간의 대립으로 쟁점법안이 위원회에 장기간 계류됨으로써 입법이 무한정 지연되는 것을 막기 위함이다. 안건신속처리제를 신설함으로써 국회의장 직권상정이 신속입법수단으로 기능했던 것을 대체하도록 한 것이다.

---

5) 미국 하원의 경우에도 다수당이 주도하는 입법의제를 신속하게 처리할 수 있는 의사규칙상의 다양한 절차가 있지만, 이와 별도로 법안조문에 법안의 수정범위나 표결기한 등을 명시하는 신속처리절차(fast-track legislative procedure)도 제도화되어 있다. 이에 해당되는 대표적인 의안이 국제무역협정 관련법이며, 전쟁 등 군대파병이나 국가비상사태관련법, 핵무기비확산관련법 등이 여기에 포함된다(전진영 2020).

신속처리 대상안건으로 지정되기 위해서는 재적의원 과반수 또는 소관위원회 재적위원 과반수의 지정요구 동의가 있어야 하고, 이후 표결에 부쳐서 재적의원 5분의 3 이상의 찬성 또는 소관위원회 재적위원 5분의 3 이상의 찬성으로 신속처리 대상안건을 지정된다. 안건의 소관 상임위원회뿐만 아니라 법제사법위원회의 체계·자구심사단계에서도 신속처리 대상안건으로 지정이 가능하다.

신속처리 대상안건으로 지정되면 소관위원회에서 180일 이내, 법제사법위원회 체계자구심사단계에서 90일 이내에 심사를 완료해야 한다. 기한 내에 심사가 완료되지 못하면 다음 심사단계로 자동회부되는데, 본회의에 자동부의된 안건이 60일 이내에 상정되지 않으면, 그 기간이 경과된 후 처음으로 개의되는 본회의 의사일정으로 상정된다.

이에 따르면 안건신속처리제에 의존한 입법은 신속처리 대상안건으로 지정된 날로부터 최대한 330일이 걸리는데, 이를 과연 '신속입법'이라고 할 수 있는가라는 문제가 제기된다. 실제로 제19대 국회에서 가결된 법안의 평균 입법기간은 140일밖에 걸리지 않았다. 보다 근본적인 문제는 신속처리 대상안건으로 지정되면 제대로 된 법안심사가 없이도 본회의에 상정될 수 있다는 점이다. 이는 국회의 법안심의기능을 상당히 위협할 수 있는 것이다.

이 제도는 제19대 국회부터 시행되기 시작했지만, 안건신속처리제가 처음으로 적용된 사례는 제20대 국회에서 제정된 '사회적 참사의 진상규명 및 안전사회 건설 등을 위한 특별법안(일명 사회적 참사법)'이다. 그리고 제20대 국회에서 대표적인 쟁점법안이었던 '유치원 3법(사립학교법, 유아교육법, 학교급식법)'과 공직선거법, 그리고 고위공직자범죄수사처법 및 검경수사권조정 관련법(형사소송법·검찰청법) 등이 신속처리 대상안건으로 지정되어서 처리되었다. 결국 안건신속처리제의 운영사례를 보면 국회의장 직권상정제도와 마찬가지로 여야정당 간의 첨예한 입장차이로 입법교착 상태에 빠져 있는 쟁점법안을 처리하기 위한 수단으로 활용되었음을 알 수 있다.

2) 법사위 체계자구심사 지연 법안의 본회의 자동부의제

우리나라의 입법절차 중에서 주요국 의회에서는 찾을 수 없는 필수절차
가 바로 법제사법위원회(이하 법사위)의 체계·자구심사 절차이다. 소관 상
임위원회의 심사를 통과한 법안은 본회의에 부의되기 이전에 법사위의
체계·자구심사절차를 거쳐야만 한다. 그런데 제17대 국회 이후로 법사위
위원장을 소수당에서 맡으면서 다수당이 주도하는 입법의제를 심사하지
않고 입법지연시키는 경우가 종종 발생하였다. 이를 막기 위해 신설된 절
차가 '법사위 체계자구심사 지연법안의 본회의 자동부의제'이다.

이 제도에 따르면 법사위가 체계자구심사를 위해 회부된 법안을 이유
없이 120일[6] 이내에 심사를 마치지 않을 경우 법안의 소관위 위원장은
일정한 절차를 거쳐 의장에게 해당 법안의 본회의 부의를 요구할 수 있
다. 즉, 해당 법안의 소관위원회 위원장이 간사와 협의하되, 협의가 이루
어지지 않으면 재적위원 5분의 3 이상의 찬성(무기명투표)으로 의장에게
본회의 부의를 서면으로 요구할 수 있다. 위원장의 서면요구가 있을 경우
의장은 30일 이내에 각 교섭단체 대표의원과 합의하여 본회의에 부의하
며, 합의가 이루어지지 않을 경우 그 기간 경과 후 처음으로 개의되는 본
회의에서 무기명투표로 부의여부를 결정한다.

이 제도가 제19대 국회부터 시행된 이후 법사위에서 본회의에 자동부
의되어 처리된 사례는 2021년 6월까지 세무사법개정안이 유일하다. 이
개정안의 주요내용은 변호사 자격을 취득하면 세무사 자격을 자동으로
부여하던 것을 폐지하는 것이었다. 해당 내용의 개정안이 이전 국회에도
제출되었지만, 필수절차인 법사위 체계자구심사를 통과하지 못했었다.
법사위 위원의 다수가 변호사 자격증 소지자였기 때문에 변호사의 이익
에 반하는 법안내용이 법사위를 통과하기란 사실상 불가능했는데, 이 절
차가 신설되면서 세무사법개정안이 본회의에 부의될 수 있었다.

---

6) 120일을 60일로 단축하는 내용의 국회법 개정안이 2021년 8월 23일에 국회운영위원회
   를 통과했고, 본회의 의결을 앞두고 있다.

3) 안건조정위원회 제도

위원회 심사단계에서 여·야 간에 의견 대립이 심각한 안건에 대해서 대화와 타협의 장을 마련하기 위해서 신설된 것이 안건조정위원회 제도이다. 위원회 재적위원 3분의 1 이상의 요구가 있을 경우 이견조정이 필요한 안건(예산안 및 법사위 체계·자구심사 제외)의 심사를 위하여 위원회에 안건조정위원회를 구성한다. 안건조정위원회는 구성일로부터 90일간 활동하며, 조정대상 안건이 신속처리대상 안건으로 지정되어서 법사위에 회부되거나 본회의에 부의된 것으로 간주될 경우 안건조정위원회는 종료된다. 안건조정위원회의 위원은 여·야 동수로 각 3인씩 선임되며, 안건조정위원장은 제1당 소속 조정위원 중에서 선출한다.

안건조정위원회의 조정안(타협안)은 재적 조정위원 3분의 2(4인) 이상의 찬성으로 의결되며, 조정안은 의결된 후 30일 이내에 위원회 전체회의에서 표결처리한다. 안건조정위원회에서 조정안이 의결된 경우 해당 안건은 소위원회 심사를 거친 것으로 간주된다. 안건조정위원회의 활동기한 내에 조정이 이루어지지 않거나 부결된 경우, 조정위원장은 심사경과를 위원회에 보고하고, 해당 안건을 소위원회에 회부한다. 안건조정위원회에 안건이 회부되는 경우 소위원회 또는 위원회에서는 조정위원회 활동기간(90일) 동안 안건을 심사하거나 표결에 부칠 수 없다.

안건조정위원회 제도가 처음 도입된 제19대 국회에서는 총 29건에 대해 안건조정요구서가 제출되었는데, 조정위원회 위원장 및 위원이 선임되어 활동한 조정위원회는 한 건도 없었다. 안건조정요구서가 제출된 29건 중에서 21건이 윤리특위로 회부된 의원징계안이었다는 점은 주목할 만하다. 제20대 국회에서 안건조정요구서가 제출된 경우는 총 57건이었지만, 안건조정위원회가 구성되어 해당 안건을 의결한 사례는 극히 드물었다.

이와 같은 운영현황은 안건조정위원회가 애초의 제도도입 취지대로 운영되고 있지 못함을 보여준다. '여·야 간의 이견조정'은 국회 상임위원회와 소위원회의 본질적인 기능과 역할에 속하는데, 별도의 위원회를 구성하여 타협과 조정의 장을 마련한다는 것은 옥상옥을 만드는 것일 수 있다. 물론 안건조정위원회는 상임위원회보다 규모가 작고, 여·야 동수로 위원을 구성하는 점에서 상임위원회와 차이가 있지만, 그 주요 기능에 큰 차이가 있다고 보기는 어렵다. 실제로 안건조정요구서가 제출된 대부분의 경우에 소수당의 입법지연 이외에는 큰 의미를 찾을 수 없었다는 점도 이를 잘 보여준다.

III. 본회의 심의

1. 본회의 심의절차

입법과정에서 법안심사 시간이나 법안에 대한 토론 등의 측면에서 보면 본회의 심의가 차지하는 비중은 상임위원회 심사에 비해서 상대적으로 작다. 그러나 의원 전원이 참석하는 회의체이자 최종적인 의결기관으로서 본회의 심의의 상징성은 결코 무시할 수 없다. 법안내용에 대한 구체적인 심사와 토론은 상임위원회 심사단계에서 집중적으로 이루어지지만, 본회의에서도 찬반토론이나 수정안제출이 가능하며, 법안에 대한 전자표결을 통해서 최종적인 의결이 이루어지는 장소라는 점에서 본회의 심의 역시 입법과정에서 매우 중요하다고 하겠다.

본회의 심의는 '의안상정 → 위원장의 심사보고 → 질의 및 토론'을 거쳐서 '재적의원 과반수의 출석과 출석의원 과반수의 찬성'으로 의결된다. 법안이 본회의 의사일정으로 상정되기 위해서는 소관위원회의 심사보고서가 제출된 후 1일이 경과되어야만 한다. 이는 의원에게 해당 법안에 대해 검토할 최소한의 시간을 보장하기 위함이다. 의안이 상정되면 위원장의 심사보고 이후 의원들의 질의와 찬반토론이 있지만, 특별한 쟁점법안이 아닌 경우 본회의 의결로 질의와 토론이 생략되는 것이 일반적이다.

본회의에서도 위원회가 심사보고한 법안에 대한 수정안 제출이 가능한데, 이를 위해서는 의원 30인 이상의 찬성이 필요하다(예산안에 대한 수정안은 50인 이상의 찬성이 필요하다). 단, 위원회가 주체가 되어 본회의에 수정안을 제출하는 경우에는 위원회의 소관사항인 안건에 대한 수정안만 제출할 수 있다. 이는 위원회의 소관영역에 대한 위원회의 독자적 관할권을 인정하기 위한 방안으로 볼 수 있다.

한편 2012년에 국회법(국회선진화법)을 개정하면서 본회의 무제한토론 제도가 도입되었다. 재적의원 3분의 1 이상의 요구가 있을 경우 의장은 해당 안건에 대해 무제한토론을 허용해야 하며, 무제한토론을 종결하기 위해서는 재적의원 3분의 1 이상의 종결동의와 재적의원 5분의 3 이상의 찬성이 필요하다. 무제한토론제도를 도입한 배경은 소수당에게 합법적인 의사진행방해 수단을 제공함으로써 소수당의 입법참여를 독려하고, 대화와 타협의 정치문화를 조성하기 위한 것이었다. 그러나 제도 도입 이후로 본회의무제한토론에 부쳐진 안건은 제19대 국회에서 1건(국민보호와 공공안전을 위한 테러방지법), 제20대 국회에서 2건(공직선거법, 고위공직자범죄수사처 설치 및 운영에 관한 법)에 불과해서, 아직까지 이 제도가 활발하게 운영되고 있다고 보기는 어렵다.

　본회의 심의를 마친 의안은 표결에 부쳐진다. 안건이 가결되기 위한 의결정족수는 재적의원 과반수의 출석과 출석의원 과반수의 찬성이 필요하다. 따라서 국회의원 정수인 300인을 기준으로 할 경우 본회의 의결정족수는 76인이 된다. 인사에 관한 안건이나 국회에서 실시하는 선거, 대통령으로부터 환부된 법안, 신속처리안건 지정동의 등 국회법에서 무기명 비밀투표를 하도록 규정된 경우를 제외한 모든 법안에 대한 본회의 표결은 전자표결로 실시되고 찬반의원명은 회의록을 통해서 공개된다.

　본회의에서 의결된 법안은 정부에 이송되어 15일 이내에 대통령이 공포한다. 대통령은 법안에 이의가 있을 경우 정부에 이송된 후 15일 이내에 이의서를 붙여서 국회로 환부하고, 그 재의를 요구할 수 있다. 재의가 요구된 법안이 국회에서 재의결되기 위해서는 가중의결정족수가 적용된다. 즉, 재의요구 법안이 가결되기 위해서는 국회 재적의원 과반수의 출석과 출석의원 3분의 2 이상이 필요하다.

2. 본회의 심의의 특징

본회의는 국회의원 전원이 참여하는 국회의 최고 의결기관이다. 입법과정에만 초점을 맞추면 상임위원회 중심주의를 채택하고 있는 우리나라 국회에서 본회의 심의의 중요성은 상대적으로 덜하다. 그러나 본회의는 의안심의 및 의결뿐만 아니라 대정부질문, 교섭단체대표연설과 긴급현안질문 등도 이루어지는 곳이라는 점에서 그 중요성을 찾을 수 있다.

　입법과정을 중심으로 본회의 심의의 특징은 정리하면 다음과 같다. 첫째, 본회의 심의의 형식화이다. 제도적으로는 본회의에서도 의안에 대한 질의와 찬반토론, 수정안 제출 등의 절차가 보장되어 있지만, 실제로는 이런 절차가 대부분 생략된다. 본회의 안건의 대부분은 찬반토론이나 질의답변이 없이 의결되는 것이 일반적이다. 즉 대부분의 법안은 소관 상임위원회에서 심사한 결과대로 본회의에서 의결되는 것이다. 이는 위원회

○ 표 5-1   역대 국회의 본회의 부결 법안 수

대별	제헌	2	3	4	5	6	7	8	9	10	11	12	13	14	15	16	17	18	19	20
부결 법안 수	1	2	1	0	0	0	1	0	0	0	8	0	0	0	0	4	5	7	3	2

출처: 국회사무처(2020, 1097)

소관주의의 또 다른 측면이기도 하지만, 현실적으로 본회의가 한 번 열리면 수십 건의 법안이 처리된다는 점을 감안할 때 본회의에서 실질적인 질의와 토론이 이루어지기란 어렵다.

〈표 5-1〉에서 알 수 있듯이 제헌국회부터 제20대 국회까지 본회의 표결에서 부결된 법안은 총 34건에 지나지 않는다. 제11대 국회에서 총 8건의 법안이 부결된 것을 제외하면, 제8대 국회부터 제15대 국회까지는 상임위원회를 통과한 법안 중에서 본회의에서 부결된 법안은 단 한건도 없었다. 전자표결이 본격적으로 실시되기 시작한 제16대 국회에서는 총 4건의 법안이, 제17대 국회에서는 5건의 법안만이 부결되었으며, 제18대 국회에서 7건, 제19대 국회에서 3건, 제20대 국회에서는 2건의 법안만이 부결되었다. 여기에서 주의할 점은 본회의에 제출된 수정안이 부결되고 원안이 가결된 경우에는 부결법안 건수에 합산되지 않는다는 점이다. 실제로 제16대 국회의 경우에도 본회의에서 부결된 법안은 총 9건이었는데, 이 중 5건은 본회의에 제출된 수정안으로, 부결된 후 원안이 가결되었기 때문에 부결 법안 건수에서 제외되었다.

이처럼 일단 본회의에 상정된 법안은 대부분 의결된다는 점은 상임위원회 법안심사결과가 법안의 내용과 방향을 결정하는 데 있어서 절대적으로 중요하다는 점을 의미한다. 상임위원회의 결정은 본회의에서 대부분 그대로 의결되며, 상임위원회에서 의결한 내용과 다른 수정안이 본회의에 제출되어도 본회의를 통과하기가 쉽지 않다. 이는 상임위원회가 입법과정에서 핵심단계로 기능하고 있으며, 다른 상임위원회의 결정에 대해서 상호존중하는 국회관행이 존재함을 의미한다. 원내정당 간 입법갈등

표 5-2				역대 국회의 본회의 제출 수정안 처리결과							
대별	9	10	11	12	13	14	15	16	17	18	19
가결	0	0	0	2	9	0	18	17	26	29	29
부결	1	0	1	0	0	0	5	7	14	9	9
철회	0	1	1	0	1	0	5	6	2	7	0
미표결	0	0	0	0	0	0	4	0	1	1	0
임기만료폐기	0	0	0	0	0	0	1	0	2	1	1
상임위 재회부	0	0	0	0	0	0	0	0	1	0	0
합계	1	1	2	2	10	0	33	30	46	47	39

출처: 국회사무처(2020, 585-612)

이 심각한 쟁점법안은 갈등이 해소되지 않는 한 상임위원회 심사를 통과하지 못하기 때문에 본회의에 도달하는 것 자체가 불가능하다. 따라서 본회의에 상정된 법안은 이미 중대한 비토지점을 이미 통과했음을 의미하는 것이다.

국회 본회의 심의와 관련된 또 다른 특징은 본회의에 제출되고 있는 수정안이 늘어나고 있다는 점이다. 본회의 수정안 제출은 제8대 국회까지는 1건도 없다가, 제9대 국회부터 제12대 국회까지 1~2건씩 제출되었다. 제13대 국회 이후로 본회의에 수정안 제출이 늘어나고 있는 추세인데, 예외적으로 제14대 국회에서만 1건의 수정안도 제출되지 않았다. 한편 제20대 국회에서 제1야당은 본회의 의사진행 지연을 목적으로 본회의에 수정안을 수십 건씩 무더기로 제출했는데, 이로 인해서 총 600건에 달하는 수정안이 제출되기도 하였다. 국회에서도 프랑스 의회처럼 야당의 수정안 무더기 제출이 의사진행방해 수단으로 이용되기 시작한 것이다.

이처럼 증가하고 있는 본회의 수정안 제출은 법안의 소관 상임위원회 소속이 아닌 의원이나 소수당이 소관위원회의 심사결과와 다른 정책적 입장을 표현할 수 있는 통로로 활용되고 있음을 보여준다. 본회의가 단순히 상임위원회의 의사결정을 추인하는 역할에서 보다 다양한 정책선호를 표출할 수 있는 기회의 장으로 기능하고, 그에 따라 과거에 비해서 본회의 심의과정이 보다 활성화되고 있는 것이다.

마지막으로 국회 입법과정의 최종단계인 본회의 표결에서 드러난 두드러진 특징은 높은 가결률과 찬성률이다. 앞에서 살펴보았듯이 높은 법안가결률은 본회의에 회부된 법안이 부결되는 경우가 거의 없다는 사실에서 입증되었다. 또한 본회의에서 가결되는 법률안은 매우 높은 찬성률로 통과된다. 국회 본회의에서 통과된 법안의 평균찬성률은 제16대 국회의 경우 95.8%, 제17대 국회의 경우 93.9%였고(전진영 2006a; 2006b), 제18대 국회의 경우 96.2%였다. 국회의원들에게 본회의 법안에 대해서 찬성하는 이유를 물었을 때 "소관 상임위원회의 의견을 존중하기 위해", "본회의까지 올라온 법안은 여야 간 이견이 없는 법안이니까" 등으로 응답하였다.[7]

대부분의 법안이 본회의에서 높은 찬성률로 통과되지만, 몇몇 법안의 경우에는 본회의 표결에서도 찬반의원이 상당히 갈리는 경우가 있다. 이러한 쟁점법안의 경우 의원의 투표결정에 어떤 요인이 영향을 미쳤는지를

국회 본회의에서는 어떤 방법으로 표결하나?

국회의 표결방법은 크게 기록표결과 비기록표결로 구분된다. 기록표결은 투표자 및 찬·반의원의 성명을 회의록에 기록하는 표결로, 기명투표, 전자투표, 호명투표가 이에 해당된다. 비기록표결이란 회의록에 표결결과만 기록하고 찬·반의원의 성명을 기록하지 않는 표결로, 무기명투표, 기립표결, 거수표결, 이의유무표결이 이에 속한다. 예외적인 경우를 제외하고 국회의 일반적 표결원칙은 전자표결이다.

비밀투표인 무기명투표는 국회에서 실시하는 각종 선거, 대통령으로부터 환부된 법안, 인사에 관한 안건(탄핵소추안·해임건의안·임명동의안 등)에 대한 표결에서 실시된다. 거수표결의 경우 본회의에서는 의원 수가 많아서 정확한 계산이 어렵기 때문에 인정하지 않지만, 위원회에서는 거수표결을 할 수 있다(국회사무처 2016a, 525-530). 위원회에서는 통상 이의유무표결을 실시하지만, 표결방법에 이의를 제기하는 의원이 있을 경우에는 거수표결을 하는 경우도 있다.

---

7) "18대 국회의원 투표를 들여다보다 — 왜 무조건 찬성일까," 국민일보, 2009년 5월 11일.

분석해 보면 '정당투표(party voting)'가 두드러진 요인이었음이 밝혀졌다
(전진영 2006a; 2006b). 이는 쟁점법안의 경우 여야 정당이 대립하고 갈등
하는 법안인 경우가 많으며, 이런 법안일수록 본회의 표결에서 강한 정당
기율이 영향력을 발휘하기 때문으로 볼 수 있다. 의원의 이념성향이 표결
에 영향을 미치는 경우는 노동권과 같은 국민의 기본권 관련 법안이나 조
세정책 등을 통한 소득재분배 관련 법안에서 두드러졌다.

IV. 국회 입법과정의 특징

국회 입법과정의 가장 큰 특징은 상임위원회 중심주의를 채택하고 있다
는 점이다. 상임위원회를 통과한 법안이 본회의에서 부결되는 경우는 손
에 꼽을 정도로 적다는 점에서 상임위원회는 사실상 법안의 운명이 결정
되는 곳이다. 이로 인해서 상임위원회 심사단계는 쟁점법안을 둘러싼 원
내정당 간 입법갈등이 가장 첨예하게 표출되는 과정이며, 전체 입법과정
에서 가장 오랜 시간이 소요되는 입법단계이다. 실제로 제19대 국회에서
가결된 법안의 경우 국회에 제출된 이후 가결되기까지 평균 처리기간은
140.8일이었는데, 이 중에서 위원회 처리기간은 전체 입법기간의 82%인
115.3일이 소요되었다(전진영 외 2019).

　이처럼 상임위원회의 결정이 중요함에도 불구하고, 상임위원회의 심
사가 무력화될 수 있는 절차가 제도화되어 있다는 점도 국회 입법과정의
특징이다. 2012년의 국회법 개정(국회선진화법) 이전까지는 국회의장의 직
권상정(심사기간 지정) 권한이 상임위원회가 심사를 마치지 않은 법안을
바로 본회의에 부의하는 우회절차로 이용되었다. 2012년에 국회의장의
직권상정 요건을 엄격하게 제한한 이후로는 안건신속처리 절차가 유사한
기능을 하게 되었다. 신속처리 대상안건으로 지정된 안건은 일정 기간이

지나면 다음 입법단계로 자동으로 넘어가기 때문이다. 이는 상임위원회에서 입법교착이나 지연이 발생한 상황을 타개하는 수단으로 기능할 수 있는 장점과 동시에, 상임위원회의 법안심사권을 침해할 위험성도 갖는 제도이다.

한편 국회 입법과정을 지배하는 중요한 원리는 제13대 국회 이래로 국회관행으로 자리 잡은 '원내교섭단체대표 간 협의'이다. 국회 본회의 및 상임위원회 회의개최를 위한 의사정족수가 국회법에 명시되어 있음에도 불구하고, 회의개최를 비롯한 의회운영과 관련된 사항을 원내교섭단체 간 협의를 통해서 결정하는 관행이 지배적이다. 뿐만 아니라 상임위원회에서 어떤 법안을 통과시킬지도 위원장과 교섭단체 대표간사 간의 협의를 통해 결정하다 보니, 협의가 원활하지 못한 쟁점법안은 표결에 회부조차 되지 못하는 경우가 발생한다. 이처럼 협의주의적인 관행은 입법과정에서 소수가 과도한 거부권을 행사하는 것을 가능하게 한다는 비판을 받고 있다.

민주화 이후로 국회의 입법과정은 제도적 차원에서 볼 때 책임성과 민주성을 강화하는 방향으로 꾸준히 발전해왔다. 공청회 개최의 의무화나 전원위원회 제도 도입, 입법예고제 도입, 법안실명제와 본회의 전자표결제도의 도입 등이 모두 여기에 해당된다. 현재 국회 입법과정에서 발생하고 있는 지연이나 교착의 문제는 제도나 절차의 미비함에서 기인하는 것이 아니다. 현행제도와 절차를 지키지 않아서, 또는 관행이 절차보다 우선시되어서 생기는 문제들이 많다. 예컨대 상임위원회에서 쟁점법안에 대한 합의가 이루어지지 않을 경우에는 표결에 부쳐서 다수의견에 따라 결정하면 되는데, 표결 자체가 이루어지지 못하고 입법이 지연되는 것이 그 예이다. 결국 입법과정의 제도적 개선은 의사절차를 준수하는 정치문화의 개선과 함께 이루어질 때 효과가 있음을 알 수 있다.

국회의 예산과 결산

유성진 | 이화여자대학교

I. 국회의 국가재정 통제

국가의 재정은 정치공동체의 안정적인 운영에 토대를 제공하는 것으로 민주주의의 원칙에 입각해서 수행되어야 하는 당위성을 갖고 있다. 이에 따라 국가의 재정에 있어서 대의민주주의의 기본적인 정치행위자인 의회의 관여가 불가피하다.[1]

---

[1] 근대 의회의 가장 기본적인 권한이 과세에 대한 동의권이었다는 점은 이러한 측면에서 큰 의미를 갖는다.

1. 국가재정 통제의 중요성

산업혁명 이후 근대 국가의 역할은 초기에 개인의 생명·신체·자유 및 재산을 보호하는 소극적인 역할에서 개인의 자유와 권리 보장을 위한 조건을 강화하는 역할로 확대되었다. 이러한 변화에 따라 국가의 재정수요는 크게 증대되었고 그 결과 국가 재정의 수입과 지출에 대한 효과적인 통제의 중요성 역시 높아졌다. 이에 따라 대부분의 민주주의 국가에서는 재정민주주의의 원칙에 입각하여 국가 재정의 수입과 지출에 대한 통제권을 의회에 부여하고 있다. 이는 무엇보다도 국가재정의 조정과 결정이 자원배분, 소득분배, 경제 안정 및 성장 등에 관한 거시적인 경제계획에 직결되는 것이므로 국민들의 실생활에 직접적으로 영향을 미치기 때문이다.

의회의 재정통제권에는 다양한 요인들이 영향을 미치지만 다른 무엇보다도 정부형태에 크게 좌우된다. 일반적으로 권력융합적인 정부형태를 취하고 있는 의회제의 경우 의회의 재정통제권은 상대적으로 약하고, 권력분립의 원칙에 입각한 대통령제에서는 재정의 집행과 감시·감독의 역할, 그리고 예산수정과 집행에의 관여 등에 관한 제도적인 권한이 행정부와 의회로 차별적으로 부여되어 있어 의회의 재정통제 권한이 상대적으로 강하다.

대통령제에서 제도적으로 행정부와 의회에 차별적인 권한을 부여하는 것은 효율적이고 공정한 재정운용이라는 당위적인 목표를 위한 것이지만, 그 역할의 효율적인 수행을 두고 두 권력기관의 견제와 갈등이 나타나기도 한다. 한편으로 행정부는 재정의 수립과 집행에 있어서 스스로의 이해관계를 충분히 반영하려는 의지를 갖게 마련이며, 그 목적이 제대로 달성되지 않는 경우 의회의 통제를 회피하거나 우회하려는 유인을 갖는다. 반면, 의회는 권한을 나누어 갖고 있는 견제기관으로서 행정부의 재정수립과 집행을 통제하는 책무를 부여받고 있다. 문제는 대통령제 하 행정부와 의회 관계에서 일반적으로 발견되는 정보의 비대칭성이 재정의 측면에서는 상대적으로 더 크게 발현된다는 점이다. 특히, 제도적으로 예산편성권을 행정부에 부여하고 있는 우리나라의 경우 이러한 비대칭성은 더욱 크게 부각되며, 정보의 비대칭성이 초래하는 우월성을 유지하려는 행정부와 이를 해소하려는 의회 사이에서 갈등이 상시적으로 발견된다.

2. 국회의 재정통제권

우리나라 국가재정 관련 법률의 기본적인 체계는 최상위법인 헌법, 예산의 편성·집행·결산 등을 관장하는 국가재정법, 그리고 국회의 예·결산 심의과정 등을 규정하는 국회법으로 구성되어 있다. 국회는 헌법을 통해 국가재정에 관한 권한을 부여받고 있는데, 구체적으로 정부의 예산안 심사, 수입과 지출 등 재정과 관련된 포괄적인 국회의 권한은 헌법 제54조에서 제59조까지 규정되어 있다.[2)]

헌법 제54조는 행정부에 의해 편성·제출된 예산안을 심의·확정하는 권한을 국회에 부여하고 있고, 예비비와 추가경정예산의 편성, 국채의 모집과 국가에 부담이 될 계약의 체결 등에 대해서도 국회의 의결을 거치도록 규정하고 있다(제55조, 제56조, 제58조). 그러나 제57조에서 "국회는 정부의 동의 없이 정부가 제출한 지출예산 각 항의 금액을 증가하거나 새 비목을 설치할 수 없다"고 규정함으로써 국회의 재정통제권에 원칙적인 제한을 두고 있다.

또한 조세법률주의를 적시한 제59조에는 "조세의 종목과 세율은 법률로 정한다"고 규정되어 있어 국회의 재정수입에 관한 우선적인 권한을 인정하고 있다. 더불어 제99조에서는 감사원이 시행한 세입·세출의 결산을 차년도 국회에 보고토록 하고 있어 결산에 대한 최종적인 심의·확정권한 역

---

2) 한편 국가재정은 크게 세 가지 방식으로 구분된다. 첫째 재정운용 주체를 중심으로 중앙정부 재정과 지방정부 재정으로, 둘째 재정운용의 수단에 따라 예산(일반회계 및 특별회계)과 기금으로, 셋째 재정활동의 성격에 따라 수입과 지출 활동으로 각각 구분된다.

시 국회에 부여하고 있다.

국회법은 재정에 대한 심의 주체와 절차를 규정하고 있다. 정부가 국회에 제출하는 예산안이나 결산은 법률안과 같은 의안의 일종으로 취급하여 심의절차에 있어서 원칙적으로는 일반 의안의 심의절차를 준용하도록 하고 있다. 국회법 상에 나타난 재정에 관한 규정들은 광범위하다. 대표적인 조항들로는 국회예산정책처의 설치(제22조의2), 예산결산특별위원회 설치(제45조), 의안에 대한 비용추계 자료 등의 제출(제79조의2), 조세특례 관련 법률안에 대한 조세특례평가 자료의 제출(제79조의3), 예산 관련 법률안에 대한 예산결산특별위원회와의 협의(제83조의2), 예산안·결산의 회부 및 심사(제84조), 기금운용계획안의 회부 등(제84조의2), 예산안등 본회의 자동회부(제85조의3), 예산안등과 세입예산안 부수 법률안에 대한 무제한토론의 실시(제106조의2), 그리고 결산의 심의기한(제128조의2) 등을 들 수 있다. 이는 재정의 측면에서 국회가 행정부를 견제할 수 있는 권한을 강화하는 방향으로 제도적인 개선이 이루어진 결과이다.[3]

헌법·국회법과 더불어 국회의 재정통제에 관한 중요한 법률로 국가재정법을 들 수 있다. 2006년 10월 4일 제정된 국가재정법은 정부로 하여금 국가 "재정 운용의 효율화와 건전화를 위하여 매년 당해 연도를 포함한 5회계연도 이상의 기간에 대하여 국가재정운용계획을 수립하고 회계연도 개시 90일 전까지 국회에 제출"하도록 함으로써 정부 재정의 계획 단계에서부터 국회가 관여할 수 있는 제도적인 틀을 만들었다. 또한 '조세지출예산서'를 도입하여(국가재정법 제27조, 제34조 제10호) 행정부가 조세감면 등 재정지원의 추정금액을 기능별·세목별로 정리하여 예산안과 함께

---

3) 특히 2000년 2월 16일과 2003년 2월 4일 국회법 일부 개정안은 재정의 측면에서 국회의 행정부 견제권한을 크게 강화하였다. 2000년 2월 국회법 개정을 통해 예산결산특별위원회를 상설화하여 정부예산에 대한 국회의 연중통제수단을 제도적으로 구비하였고, 2003년 2월에는 국회가 감사원에 대하여 사안을 특정하여 감사청구를 할 수 있도록 하고 감사원 검사를 거친 결산을 다음 회계연도 5월 31일까지 국회에 제출토록 함으로써 주도적인 결산심사를 할 수 있는 제도적 토대를 마련하였다.

국회에 제출토록 함으로써 국회의 예산안 심사가 보다 체계적으로 이루어질 수 있도록 하였다. 동시에 재정경제부장관으로 하여금 국가채무관리계획을 회계연도 90일 전까지 국회에 제출토록 규정하고, 예·결산의 분리 심의를 위하여 결산의 제출기한을 회계연도 개시 120일 전에서 매년 5월 31일로 앞당김으로써 국회의 심의기능을 강화하였다.

이와 같은 제도적인 개선에도 불구하고 국가재정의 통제라는 측면에서 국회의 역할은 여전히 미약하다. 우선, 예산편성과 심의를 분리하고, 심의과정에서 국회가 정부의 동의 없이 예산의 증액과 새로운 비목을 설치할 수 없도록 한 헌법상의 규정은 국회가 재정수립에 미칠 수 있는 관여의 정도에 명확하게 선을 긋는 근본적인 제약이다.[4] 또한 각각 회계연도 개시 120일 전(매년 9월 3일)과 30일 전(매년 12월 2일)으로 규정되어 있는 정부예산안의 국회 제출시한과 국회의 예산안 의결시한은 국회가 정부의 예산안을 심사할 수 있는 기한을 90일로 제한함으로써 국회가 복잡한 예산안을 심사하기에 충분한 시간을 제공한다고 보기 어렵다.[5] 더욱이 그나마 부여된 90일의 예산안 심의기간도 정파적인 갈등과 파행으로 인해 제대로 활용되지 못하는 경우가 빈번하다. 이와 함께 예산안 심의과정이 상임위원회 예비심사와 예산결산특별위원회의 종합심사로 이원화되어 있지만, 실질적으로는 전문성을 가진 상임위원회보다는 예산결산특별위원회에 의해 심의가 결정된다는 점 역시 국가재정통제에 있어서 국회의 심의가 갖는 문제점으로 지적되고 있다. 〈표 6-1〉에 정리된 국회 예산안의 최근 심의결과를 보면 제출된 정부안은 총액을 기준으로 거의 차이가 없이 확정되는 경우가 일반적이며 그 처리도 매번 법정기한을 넘

---

4) 이는 국회의 무분별한 예산증액의 폐단을 방지하려는 취지를 담고 있다. 그러나 그것이 실질적으로 국회의 예산심의권을 제약하는 것은 사실이다. 우리와 같이 대통령제를 채택하고 있는 미국의 경우 의회는 지출한도 내에서 자유롭게 예산을 증액 또는 삭감할 수 있다.

5) 외국의 경우를 보면 의회의 예산심의 기간은 미국의 경우 240일, 영국 120일, 독일 120일, 프랑스 70일, 일본은 60일이다(박경미·손병권·임성학·전진영 2012, 81).

◯ 표 6-1　　　　　　　　　　　연도별 국회 예산안 심의결과

| 국회 | 예산안 연도 | 국회 심의 결과 | | | | 처리일자 |
| | | 총수입(단위: 조 원) | | 총지출(단위: 조 원) | | |
		정부안	국회 확정	정부안	국회 확정	
제17대	2005	225.6	225.8	208.0	207.8	2004.12.31.
	2006	235.6	235.3	221.4	222.0	2005.12.30.
	2007	251.8	250.6	238.5	237.0	2006.12.27.
	2008	274.2	274.2	257.3	257.2	2007.12.28.
제18대	2009	293.2	291.0	283.8	284.5	2008.12.13.
	2010	287.8	290.8	291.8	292.8	2009.12.31.
	2011	314.6	314.4	309.6	309.1	2010.12.8.
	2012	344.1	343.5	326.1	325.4	2011.12.31.
제19대	2013	373.1	372.6	342.5	342.0	2013.1.1.
	2014	370.7	369.3	357.7	355.8	2014.1.1.
	2015	382.7	382.4	376.0	375.4	2014.12.2.
	2016	391.5	391.2	386.7	386.4	2015.12.3.
제20대	2017	414.5	414.3	400.7	400.5	2016.12.3.
	2018	447.1	447.2	429.0	428.8	2017.12.6.
	2019	481.3	476.1	470.5	469.6	2018.12.8.
	2020	482.0	481.8	513.5	512.3	2019.12.10.
제21대	2021	483.0	482.6	555.8	558.0	2020.12.2

출처: 국회예산정책처(2019, 164; 2021, 284)

기고 있어 국회가 재정심의에 있어서 그다지 능동적이지 못함을 보여주고 있다.6)

---

6) 새로운 회계연도 개시 전까지 예산안이 국회에서 확정되지 못한 경우에는 "헌법이나 법률에 의하여 설치된 기관 또는 시설의 유지·운영, 법률상 지출의무의 이행, 이미 예산으로 승인된 사업의 계속"의 경우에 한하여 전년도 예산에 준해서 집행될 수 있다(헌법 제54조 제3항).

예산안 자동부의제란?

예산안 자동부의제는 파행적인 국회운영을 방지하고 다수당을 보호하기 위해 2012년 5월 2일 통과된 국회법 개정안(소위 '국회선진화법')의 일환으로 도입되었다(국회법 제85조의3). 이는 국회가 11월 30일까지 예산 관련 법안들의 심사를 마치지 못하는 경우 12월 1일 자동적으로 본회의에 부의되게 한 것으로 '예산안 등의 본회의 자동부의제도'라 일컬어진다. 항상 법정기한을 넘겨 심사하던 파행을 미연에 방지하고 재정정책의 공백을 최소화하려는 취지로 만들어졌으며, 실제로 이 제도가 도입되기 직전인 2013년까지 국회는 헌법 제54조가 규정하는 예산 처리 시한을 11년 연속 위반한 바 있다(정진웅 2018). 그러나 한편으로 이 제도는 부정적인 결과도 낳았는데 예산안 등의 법률안들이 자동적으로 처리되게 함으로써 행정부가 예산안 제출을 의도적으로 지연한다든지 관련 정보의 국회 제출을 미룸으로써 국회의 국가재정 견제권한을 무력화하는 모습도 나타났다(전진영 2015).

II. 국회 예산심의 과정

앞에서 서술한 바와 같이 국회의 국가재정통제권한은 주로 예산안 심사를 통해서 구체화된다. 정부 예산안 심사는 매년 국회가 해야 하는 중요한 권한임과 동시에 국민의 실생활에 영향을 미치는 국가재정을 결정하는 핵심적인 사안이기 때문에 높은 책임감이 요구되는 업무이기도 하다.

국회의 예산안 심의는 크게 정부의 예산안 제출과 시정연설, 소관 상임위원회의 예비심사, 예산결산특별위원회의 종합심사, 본회의 심의·의결 순으로 진행된다. 먼저 정부는 헌법 제54조와 국가재정법 제33조 및 제68조에 따라 회계연도 개시 120일 전(매년 9월 3일)까지 국회에 예산안을 제출해야 하고, 국회 본회의에서 시정연설을 통해 제출된 예산안에 대해 설

명토록 되어 있다.[7]

국회에 예산안이 제출되면 국회의장은 이를 소관 상임위원회에 회부하고, 소관 상임위원회는 예비심사를 실시하여 그 결과를 의장에게 보고한다.[8] 국회의장이 각 상임위원회가 보고한 예비심사보고서를 예산안에 첨부하여 예산결산특별위원회에 회부함으로써 예비심사 절차가 마무리된다. 예산안에 대한 상임위원회의 예비심사는 법률안 등 일반 안건과 동일하게 예산안의 상정, 제안설명, 전문위원 검토보고, 대체토론, 소위원회 심사, 찬반토론 및 의결의 순으로 그 절차를 거치게 된다.

실질적으로 상임위원회의 예비심사는 예산결산특별위원회의 심사에 앞선 예비적인 성격에 불과하며 그 심사결과는 예산결산특별위원회의 심사를 구속하지 못한다. 다만 이에 대한 보완으로 국회법 제84조에서는 예산결산특별위원회로 하여금 상임위원회의 예비심사내용을 존중하고 상임위원회에서 삭감한 세출예산금액을 증가시키거나 새 비목을 설치할 경우 소관 상임위원회의 동의를 받도록 규정한다. 그러나 이는 권고조항의 성격을 넘어서지 못하고 있다.

상임위원회의 예비심사보고서가 첨부된 예산안은 예산결산특별위원회(이하 예결위)에 회부되어 종합심사를 거치게 된다. 예결위의 종합심사는 정부의 제안설명, 전문위원회 검토보고, 종합정책질의, 부별심사 또는 분과위원회심사, 찬반토론, 그리고 표결의 순서로 이루어진다. 종합정책질의는 모든 정부 부처에 대해 예결위 위원들이 예산안에 대하여 질의하고 정부 측의 답변을 듣는 절차이며, 부별심사와 분과위원회심사는 경제

---

7) 국회법 제84조에 따르면 "예산안에 대해서는 본회의에서 정부의 시정연설을 듣는다"라고 규정되어 있을 뿐 이를 누가 언제 하는지 구체적으로 적시하고 있지 않다. 역사적으로는 대부분 국무총리가 대통령의 시정연설문을 대독하는 형식을 취해왔으나, 최근인 2013~2020년에는 대통령이 직접 국회 본회의에 출석하여 시정연설을 하였다(국회예산정책처 2021, 165).

8) 국회의장은 예산안을 소관 상임위원회에 회부할 때 심사기간을 정할 수 있으며, 상임위원회가 이유 없이 그 기간 내에 심사를 마치지 않는 경우 바로 예산결산특별위원회에 직권으로 회부할 수 있다.

부처와 비경제부처로 나누어 부처의 소관 예산에 대하여 질의하고 답변
을 듣는 절차를 말하는데 실제로는 둘 중 하나의 절차만 진행되며 대부분
부별심사로 운영되고 있다. 이러한 심사절차를 진행할 때 위원장은 간사
와의 협의를 통해 각 교섭단체별 질의시간 등 진행방법을 결정하며 그 과
정에서 논란이 빚어지기도 한다.

　종합정책질의와 부별심사를 거친 예산안은 예산안등조정소위원회(계
수조정소위원회)에서 상임위원회의 예비심사결과를 참고하여 추가적인 심
사가 진행된다. 계수조정소위원회는 통상 11~15명 정도의 위원으로 구성
되며, 소위원장은 예결위원장이 맡고 간사는 교섭단체별로 각 1명의 대표
위원이 맡는다. 현실적으로 예산안 심사에 있어서 계수조정소위원회의
역할은 절대적이라고 할 수 있는데, 이는 예결위 위원 전체가 참여하는
종합정책질의나 부별심사가 정부의 국무위원을 대상으로 각 위원별로 약
10분씩 질의를 하고 답변을 듣는 형태로 진행되기 때문에 예산안 자체에
대한 구체적인 심사가 이루어지기 어렵기 때문이다.

　계수조정소위원회의 심사를 거친 예산안은 본회의에 부의되며 예결위
위원장의 심사보고, 질의 및 찬반토론, 예산안증액 및 새 비목 설치 동의,
표결, 의결의 순으로 절차가 진행된다. 우리의 경우 예산은 법률과 달리

쪽지예산은 왜 문제인가?

예산안등조정소위원회는 예산안 심의과정에서 막강한 권한을 갖고 있다. 이러한
권한은 해당 소위원회가 계수조정을 담당하고 있기 때문인데, 이는 각 상임위원
회에서 예비심사 후 제출한 예산안을 삭감, 증액하면서 전체 예산안의 세부내역
을 조정하는 것을 말한다. 이는 예산이 결정되는 최종 단계에서 발휘되는 것으로
예산안 확정에 결정적인 역할을 하며, 최근에는 교섭단체 소위원회의 대표의원들
로 구성된 협의체(이른바 '소소위')의 위상 역시 부각되고 있다. 문제는 조정소위
원회가 회의록 없이 철저히 비공개로 운영되고 있어서 이해관계를 가진 국회의원
들의 지역구 관련 청탁성 예산요청이 쏟아져 예산에 반영되고, 그 과정에서 긴급
히 필요치 않은 선심성 사업 요청으로 긴급한 공공예산이 삭감되는 경우가 발생
한다. 이러한 청탁성 예산요청은 대개 쪽지로 전달되어 '쪽지예산'으로 불리며 최
근에는 그 요청방법에 따라 '문자예산', 'SNS예산'으로 일컬어지기도 한다.

대통령에 의한 공포를 효력발생 요건으로 하지 않으며, 대통령의 거부권
도 인정되지 않기 때문에 국회 본회의 의결로 확정된다.

　　우리 국회는 예산안을 법률안과 동일한 절차로 심사하고 있지만 실제
로 '예산법률주의'를 채택하고 있지 않기 때문에 예산안은 법안이 아닌 별
개의 의안으로 심사되고 헌법에 규정된 예산 관련 조항 이외에는 법률적
제약을 받지 않는다. 때문에 국회는 예산안을 심의·의결하면서 특정 예
산사업의 집행과 관련된 요구를 부대의견이라는 기형적인 방식으로 덧붙
이고 있다.9) 이렇듯 제시된 부대의견은 예산의 일부가 아니고 법률에 명
시적인 근거가 없기 때문에 논란의 여지가 있는 것이 사실이나 이의 개선
을 위해서는 헌법 개정이 필요하다는 점에서 해결이 쉽지 않은 문제이다.

예산법률주의란 무엇인가?

2018년 3월 26일 정부가 발의한 개헌안에 예산법률주의가 포함되어 파장을 일으
킨 바 있다. 예산법률주의는 예산이 법률로 의결되는 것을 의미하며 선진민주주
의 대부분의 국가들에서 채택하고 있다. 우리 헌법은 법률과 별개의 형식으로 예
산을 규정하고 있기 때문에 예산이 조문의 형태로 구체화되어 있지 못하고 명칭
과 금액만으로 표현되어 있다. 예산법률주의가 도입되면 예산의 형식이 법조문의
형태로 변하며, 예산의 내용은 금액뿐만 아니라 사업의 목적, 집행방법 등 다양한
내용을 포괄하게 되어 그만큼 행정부의 책임성과 국회의 통제력이 강화되는 효과
를 가진다. 그러나 한편으로 예산의 법률화에 따라 그 운용에 있어서 경직성이
높아져 예산 외로 운용되는 재정활동이 증가하는 부작용 역시 제기되고 있다.

---

9) 예산안을 의결·확정하면서 국회는 2019년 52건, 2020년 50건, 2021년 47건의 부대의
　견을 첨부하였다. 부대의견의 대부분은 정부가 시행하는 구체적인 사업의 실행시기와
　집행방식, 국회에의 보고 의무 등의 내용을 담고 있다. 예를 들면 2019년의 경우 "정부는
　금년도 초과세수분 중 일부(4조 원 수준)는 국가재정법 제90조제1항에 따라 세입·세출
　외로 국채를 상환하는 데 사용하여야 한다", "기획재정부는 복권수익금의 국민체육진흥
　기금 등에 대한 법정 배분의 제도개선을 추진하고 문화체육관광부 등 법정배분기관은
　이에 적극적으로 협조한다" 등이 부대의견으로 제시되었다.

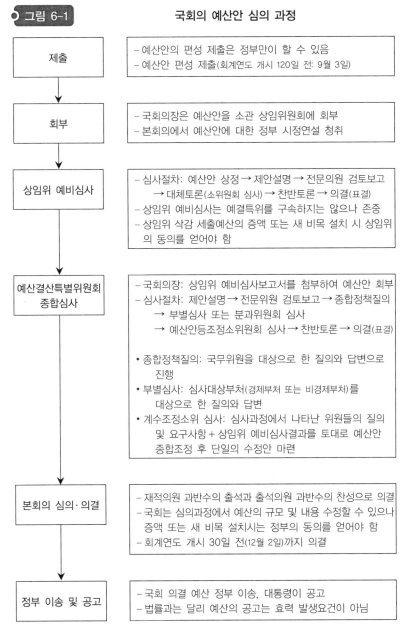

● 그림 6-1　　　　　**국회의 예산안 심의 과정**

| 제출 | – 예산안의 편성 제출은 정부만이 할 수 있음
– 예산안 편성 제출(회계연도 개시 120일 전: 9월 3일) |

| 회부 | – 국회의장은 예산안을 소관 상임위원회에 회부
– 본회의에서 예산안에 대한 정부 시정연설 청취 |

| 상임위 예비심사 | – 심사절차: 예산안 상정 → 제안설명 → 전문의원 검토보고
　　　　→ 대체토론(소위원회 심사) → 찬반토론 → 의결(표결)
– 상임위 예비심사는 예결특위를 구속하지는 않으나 존중
– 상임위 삭감 세출예산의 증액 또는 새 비목 설치 시 상임위
　의 동의를 얻어야 함 |

| 예산결산특별위원회
종합심사 | – 국회의장: 상임위 예비심사보고서를 첨부하여 예산안 회부
– 심사절차: 제안설명 → 전문위원 검토보고 → 종합정책질의
　　　　→ 부별심사 또는 분과위원회 심사
　　　　　　→ 예산안등조정소위원회 심사 → 찬반토론 → 의결(표결)

• 종합정책질의: 국무위원을 대상으로 한 질의와 답변으로
　　　　　　　진행
• 부별심사: 심사대상부처(경제부처 또는 비경제부처)를
　　　　　　대상으로 한 질의와 답변
• 계수조정소위 심사: 심사과정에서 나타난 위원들의 질의
　　　　및 요구사항 + 상임위 예비심사결과를 토대로 예산안
　　　　종합조정 후 단일의 수정안 마련 |

| 본회의 심의·의결 | – 재적의원 과반수의 출석과 출석의원 과반수의 찬성으로 의결
– 국회는 심의과정에서 예산의 규모 및 내용 수정할 수 있으나
　증액 또는 새 비목 설치시는 정부의 동의를 얻어야 함
– 회계연도 개시 30일 전(12월 2일)까지 의결 |

| 정부 이송 및 공고 | – 국회 의결 예산 정부 이송, 대통령이 공고
– 법률과는 달리 예산의 공고는 효력 발생요건이 아님 |

출처: 대한민국 국회 홈페이지의 내용을 토대로 구성

III. 국회 결산심의 과정

헌법에 따르면 결산에 대한 권한은 독립기관인 감사원에 있으며 국회는
이를 심사하는 권한만을 갖고 있다. 따라서 국회의 결산심의 과정을 전체
적으로 조명하기 위해서는 정부의 결산과정에 대한 검토가 함께 이루어
져야 한다.

1. 정부의 결산안 제출

정부의 결산과정은 국가재정법, 국가회계법, 국고금 관리법 등에 규정되
어 있다. 절차적으로 이는 출납사무 완결, 각 중앙관서의 결산보고서 등
의 작성 및 제출, 기획재정부의 국가결산보고서 작성 및 국무회의 심의,
감사원의 결산검사, 국가결산보고서의 국회제출 등으로 구성되어 있다.
정부기관은 세입·세출의 출납에 관한 사무를 예산안 다음 연도 2월 10일
까지 완결해야 하며(국고금 관리법 제4조의2), 각 중앙관서의 장은 그 소관
에 속한 일반회계·특별회계 및 기금을 통합한 중앙관서결산보고서를 작
성하여 2월 말까지 기획재정부장관에게 제출하고, 기획재정부는 이를 통합
하여 국가결산보고서를 작성한다. 작성된 국가결산보고서는 국무회의 심
의를 거쳐 대통령의 승인을 받은 다음 4월 10일까지 감사원에 제출된다.
　감사원은 수입과 지출, 재산의 취득과 관리, 처분 등에 대한 재정 전반
에 관한 회계검사를 실시하여 결산을 확인하며, 그 과정에서 결산의 합법
성과 정확성을 점검하고 필요 시 시정, 고발 등의 조치를 한다. 이러한 결
과를 토대로 감사원은 결산검사보고서를 작성하고, 이를 5월 20일까지 기
획재정부장관에게 송부하며, 정부는 이를 토대로 국가결산보고서를 수정
하여 5월 31일까지 국회에 제출한다.

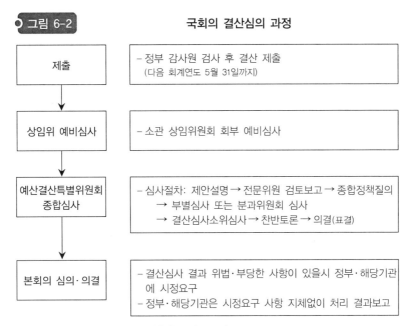

그림 6-2   국회의 결산심의 과정

| 제출 | – 정부 감사원 검사 후 결산 제출
(다음 회계연도 5월 31일까지) |

| 상임위 예비심사 | – 소관 상임위원회 회부 예비심사 |

| 예산결산특별위원회
종합심사 | – 심사절차: 제안설명 → 전문위원 검토보고 → 종합정책질의
   → 부별심사 또는 분과위원회 심사
   → 결산심사소위심사 → 찬반토론 → 의결(표결) |

| 본회의 심의·의결 | – 결산심사 결과 위법·부당한 사항이 있을시 정부·해당기관
  에 시정요구
– 정부·해당기관은 시정요구 사항 지체없이 처리 결과보고 |

출처: 대한민국 국회 홈페이지의 내용을 토대로 구성

2. 국회의 결산심의

국회의 결산심의 과정은 국회법에 규정되어 있으며 상임위원회 예비심사, 예산결산특별위원회의 종합심사, 본회의 심의·의결 등으로 이루어진다. 전체적인 심의절차는 예산안의 그것과 유사하지만, 예산안의 경우 제출된 예산안에 대한 정부의 시정연설 절차가 있으나 결산심의에서는 그러한 절차가 없다는 점에서 차이가 있다.

원칙적으로 국회의 결산심의·의결은 재정집행에 대한 최종 승인의 성격을 갖는다. 이는 행정부의 예산집행결과에 대한 심의를 통해 그 적법성과 타당성을 확인하는 절차로, 그것이 국회의 의도대로 집행되었는지 심의하고 그 결과를 다음 해의 예산편성과 재정운용에 참고, 반영하는 역할을 한다. 이를 위해 국회법 제84조 제2항은 결산심사 결과 "위법하거나

표 6-2			국회의 결산 시정요구 등의 현황				

	회계연도						
	2013	2014	2015	2016	2017	2018	2019
시정요구	1,541	1,812	2,061	1,786	1,813	1,356	1,667
감사요구	4	4	3	1	4	4	4
부대의견	26	25	27	25	19	23	19

출처: 국회예산정책처(2021, 214)

부당한 사항이 있는 경우"에 그 시정을 요구하고 정부와 해당기관은 시정
요구를 지체없이 처리. 그 결과를 국회에 보고토록 규정하고 있다.[10] 더
불어 국회법 제127조의2는 국회가 결산 결과 문제가 있는 사안에 대해서
감사원에 감사를 요구할 수 있고, 이 경우 감사원은 3개월 이내에 감사
결과를 국회에 보고하도록 규정하고 있다. 이러한 제도적 권한을 바탕으
로 국회는 결산 의결 시 시정요구와 별도로 부대의견을 채택한다. 실제로
〈표 6-2〉가 보여주는 것처럼 매해 국회는 상당한 건수의 시정요구를 행
정부에 요구한다. 그러나 국회의 시정요구는 실효성 측면에서 한계가 있
을 수밖에 없는데 이는 행정부가 응하지 않더라도 이를 제재할 법적 근거
가 없기 때문이다.

---

10) 시정요구 규정은 2003년 2월 4일 국회법 일부 개정을 통해 도입되었다.

국회의원의 의정활동

박경미 | 전북대학교

I. 지역구 의원과 비례대표 의원의 의정활동

의원의 의정활동은 원내 의정활동과 원외 의정활동으로 나뉜다. 원내 의정활동은 공간적으로 국회 안에서 수행되는 의원의 법안 발의, 상임위원회 활동, 청원 심의, 공청회 참여, 연구단체 활동, 의원총회 및 의원 외교 등을 말하며, 원외 의정활동은 국회 밖에서 벌어지는 지역구 활동 등을 지칭한다. 원내·외 의정활동 중 어느 하나가 더 중요하다고 말할 수는 없을 것이다. 두 종류의 의정활동의 비중은 의원의 성향이나 정치적 지향에 따라 달라지며, 어떤 의원은 원내 의정활동에 집중하며 또 어떤 의원은 원외 의정활동에 적극적일 수 있다.

원내·외 의정활동 비중의 근본적 차이는 해당의원이 지역구 의원인지 비례대표 의원인지에서 비롯된다. 자신에게 투표해준 유권자가 거주하는 지역구를 관리하여야 할 책임감과 필요성이 상대적으로 큰 지역구

의원에게 지역구 중심의 원외 의정활동은 중요하다. 그에 반해 지역구가 없는 비례대표 의원은 지역구 의원에 비해 원내 의정활동의 비중이 높을 수 있다. 특히 지역구 등 원외 의정활동은 재선을 목적으로 한 지역구 의원에게 필수적이다. 비례대표 의원도 다음 선거에서 지역구 후보로 출마하려는 경우 출마 예상 지역구 의정활동에 적극적일 수 있다.

II. 의정활동의 동기

의원들의 의정활동에는 개인적 성향, 지역구 유무 여부 등 복합적 동기가 영향을 미친다. 특히 재선은 선거를 통해서 유권자의 신임을 얻어야 하는 의원들의 주요한 의정활동의 동기이며(Fenno 1973), 재선을 목표로 하는 의원들은 좋은 이미지를 만들기 위한 의정 홍보활동(advertizing), 유권자들에 대한 서비스 제공과 이를 통한 성과의 축적(credit-claiming), 특정 이슈에 대한 입장 표명(position-taking) 등의 활동을 하게 된다(Mayhew 1974).

지역구 중심의 원외 의정활동의 가장 중요한 동기는 재선이다(Cain et al. 1987). 재선을 위해서 의원들은 지역구 유권자의 지지를 극대화시켜야 하기 때문에, 지역구 유권자에게 지지를 직접적으로 호소하는 원외 의정활동이 필수적이다. 재선과 지역구 활동의 관계는 의석의 안정성에 따라 달라진다. 지난 선거에서 얻은 자신의 득표율이 2순위 후보와 차이가 적은 접전의 선거를 치른 의원의 경우, 재선을 목표로 평소 지역구 관리에 주력하는 편이다. 지역구 관리의 중요성은 여러 차례의 선거에서 안정적 득표율로 당선된 3선 이상의 의원도 지역구 관리에 소홀하여 낙선하는 다수의 사례를 통해 알 수 있다. 물론 모든 의원이 재선과 같은 개인적 이익만을 위하여 지역구 활동을 하는 것은 아니다. 지역구 대표로서 그 지위에 부합하는 정치적 의무를 다하기 위해 지역구 활동을 하기도 한다.

국민소환제는 필요한가?

국민소환제는 선출직 또는 임명직 공직자 임기가 끝나기 전에 국민의 요청으로 정치적 책임을 물을 수 있는 선거 이외의 제도이다. 의원을 대상으로 국민소환제를 운영하는 민주주의 국가는 별로 없다(최선 2019). 미국은 주의회만이 국민소환제를 운영하며, 영국이 최근 국민소환제를 도입하였다. 2009년 하원은 의원 수당 남용 지출스캔들로 의회에 대한 영국 여론이 악화되면서 신뢰를 회복하고자 2015년 국민소환법(Recall of MPs Act 2015)을 제정하였다. 한국의 경우 지방자치단체장에 대한 '주민소환제'는 있지만 국회의원에 대한 국민소환제는 없다. 그 필요성에 대한 의견이 제기되고 있으나 의원에게 책임을 묻는 국민소환제 도입에는 논란이 있다. 도입반대론은 국민소환제를 도입하는 것은 국민 전체를 대표하는 국회의원에게 지역대표의 성격을 강요하는 것이며 국민소환제 남용에 따른 정치적 혼란, 사회적 비용의 증가 등의 문제가 있다는 입장이다. 그에 반해 도입찬성론은 지방자치단체장에게는 주민소환제를 적용하면서 국회의원에게는 국민소환제를 도입하지 않는 것은 형평성에 어긋나며, 국민소환제가 참여와 통제를 통해 대의제의 문제를 보완할 수 있다는 입장이다. 한 가지 생각해 볼 부분은 국민소환제와 불체포특권의 관계인데, 행정부의 제약을 받지 않고 정상적 활동을 할 수 있도록 한 의원의 불체포특권과 국민소환제가 양립할 수 있는가 하는 문제이다.

자신을 지지해준 지역구 유권자에게 책임을 다하고 이들에게 봉사하고자 지역구 활동을 포함하여 원내·외 의정활동을 하는 것이다.

III. 원내 의정활동

1. 법안 발의

법안 발의는 의원이 수행하는 대표적 원내 의정활동으로, 그 동기는 다양하다. 우선, 지역구 요구에 반응하여 정치적 책임을 다하려는 동기를 꼽을 수 있다. 그러한 사례로 지역구 산업구조에 따른 법안 발의나 위원회 활동을 들 수 있다. 제20대 국회(2016~2020년) 상반기 농림축산식품해양수산위원회는 총 19명의 지역구 의원으로 구성되었다. 이 중 1명만이 부산광역시를 지역구로 둔 의원이었고 나머지 18명은 충청, 경남·북, 전남·북 등의 지역구에서 선출된 지역구 의원이었다.

의원의 개인적 가치나 특성도 법안 발의에 영향을 미친다. 제19대 국회(2012~2016년) 새누리당 비례대표 이자스민 의원은 2014년 '이주아동권리보장기본법안'을 발의하였다. 이주아동의 교육권과 의료권을 보장하는 이 법안은 이자스민 의원의 다문화가정에 대한 관심과 사회적 배경이 반영되었다고 볼 수 있다. 이 법안은 2015년 4월 29일 법제사법위원회에 상정되었지만 이주민에 대한 포용성 논쟁으로 더 진행되지 않고 임기만료로 폐기되었다.

또한 시민단체의 의정활동 평가도 법안 발의의 동기이다. 긍정적 평가가 재선에 영향을 미칠 수 있다는 인식이 확산되면서 의원들이 법안 발의를 비롯한 의정활동에 신경을 쓰게 되었다. 시민단체의 의정활동 평가는 1996년 나라정책연구회와 한국유권자운동연합을 중심으로 시작되었다. 1999년 참여연대, 경실련 등이 참여한 국정감사모니터시민연대는 국회의 개혁성, 전문성, 공익성, 성실성 증진을 목표로 국회 상임위원회에 간사를 배정하여 감시활동을 진행하였다(조성대 2010, 357). 그 이후 국회 감시활동이 의정활동에 대한 평가와 공개, 그리고 그 성과에 따른 우수의원 선정 등 시민사회의 감시로 확산되어, 의원들이 의정활동에 전념하도록 하는 요인이 되었다. 또한 2000년 국회법 개정에 따른 '법안실명제' 도입으로 법안의 대표발의 의원으로 자신의 이름을 명시할 수 있게 되면서 법안 발의에 적극적인 태도를 보이기 시작하였다.

2. 상임위원회 활동

상임위원회 활동은 법안을 심의하는 입법과정에 의원들이 참여하는 원내 의정활동이다. 제헌의회 당시 의원들은 두 개의 상임위원회 위원이 될 수 있는 복수상임위원회 제도를 운영하였다가 제6대 국회(1963년)부터는 단수 상임위원회제로 변경되었다. 2000년 국회법 개정으로 현재는 두 개 이상의 상임위원회 위원으로 활동할 수 있어서, 대부분의 의원들은 두 개 이상의 상임위원회에서 상임위원으로 활동한다. 위원회 상임위원 정수는 국회규칙에 따라 정해지지만 정보위원회의 경우에만 상임위원 수가 국회법에 의해서 12명으로 제한되어 있다.

의원들이 선호하는 상임위원회는 상임위원회가 다루는 사안에 따라 달라진다(조진만 2010, 115). 대체로 의원들은 지역구 유권자들에게 서비스를 제공할 수 있는 상임위원회를 선호한다. 농·어촌 지역을 지역구로 둔 의원의 경우, 지역구 이익을 보호할 수 있는 농림축산식품해양수산위원회를 선호하는 경향이 있다. 그에 반해 법제사법위원회 상임위원은 고유의 소관 업무 이외에 다른 상임위원회가 가결시킨 법안의 체계, 자구를 심사하기 때문에 그 업무량이 많아 기피하는 상임위원회이다. 다만, 야당은 법제사법위원회 위원장직을 선호하는 경향이 있다. 모든 법안이 법제사법위원회를 거쳐 본회의에 상정되는 입법절차에서 법제사법위원회가 특정 법안의 통과를 저지시킬 수 있는 수문장(gate-keeper) 기능을 할 수 있다고 기대하기 때문이다. 그에 따라 야당은 법제사법위원회 위원장직을 갖기 위해서 원구성 단계에서 주력하는 편이지만 항상 그 자리를 차지하게 되지는 않는다.

3. 청원 심의

청원은 유권자, 이익집단 혹은 시민단체가 특정 법안을 만들어달라고 국

회에 요청하는 제도이다. 정부나 의회의 업무와 기능이 유권자들의 입장
과 간극이 있다고 판단할 때 유권자 또는 시민사회가 청원을 통해 직접
특정 법안의 제출과 통과를 요청하는 것이다(조성대 2010, 357). 로비제도
가 허용되지 않는 우리나라 현실에서 청원은 공익집단이나 이익집단이나
시민단체 등이 자신의 목적 달성에 필요한 법안이나 정책을 만들기 위한
창구로 기능한다.

청원 심사 및 의결 권한은 소관 상임위원회에 있다. 접수된 청원은
상임위원회 소위원회 중 하나인 청원심사 소위원회 소개로 청원에 대한
심의가 시작된다. 정부 관련 부처가 참고인 등으로 참여하는 청원심사 소
위원회 심사를 거쳐 상임위원회가 심사보고서를 채택하면 법제사법위원
회와 본회의 의결을 거친다.

국회가 채택한 청원 사례로 2016년 8월 8일에 금강산 투자기업 대표
26명이 접수한 '금강산 투자기업 피해보상에 관한 청원'을 들 수 있다. 소
관 상임위원회인 외교통일위원회가 심사하여 2017년 1월 13일 청원을 채

○ 표 7-1　　　　　　　　　　**청원 접수와 처리**

국회	접수	처리					미처리
		채택	본회의 불부의	철회	처리 건수 (건)	처리율 (%)	
제13대	550	13	317	61	391	71.1	139
제14대	535	11	184	33	228	42.6	307
제15대	595	4	178	16	198	33.3	397
제16대	765	4	316	19	339	44.3	426
제17대	432	4	102	10	116	26.9	316
제18대	272	3	61	3	69	25.4	203
제19대	227	2	44	4	50	22.0	177
제20대	207	4	37	–	41	19.8	166

출처: 국회 의안정보시스템

택하기로 의결한 이후 1월 20일 본회의에서 원안가결로 통과되었다. 반면 개성공단의 한 입주기업이 2016년 8월 12일에 제출한 '개성공단 피해 지원금 신청에 관한 청원'은 외교통일위원회가 2017년 9월 26일 본회의에 부의하지 않기로 의결하였다. 또한 제20대 국회가 채택한 청원 중에는 노인들의 여가선용기관인 '노인문화건강증진센터 건립지원에 관한 청원'이 포함되어 있었다. 해당 청원은 2016년 11월 18일 접수되어 2017년 2월 14일 보건복지위원회에 상정되었고 7월 18일 심사보고서를 채택, 12월 7일 본회의에서 원안가결, 12월 10일 정부에 이송되었다.

4. 공청회 참여

상임위원회 주최 공청회 참여도 상임위원으로서 의원이 수행하는 원내 의정활동이다. 공청회는 국회법 제58조 제6항에 따라 새로운 법안이 만들어지는 제정법률안이나 기존 법안을 전면적으로 바꾸는 전부개정법률

◉ 표 7-2   공청회 개최

국회	헌법개정안		법률안		중요정책		동의안		청원		계	
	건수	횟수	건수	횟수	건수	횟수	건수	횟수	건수	횟수	건수	횟수
제13대	–	–	11	10	10	16	–	–	–	–	21	26
제14대	–	–	14	10	21	22	–	–	–	–	35	32
제15대	–	–	31	33	13	13	–	–	–	–	44	46
제16대	–	–	117	107	16	16	–	–	1	1	134	124
제17대	–	–	289	216	54	56	–	–	1	1	344	273
제18대	–	–	142	128	63	62	–	–	–	–	205	190
제19대	–	–	126	126	96	96	–	–	1	1	223	223
제20대	–	–	126	126	43	43	1	1	0	0	170	170

출처: 국회사무처(2020b)

안이 반드시 거쳐야 하는 입법과정이다.

또한 사회적으로 논란이 되는 법안도 상임위원과 각계 전문가들이 참여하는 공청회를 열어 법안의 쟁점을 논의하고 시민사회 여론을 수렴한다. 그 사례 중 하나는 사회적 논란이 끊이지 않았던 사법시험 존치에 관한 법률이었다. 제19대 국회 후반기인 2015년 6월 제출된 '사법시험법일부개정법률안'에 관한 공청회는 같은 해 11월 17일 열렸다. 법학전문대학원과 마찬가지로 사법시험 응시횟수를 5회로 제한하려는 이 법안은 공청회 개최에도 불구하고 결론을 내지 못했고 해당 법률안은 국회에서 계류하다가 임기만료폐기로 처리되었다. 그 후 제20대 국회인 2016년 5월 31일에 해당 법률안이 다시 제출되었지만 2017년 12월 28일 헌법재판소가 사법시험 폐지를 합헌으로 판결함에 따라 사법시험은 폐지되었고 해당 법률안은 임기만료폐기로 처리되었다.

5. 연구단체 활동

의원들의 연구단체는 1994년 2월 국회의원연구단체지원규정 제정에 따라 허용된 원내 의정활동이다. 당적과 관계없이 의원들이 관심 있는 분야에 따라 조직, 활동을 할 수 있도록 지원하여 입법정책 개발 및 의원 입법을 활성화하려는 취지이다. 한 의원이 최대 3개의 연구단체에 참여할 수 있으며 2개 이상의 교섭단체 혹은 비교섭단체 소속의원을 포함한 의원 10인 이상으로 구성하여 운영하여야 한다. 주요 활동은 정책연구활동, 법안제·개정안 마련, 세미나·공청회·심포지엄·간담회 등의 개최, 국내·외 현지시찰 및 자료수집이나 설문조사, 정책연구보고서, 자료발간 등이다. 각 연구단체는 국회부의장 등 총 6명으로 구성된 자원심의위원회와 외부 15명이 참여하는 평가위원회 평가를 통해 성과가 좋은 연구단체를 선정, 포상한다.

6. 의원총회 및 의원외교 활동

정당 소속 의원의 원내 의정활동 중 하나는 의원총회 참여이다. 의원 20명 이상으로 구성된 교섭단체를 포함하여 대체로 모든 원내정당은 의원총회를 구성한다. 의원총회는 각 정당 당헌·당규에 따라 운영되기 때문에 의원총회 구성이나 기능 등은 정당마다 다르다. 의원총회의 일반적 기능은 의원들이 참여하여 원내대표 선출, 국회의장 및 부의장 후보 추천, 당 입법활동에 필요한 주요 정책, 법안 등의 심의·의결 등이다.

최근 의원외교 활동도 그 중요성이 부각되고 있는 의정활동이다. 의원외교의 목적은 외국 의회와의 협력 증진, 특정 사안에 대한 운영 경험 상호 전수, 외교 현안에 대한 국제적 지지를 확보하는 것이다. 방문외교, 초청외교, 국제회의 참석의 형식을 띤 의원외교의 예산규모는 1980년대 초에는 20억 원에 미치지 못하였지만 2000년대에는 40억 원을 넘어서 2016년 시점부터는 100억대에 육박하고 있다(유웅조 2017, 16-18). 최근 의원외

의원 세비란 무엇인가?

세비란 의원들이 매월 받는 수당 및 활동비, 즉 급여를 말한다. 의원 급여에는 수당, 입법활동비, 특별활동비, 입법 및 정책개발비, 여비 등이 포함되며, 각 항목의 금액은 국회가 결정하며 법률에 따라 집행된다. 의원 급여에 관한 첫 법률은 1949년 3월 '국회의원보수에관한법률'이었으며 현재는 '국회의원수당등에관한법률'이 관련 법률이다.

의원 급여 결정방식은 국가마다 다르다. 영국과 캐나다는 의회 외부기구가 결정을 주도하며 결정된 급여안에 대한 의회의 거부권한이 없다. 영국은 독립의회기준위원회(Independent Parliamentary Standards Authority, IPSA)가 고위공무원 급여를 기준으로 결정한다. 캐나다는 인적자원부(Human Resources and Social Development Canada) 주도로 통상 임금상승률에 준해 급여를 인상한다. 반면 미국과 이탈리아는 의회가 급여를 결정하며 외부기구가 제안한 급여안을 거부할 수 있다. 미국은 수정헌법 제27조에 의거하여 고용비용지수(Employ-ment Cost Index, ECI) 변화를 반영, 급여를 결정하며 상·하원 의장실이 결정권을 갖는 이탈리아는 대법관 연봉에 준해 급여를 확정한다.

교 활동으로는 대법원의 강제징용 배상판결에 따른 일본의 수출제재 이슈가 대두되었을 때, 제20대 국회 한일의원연맹이 일본의 일한의원연맹과 협의한 사례가 있다.

IV. 원외 의정활동

국회 밖에서 수행하는 원외 의정활동은 지역구 활동과 정당 활동으로 나눌 수 있다. 이른바 '지역구 관리'라고 부르는 지역구 활동은 의원 지역구 단위의 당원조직과 지역구 유권자를 대상으로 수행하는 업무나 사업을 말한다. 반면 정당 활동은 중앙당 직책을 맡거나 중앙당이 여는 각종 행사 참여 등의 정당조직 활동을 포함한다.

1. 지역구 활동

지역구 활동은 지역구 의원에게 중요하다. 자신의 정치적 책임을 다하고 차기 재선을 노리는 지역구 의원에게 지역구 활동은 필수적이다. 정당의 중앙당 산하에 속하는 당원조직을 중심으로 지역구 활동이 수행된다. 2004년 이전까지 운영되었던 '지구당'을 대체한 당원조직은 정당의 당헌 등에만 명시되어 운영되며, 지역별 당원조직 명칭은 '당원협의회'나 '지역위원회' 등 정당마다 다르다.

　2004년 개정 이전까지는 지역별 당원조직, 즉 지구당은 정당법이 명시한 정당조직 중 하나였다. 국회의원 지역구마다 설립, 운영되었던 지구당이 폐지된 계기는 민주화 이후부터 지구당이 '고비용 저효율 정치'의 원인이라는 인식에서 추진된 정치개혁의 결과였다. 2004년 개정 정당법이 지구당을 없애고 특별시, 광역시 및 도별 각각 1개의 시·당과 도당을 정당 구성요건으로 명시하면서 현재 정당은 총 17개의 시·도당을 운영할 수 있다. 그에 따라 지구당보다 적은 수의 지역별 당원조직을 운영하면서 월급을 받는 중앙당 유급 당직자 수를 100명으로 제한하여 고비용 정치를 야기할 여지를 줄였다.

이와 같은 정치개혁은 각 정당이 추진한 정당개혁, 즉 원내정당을 강화하자는 '원내정당론'에 힘을 입은 것이었다. 원내정당화는 원내정당과 원외정당의 기능을 분리, 운영하며 원내정당을 강화하여 정책적 성과를 높이고자 하는 정당개혁 의제였다. 원내정당이 입법활동이 중심을 이루는 의회정치 영역에 속한다면 원외정당은 선거정치에서 당원과 유권자의 지지 동원, 그리고 시민사회 등의 주요 이슈를 파악할 수 있는 의회 밖의 정당조직이다. 이처럼 서로 다른 기능을 갖는 두 정당조직 중 원내정당을 강화하자는 원내정당론은 원외정당인 중앙당을 축소하고 지구당을 시·도당으로 대체하여 고비용 저효율 정치 해소의 취지와 맞물려 있었다.

문제는 지역구에 거주하는 유권자들이 당원으로 정당에 참여하는 조직체였던 지구당이 없어지면서 유권자가 무엇이 필요한지를 파악할 수 있는 정당과 유권자의 직접적 소통 창구가 약화되었다는 데에 있다. 정당과 그 소속의원은 어떤 정책이 필요한지에 대한 아이디어를 얻기 위해 유권자와 소통할 수 있는 채널을 잃었다는 것이다. 지구당 폐지는 정치적 비용 문제를 해소하면서 유권자와의 접촉과정에서 발생하는 정치부패를 줄여 깨끗한 정치로 발전하는 계기가 되었지만, 정당과 의원들은 언론 등 미디어에 의존하는 경향이 두드러지게 되었다. 이로 인하여 정당과 의원이 유권자 대표인가에 대한 근본적 의문을 갖게 하였다. 이러한 현상을 두고 어떤 학자들은 유권자가 아닌 TV나 SNS 등 "다른 수단에 의한 정치(Politics by Other Means)"(Ginsberg and Shefter 1990)의 일상화를 비판한다. 이러한 비판에 비추어 보면 현재에도 당원협의회나 지역위원회 등 정당조직이 운영되고 있다는 사실은 반드시 동일할 필요는 없더라도 과거의 지구당과 비슷한 기능을 갖는 정당조직 혹은 당원조직이 필요하다는 것을 시사한다.

이러한 당원조직 등을 중심으로 한 지역구 활동의 중요성은 지역구
유권자에게 각종 문제와 불편사항을 의원이 해결하는 민원 서비스를 할
수 있는 기초가 된다는 데 있다. 민원사항에는 지역구 유권자의 경조사
참석에서부터 시작하여 조기축구회와 같은 크고 작은 지역구 유권자 집
단에 대한 참여 요청에 이르기까지 그 형태와 내용은 다양하다.

지역구 활동은 재선에 도전하는 의원이 선거 유세나 유권자 지지를
이끌어 내는 기반이 된다는 점에서 현역의원에게 중요하다. 원내 의정활
동을 통한 지역구 민원 해결, 특히 지역구 유권자의 불편사항과 요구는
의원의 원내 의정활동에서 무시할 수 없는 요소이다. 그러한 현상이 특히
두드러지는 영역은 국회의 예산심의과정에서이다. 차년도 정부예산을 심
의하는 예결산특별위원회에서 의원들은 지역구 사업을 추진하여 지역구
유권자의 지지를 얻기 위해서 '선심성 예산' 책정에 집중하기도 한다. '쪽
지예산'이 그 대표적 사례이다. 쪽지예산은 지역구에 특정 사업을 추진하
려는 의원들이 쪽지에 예산 항목과 금액을 적어 예결산특별위원회 상임
위원과 주고받은 결과로 만들어진 예산을 말한다. 최근에는 문자나 SNS
등을 통해 지역구 관련 예산을 부탁하여 'SNS예산'이라는 말도 쓰인다.
이때 서로 정치적 지향이 다르더라도 정치적 이해관계를 공유하는 의원
들이 상호 거래하거나 협력하는 '로그롤링(log-rolling)'이 나타난다.

2. 정당 활동

정당 공천으로 선출된 정당 소속 의원들은 중앙당 직책 수행에서부터 전
당대회와 같은 전국적 대의기구 참여에 이르는 정당 활동을 한다. 먼저
원외정당 활동으로는 정당을 대표하는 당 대표, 최고위원, 정당의 사무를
총괄하는 사무총장, 각종 위원장직, 정책연구소장 등 중앙당 직책을 맡는
것 등을 꼽을 수 있다. 당 대표와 최고위원은 전당대회에서 진행되는 선

거로 선출하는 것이 일반적이며 이때 의원은 선거권자나 피선거권자로 참여한다. 당원의 폭넓은 지지를 얻어야 이길 수 있는 선거이기 때문에 주요 직책일수록 인지도와 선수가 높은 의원들이 후보로 참여하는 경우가 많다.

원내정당 직책도 정당 활동의 일부이다. 원내정당 직책에는 원내대표, 상임위원회 간사 등을 꼽을 수 있다. 이들 직책은 대체로 소속 의원들 중에서 호선하며 원내대표만 투표로 선출한다. 원내대책회의 의장을 맡는 원내대표를 전당대회가 아니라 의원들만의 조직인 의원총회에서 선출한다는 것은 원내대표 선출은 의원들의 고유한 권한임을 말한다. 원내대표를 포함한 원내정당 직책 선출은 당헌·당규로 규정되어 있어 정당마다 구체적인 시기나 방식에 차이가 있다. 통상적으로 의원 임기의 시작이 총선 직후인 5월이기 때문에 통상 매년 5월에 의원총회를 열어 원내정당 직책을 맡을 의원을 선출한다.

이와 같이 원내·외 정당 직책을 맡거나 행사에 참여하는 원외 의정활동이 의원에게 중요한 이유는 정당기율(party discipline) 때문이다. 정당기율은 정당이 갖는 일종의 질서로, 정당이 소속 당원들에게 지도부의 정책을 지지하도록 강제할 수 있는 능력을 말한다(박경미 2010, 257). 정당기율은 당론에 준하는 표결 등 의원의 의정활동에 영향을 미친다. 따라서 정당기율로 인해서 의원들은 정당 내에서 직책을 맡아서 활동하면서 다른 의원들의 의정활동에 영향을 끼치고자 하는 경향이 있다.

정당기율에 영향을 미치는 요인은 두 가지이다. 첫 번째 요인은 정부 형태의 차이로, 원내 다수당이 집권하는 의회제 국가의 정당기율이 대통령제 국가보다 상대적으로 강한 편이다. 의회제 국가의 행정부는 의회 지지가 있어야 정책을 추진할 수 있기 때문에 소속 정당 의원 지지가 필수적이다. 또한 소속 정당 의원들에게도 집권당으로서의 지지가 중요하다. 만약 행정부가 추진하는 정책이 좌절되거나 난관에 봉착할 경우 다음 선거에서 다수당 지위 상실이나 낙선할 수 있으며 국가에 따라서는 정부불신임과 의회해산으로도 이어질 수 있기 때문이다. 그에 따라 의회제 국가의 소속 의원들에게 당론을 따르게 하는 정당기율이 작용한다.

　그에 반해 대통령제 국가는 행정부와 의회 선거가 별도로 치러지는 이원적 정통성을 갖는 정부형태이기 때문에 의원들은 정당기율이나 당론에 치우치지 않는 편이다. 다수당 지위를 위협하는 제도적 장치(의회해산이나 정부불신임 등)가 없는 대통령제에서 의원이 의회에서 행정부 정책에 대한 반대 목소리를 내는 것이 자신의 정치적 지위 변화와 직접 연관이 없기 때문이다. 선거만이 의원들의 정치적 지위에 영향을 미치는 유일한 제도적 장치인 것이다. 이처럼 정당기율이나 당론의 영향이 상대적으로 적은 대통령제 국가에서 정당투표(party-voting)를 하지 않는 교차투표(cross-voting)는 의회제 국가에 비해 관용적이다. 다만 한국의 경우 대통령제를 채택하고 있음에도 불구하고 의회제적 요소를 많이 채택화고 있다는 점, 그리고 공천과정에서 정당지도부의 영향력이 매우 크다는 점 등에서 정당기율이 강하다고 할 수 있다.

　두 번째 요인은 정당의 개별적 특성, 특히 정당 지도부-당원이 어떤 관

정당 유형에는 어떤 것이 있는가?

　정당 유형은 정당의 발전사와 관련되어 있다. 처음으로 등장한 정당 유형은 간부 정당으로, 소수만이 대표로 선출되거나 선출할 수 있는 제한적 선거가 이루어졌던 19세기 선거권제한체제(*régime censitarie*)의 정당이었다. 정당 지도부가 곧 당원이고 사실상 당원 전체가 의회 구성원이었던 간부정당은 사적인 접촉을 통해서 운영되었다. 1880~1960년대에 나타난 대중정당은 보통선거권 도입으로 늘어난 유권자 중 동질적 지향을 갖는 유권자가 당원으로 참여하여 정당일체감이 강한 정당이다. 당비와 기부금을 주된 재정적 자원으로 하며 당원 중심의 상향식 의사결정을 특징으로 한다. 1960년대 이후 포괄정당, 카르텔정당, 선거전문가정당 등이 나타났다. 포괄정당은 당원을 비롯한 정치적 지향이 비슷한 유권자로 지지층을 확대하기 위해 엘리트 충원에 집중하며 상대적으로 개방적 당원제를 갖는다. 카르텔정당은 당비보다는 국고보조금 의존하여 시민사회보다 국가와의 긴밀한 관계가 특징이다. 선거전문가정당은 선거승리를 목적으로 유권자 다수의 지지를 얻기 위한 선거기술 활용에 주력한다. 세 정당 유형에서 포괄정당, 카르텔정당, 선거전문가정당순으로 당원보다는 유권자와의 관계를 더 중시한다.

계에 있느냐에 따라 달라진다. 간부정당(cadre party)은 일반 당원이 없이
이해관계를 공유하는 의원으로만 구성되어 있어 정당기율이나 당론보다
는 자신들의 이해관계에 의해 움직인다. 그에 반해 당비를 내는 일반 당원
들로 구성된 대중정당(mass party)은 일반 당원의 지지가 중요하기 때문에
의원들은 정당기율과 당론의 영향을 받는다. 그에 반해 포괄정당(catch-all
party)과 카르텔정당(cartel party), 선거전문가정당(electoral-entrepreneur
party)은 당원보다는 일반 유권자의 지지가 중요한 정당 유형이기 때문에
정당기율과 당론보다는 여론에 민감하다.

제3부

국회 밖을 다루기

제8장 국회와 대통령 • 유성진

제9장 국회의 행정부 감시 및 감독 • 장승진

제10장 국회와 사법부 • 장승진

국회와 대통령

유성진 | 이화여자대학교

I. 권력분립과 이원적 정통성

우리나라의 정부형태는 삼권분립의 원칙을 근간으로 대통령제를 채택하고 있다. 이러한 정부형태는 권력주체를 입법부, 행정부, 사법부로 나누고 세 주체가 권력을 공유함과 동시에 서로를 견제하게 만듦으로써 권력의 독점을 방지하고 책임 있는 정치를 담보하려는 목적을 담고 있다. 삼권분립의 원칙 하에 구성된 대통령제에서 법률의 제정은 입법부인 의회가 담당하며, 이에 근거한 구체적인 정책의 실행은 대통령을 중심으로 한 행정부가, 그리고 이에 대한 법률적인 판단은 사법부의 업무가 된다. 세 권력주체 간 명확히 구분된 권한은 각 권력주체가 서로를 견제함으로써 독점적인 권력행사를 방지하며, 더불어 권한행사의 책임소재를 분명히 함으로써 스스로의 역할에 대한 책임성을 높이는 효과를 가져온다.

역사적으로 우리나라는 제헌국회 시기에 의회제를 염두에 두고 있었으나 현실적인 이유로 대통령제를 채택하여 두 가지 정부형태가 절충된 모습을 띠게 되었다. 그 결과 권력분립을 제도화함에 있어서 행정부에 법률안 제출권한을 부여하고 국회의원이 행정부 공직에 참여할 수 있는 의회제적인 요소들을 도입하였다.[1] 이와 같은 제도적 선택은 정치적 의사결정과정에 있어서 국회와 대통령이 상호존중의 원칙을 지키면서 대화와 타협을 강제하려는 목적 때문이었다(유성진 2018).

우리나라와 같이 대통령제를 채택하고 있는 국가의 경우 행정부의 수반인 대통령과 입법부의 구성원인 국회의원은 유권자에 의해 직접 선출되며, 그런 까닭에 이 두 권력주체는 국민을 대표하며 권한을 위임받는 정통성을 함께 갖게 된다. 흔히 '이원적 정통성(dual legitimacy)'이라 불리는 이러한 상황은 권력분립과 맞물려 대통령제에서만 찾아볼 수 있는 특수한 정치현상을 야기한다. 즉, 선거의 결과에 따라 대통령 소속정당과 국회의 다수당은 동일한 정당일수도 있고 그렇지 않을 수도 있는데, 대통령 소속정당과 국회의 다수당이 동일할 경우 단점정부(unified government), 상이할 경우 분점정부(divided government)라 일컬어진다. 대통령과 국회의원이 별도의 선거를 통해 선출되는 까닭에 나타나는 이러한 정치현상은 권력의 집중과 전횡을 방지하는 효과가 있지만, 대통령과 국회가 대립하는 경우 정책결정과 실행의 과정에 있어서 어려움을 초래하는 경우가 발생하기도 한다.

분점정부와 같은 정치현상은 대통령제에서만 나타나는 특수한 것이다. 그러므로 그것이 어떠한 정치적 효과를 가져오는지에 관해서는 대통령제를 채택하고 있는 국가들의 경우를 중심으로 논쟁적인 연구결과가 존재한다. 일군의 연구들은 분점정부의 상황에서는 단점정부인 경우에 비해 대통령과 국회가 보다 대립적인 상황에 놓이기 때문에 정부의 입법

---

[1] 제헌국회에서는 국무회의를 단순한 심의기관이 아닌 의결기관으로 설립하고 국정에 관한 주요한 사안들을 결정토록 함으로써 대통령의 자의적인 권한행사를 억제하려는 제도들을 구비하였다. 그러나 의결기관으로서 국무회의의 성격은 제3공화국 이후 심의기관으로 변모하여 지금에 이르고 있다.

효율성과 정책실현의 여지가 그만큼 줄어든다는 입장에 있다(Binder 1999; Edwards et al. 1997; Kelly 1993). 그러나 실제 입법결과물이나 입법과정에서 소수당의 영향력을 보호하는 제도적인 장치들로 인해 단점정부가 분점정부에 비해 특별히 나은 입법상황을 가져오지는 않는다는 연구 역시 상당수 존재한다(Mayhew 1991; Krehbiel 1998).

우리나라의 경우에는 대통령과 국회의원이 다른 선거를 통해 선출되고, 선거의 주기(週期) 역시 다르기 때문에 선거결과에 따라 여당보다 야당이 더 많은 의석수를 가지는 경우가 더욱 빈번히 발생한다. 대통령의 소속정당인 여당이 국회의 다수당을 차지하지 못하는 경우를 표현하는 '여소야대(與小野大)'라는 용어는 분점정부의 상황을 지칭하는 것이다.

그렇다면 우리나라에서 분점정부의 상황은 입법과정의 차이를 가져오는가? 우리는 선거 때마다 효과적인 정책수립과 실행을 위해서 힘을 실어줄 것을 요청하는 여당과 대통령의 독주를 방지하고 효율적인 견제를 위해 지원을 요구하는 야당을 반복적으로 마주친다. 이러한 상황의 이면에는 입법과정에서 단점정부가 분점정부에 비해 여당에게 보다 유리한 결과를 가져옴을 시사한다.

그럼에도 경험적 연구들은 상이한 정치적 환경이 국회활동의 차이로 이어지지 않음을 보여주고 있다. 법안처리결과와 중요법안 통과여부, 국정조사 발의건수 등 국회활동을 보여주는 객관적 지표들은 분점정부와 단점정부에 따라 통계적으로 의미 있는 차이를 보이지 않았다(오승용 2008). 비슷한 맥락에서 〈표 8-1〉의 결과는 일반적인 예상과는 달리 전체적으로 단점정부와 분점정부의 여부가 국회운영에 있어서 큰 차이로 이어지지 않음을 보여준다. 표는 제16대 국회 이후 정부의 권력배분 형태에 따라 국회의 본회의 개의일수와 공전일수를 정리한 결과이다. 국회의 본회의 개의일수는 정부의 권력배분 형태에 따라 다르지 않으며, 교섭단체 간 미합의로 인해 국회가 공전된 일수 역시 권력배분 형태와는 큰 관련이 없는 것으로 나타났다.

그렇다면 국회와 대통령이 갖고 있는 이원적 정통성에 따라 나타나는

| 표 8-1 | | | 분점정부와 단점정부 그리고 국회 운영 | | | |

국회	기간	단점/분점	회기일수(A)	개의일수(B)	B/A(%)	공전일수
제16대	00.5~01.4	분점	350	59	16.8	30
	01.4~01.8	단점	86	11	12.8	26
	01.9~03.2	분점	489	78	16.0	90
	03.3~04.5	분점	325	67	20.6	0
제17대	04.6~05.3	단점	199	36	18.1	0
	05.4~08.2	분점	684	131	19.2	0
	08.2~08.5	분점	64	8	12.5	4
제18대	08.6~12.5	단점	1,124	173	15.4	120
제19대	12.6~16.5	단점	1,205	183	15.2	142
제20대	16.5~17.4	분점	247	46	18.6	16
	17.5~20.5	분점	834	117	14.0	120
제21대	20.6~21.6	단점	322	52	16.1	14

주: 개의일수는 본회의 개의일수, 공전일수는 교섭단체 간 의사일정 미합의로 공전된 일수를 말함.
　　비율은 소수둘째자리에서 반올림한 수치임.
출처: 국회경과보고서(제16대~제20대, 제21대는 379~387회)

분점정부 여부가 실질적인 국회 운영의 차이를 가져오지 못함에도 우리 국회의 입법과정에서의 갈등이 지속적으로 유지되는 이유는 무엇일까? 그 이유는 권력구조에 관한 우리나라의 제도적 선택과 그 역사적 전개과 정에서 찾아볼 수 있다.

우리나라는 독재와 권위주의 시기를 거치면서 대통령의 권한이 국회 에 비해 지나치게 비대해짐에 따라 견제와 균형의 원칙이 유명무실해졌 고, 그 결과 국회에서 여당은 대통령의 의도대로 정책이 관철될 수 있도 록 야당을 압박하는 역할을 수행하여 대통령과 여당을 한 축으로, 야당을 다른 한 축으로 하는 정파적 대립구도가 일상화되었다. 1987년 민주화 이 후 국회가 대통령에 대해 갖는 제도적인 권한 대부분이 복권되었지만, 이 러한 정파적 대립구도는 크게 해소되지 못하고 있는 것이 현실이다.

더불어 단임제대통령이 초래한 국회-대통령 권력관계의 불안정성과 책임정치의 실종 역시 국회운영에의 갈등을 상시적인 문제로 만드는 원인이 되고 있다. 민주화 이후 우리의 대통령들은 임기 초반에는 '제왕적 대통령'이라 일컬어질 정도로 정책결정에 있어서 막강한 주도권을 행사하지만, 임기 중반이 넘어가면서 광범위한 비난과 지지세력의 이반으로 '레임덕 대통령'으로 추락하는 상황을 반복적으로 경험하고 있다(장훈 2010). 이렇듯 반복되는 국회-대통령 간 권력관계의 불안정성은 국회의 다양한 활동을 정파적 이해다툼의 각축으로 만들며 대의민주주의의 원활한 작동을 저해하는 상황을 초래하고 있다.

II. 입법에 관한 대통령의 권한

권력분립의 원칙에 따라 권력을 공유하는 우리나라의 국회와 대통령은 상호 견제할 수 있는 제도적인 장치들을 각기 보유하고 있다. 대통령이 국회의 권한에 관여할 수 있는 핵심적인 제도적인 견제장치로는 '재의요구권'과 '명령권'을 들 수 있다.

1. 재의요구권

대통령은 국회의 입법권에 대한 견제수단으로 재의요구권을 갖고 있다. '거부권'이라는 용어로 더 잘 알려진 재의요구권은 국회가 통과시킨 법률에 대해 대통령이 국회에 다시 논의를 요청할 수 있는 권한으로 헌법 제53조제2항에 규정되어 있다. 이에 따르면, 대통령은 "법률안에 이의가 있을 때에" 15일 이내에 "국회로 환부(還付)하고 재의(再議)를 요구"할 수 있다. 이는 대통령이 국회의 결정에 영향을 미칠 수 있는 중요한 수단인데,

거부권을 행사할 수 있는 구체적인 요건이 헌법에 명시되어 있지 않다는 점에서 더욱 그러하다.[2] 그러나 대통령의 거부권 행사는 그 자체로 확정 적이지는 않은데, 만약 국회가 '재적의원 과반수의 출석과 출석의원 3분의 2의 찬성'으로 재의에 붙여진 법안을 다시 통과시키게 되면 법률로 확정할 수 있기 때문이다.

〈표 8-2〉는 제헌국회 이후 대통령이 거부권을 행사한 법안이 얼마나 되는지 그리고 그것이 어떻게 처리되었는지 정리한 결과이다. 표가 보여 주듯이 제헌국회 이후 우리나라에서 대통령 거부권은 모두 74번 행사되 었다. 이 중 절반이 넘는 39건은 제헌국회와 제2대 국회에 행사되었고, 제8, 10, 11, 12, 14, 15, 18, 20대 국회에서는 한 차례도 행사되지 않았다. 총 74건의 거부권 행사 중 국회의 재의의결을 통해 법률로 확정된 경우는 모두 24건이며 이 중 20건의 경우가 제헌국회와 제2대 국회에 집중되어 있고 의회제를 채택하였던 제5대 국회에서 세 차례 있었다. 더불어 두 차 례의 경우는 대통령이 거부권을 철회하여 재의의결 없이 법률로 확정되 었다. 한편, 전체 거부권 행사 건수의 절반에 해당하는 37건의 경우에서 는 국회 내에서 출석의원 2/3의 동의를 얻지 못하여 법률안이 폐기되었고 10건은 수정통과되었다. 수정통과는 모두 제헌국회와 제2대 국회에서 벌 어졌으며, 그 이후의 경우는 대부분 대통령의 재의요구를 국회가 뒤집지 못하고 법률안이 폐기처리되었다.

민주화 이후로 범위를 좁혀보면, 대통령이 행사한 총 16건의 거부권 중 대부분은 해당 법률안이 폐기(혹은 회기불계속 또는 임기만료로 인한 폐기)되 는 수순을 겪었고, 실제로 거부권이 국회의 재의의결을 통해 무력화된 경 우는 16대 국회의 한 차례 밖에 없었다. 이러한 현황은 거부권이 그 사용 횟수에 있어서 그리 많지 않지만, 실질적으로 대통령이 국회의 입법권 견 제를 위해 행사할 수 있는 강력한 제도적인 권한임을 보여주는 것이다.

---

2) 한편 같은 조 제3항은 "법률안의 일부에 대하여 또는 법률안을 수정하여 재의(再議)를 요구할 수 없다"고 규정하고 있어 거부권 행사의 범위를 제한하고 있다.

| 표 8-2 | | | | 국회 재의법률안 처리 현황 | | | |

국회	거부건수	법률확정	수정통과	폐기	회기불계속 또는 임기만료로 인한 폐기	철회	미처리
제헌	14	6	6	2	-	-	-
제2대	25	14	4	6	1		
제3~12대	19	3	-	7	7	2	
제13대	7	-		4	3	-	
제16대	4	1		1	2		
제17대	2	-		1	1		
제19대	3			-	2		1
총계	74	24	10	21	16	2	1

주: 미처리된 사례는 2016년 5월 19일 국회운영위원장의 제안으로 의결된 국회법일부개정법률안('상시청문회법')으로 5월 27일 대통령이 재의를 요구하였으나, 임기만료가 임박한 제19대 국회에서 물리적으로 재의가 불가능하였음
출처: 국회사무처(2016b, 547-549)

대통령 거부권 행사의 최근 사례로는 무엇이 있는가?

대통령이 행사한 거부권의 최근 사례를 살펴보면, 제16대 국회에서 남북정상회담 관련 대북비밀송금 등의 의혹규명을 위한 특별검사임명 법률안(폐기), 노무현 대통령 측근 권력형 비리 진상규명을 위한 특별검사임명 법률안(재의의결 확정), 그리고 제19대 국회에서 정부행정입법 내용에 대한 국회 상임위원회의 검토, 수정, 변경 요구권한을 담고 있는 국회법 일부개정안(폐기) 등을 들 수 있다. 이 중 제16대 국회에서 있었던 노무현 대통령 측근 비리 의혹 관련 특별검사 임명법률안은 대통령의 거부권 행사가 국회의 재의의결을 통해 뒤집혔다는 점에서 예외적인 성격을 갖는다. 민주화 이후 유일하게 대통령 거부권 행사가 뒤집힌 이 사례는 노무현 대통령 집권 초기인 2003년 11월 10일 국회에서 182명의 찬성으로 의결된 법안에 12월 4일 대통령이 거부권을 행사하면서 국회로 돌려보냈고, 이를 국회가 거부권 행사 당일 국회의원 209명의 찬성으로 재의결하면서 법률로 최종 확정되었다.

2. 명령권: 위임입법과 긴급명령권

대통령이 국회의 권한에 영향을 미칠 수 있는 또 다른 제도적 수단으로 위임입법을 들 수 있다. 우리나라 현행 헌법은 제40조에서 '입법권은 국회에 속한다'고 규정하고 있지만 제75조에 "대통령은 법률에서 구체적인 범위를 정하여 위임받은 사항과 법률을 집행하기 위하여 필요한 사항에 관하여 대통령령을 발할 수 있다"고 기술하고 있다.3) 위임입법은 그 용어에서 알 수 있는 것처럼 국회가 통과시킨 것은 아니지만 실질적으로 법률과 똑같은 효과를 가진다는 점에서 대통령이 가진 강력한 권한이라고 할 수 있다.

위임입법은 사회의 급격한 변화에 대한 대응의 신속성이 중요해진 상황에서 상대적으로 오랜 시간이 소요되는 법률 개정이 이에 적절히 대응하는 데에 어려움이 겪게 됨에 따라 제도적으로 고안되었고, 기술발전의 속도가 더욱 빨라지고 사회 변화의 정도가 급격해진 최근에 있어서 그 필요성이 증대되었다. 그러나 한편으로 이는 대통령이 국회의 고유한 입법권을 우회하는 수단이 되어 이를 통해 대통령은 국회의 영향력을 회피할 수 있는 법적 근거로 활용될 뿐 아니라 대의민주주의의 근간이 되는 의회 정치의 위기를 초래할 수 있는 위험을 내포하고 있다. 따라서 민주화 이후 대통령에 대한 국회의 견제권한이 대부분 회복되었음에도 여전히 지나친 권력집중이 파생한 문제점에 노출되어 있는 한국 정치의 현실에서 위임입법의 적절한 활용에 관한 논란은 지속적인 정치적 시빗거리로 남을 가능성이 크다(9장 참조).

위임입법과 함께 대통령이 국회의 권한에 영향을 미칠 수 있는 또 다른 제도적 수단으로 긴급명령권이 있다. 헌법 제76조 제1항은 "대통령은 내우·외환·천재·지변 또는 중대한 재정·경제상의 위기에 있어서 국가

---

3) 더불어 헌법 제95조에는 "국무총리 또는 행정각부의 장은 소관사무에 관하여 법률이나 대통령령의 위임 또는 직권으로 총리령 또는 부령을 발할 수 있다"고 규정되어 있다. 행정입법으로도 불리는 위임입법은 대통령령, 총리령, 부령 등을 모두 포함한다.

의 안전보장 또는 공공질서를 유지하기 위하여 긴급한 조치가 필요하고 국회의 집회를 기다릴 여유가 없을 때에 한하여 최소한으로 필요한 재정·경제상의 조치를 하거나 이에 관하여 법률의 효력을 발하는 명령을 발할 수 있다"고 규정하고 있다. 더불어 같은 조 제2항에서는 "국가의 안위와 관계되는 중대한 교전상태에 있어서 국가를 보위하기 위하여 중대한 조치가 필요하고 국회의 집회가 불가능한 때"에도 긴급명령권을 발할 수 있도록 하고 있다. 이러한 긴급명령권 역시 법률과 같은 효과를 가진다는 점에서 대통령이 입법부를 우회할 수 있는 제도적 수단이 된다.[4] 다만 긴급명령권은 발동한 즉시 국회에 보고하여 승인을 얻어야 하며, 승인을 얻지 못하는 경우 그 효력을 잃게 되어 있다.[5]

III. 대통령에 대한 국회의 견제수단

대통령이 국회의 권한에 대한 견제수단을 보유하고 있는 것처럼 국회 역시 권력분립의 원칙에 근거하여 대통령의 권한에 관여할 수 있는 제도적인 견제수단을 갖고 있다. 국회가 대통령에 대해 갖는 견제권한을 살펴보

---

[4] 국가위기상황을 전제로 하는 긴급명령권은 모두 16번 발동되었는데 전쟁 중이었던 제1공화국 시기에 대부분 발동되었고 민주화 이후에는 1993년 8월 12일 금융실명제 실시와 관련하여 '금융실명거래 및 비밀보장에관한긴급재정명령'이 유일한 사례이다.

[5] 이와 함께 헌법 제72조에 규정된 국민투표부의권은 대통령이 국회를 우회하여 정책을 결정할 수 있는 강력한 권한이다("대통령은 필요하다고 인정할 때에는 외교·국방·통일 기타 국가안위에 관한 중요정책을 국민투표에 붙일 수 있다"). 그러나 실제 이 권한이 행사된 경우는 단 한 차례밖에 없었는데 권위주의 시기인 1975년 박정희 대통령이 유신헌법에 대한 찬반여부를 국민투표에 부침으로써 정치적 정당성을 확보하려는 시도가 그것이다. 민주화 이후인 2004년 행정수도 이전, 2008년 대운하와 4대강 사업 등과 관련하여 국민투표 시행에 관한 논의가 있었으나 실제 행사되지는 않았다.

면 크게 다음의 세 가지 종류로 구분할 수 있다.

1. 대통령의 직무수행에 대한 견제

국회는 행정부 수반인 대통령의 일상적인 업무수행에 영향을 미칠 수 있다. 이를 가장 직접적으로 보여주는 권한이 탄핵소추권이다. 국회는 대통령이 "직무집행에 있어서 헌법이나 법률을 위배한 때"에는 탄핵소추를 의결할 수 있다(헌법 제65조). 국회의 대통령에 대한 탄핵소추는 국회 재적의원 과반수의 발의로 이루어지며, 국회 재적의원 3분의 2 이상의 찬성으로 의결된다.6) 국회의 탄핵소추 의결은 대통령의 직무에 관한 권한행사를 정지시키며, 최종적으로는 헌법재판소의 탄핵심판에 따라 파면 여부가 결정된다. 탄핵소추권은 국회가 의결을 통해 대통령의 직무수행 권한을 정지시킬 수 있는 가장 강력한 제도적인 견제수단이다. 다만 그 의결 요건을 엄격하게 함으로써 정파적인 이유로 대통령의 정상적인 권한행사가 저해되지 않게끔 하고 있다.

우리나라 국회의 대통령에 대한 탄핵소추 의결은 2004년과 2016년 두 차례 진행된 바 있다. 2004년 3월 12일 국회는 선거중립 위반을 이유로 당시 노무현 대통령에 대한 탄핵소추안을 가결하였고,7) 이로 인해 5월 14일 헌법재판소의 탄핵소추 기각결정이 있기까지 두 달여 동안 대통령의 직무수행 권한이 정지되었다. 또 다른 사례는 2016년 12월 3일 국회가

---

6) 국회의 탄핵소추권은 대통령뿐만 아니라 그 대상이 다양하다. 헌법 제65조 제1항에 의하면 국회는 대통령 외에도 '국무총리·국무위원·행정각부의 장·헌법재판소 재판관·법관·중앙선거관리위원회 위원·감사원장·감사위원 기타 법률이 정한 공무원'에 대해 탄핵소추권한을 갖고 있다. 다만 이들에 대한 탄핵소추의 발의와 의결요건은 각각 국회 '재적의원 3분의 1 이상', '재적의원 과반수 이상'으로 대통령의 경우에 비해 덜 엄격하다.
7) 3월 9일 159명의 국회의원이 서명하여 탄핵소추가 발의되었고 12일 당시 재적의원 271명의 3분의 2 이상인 193명의 찬성으로 의결되었다.

외국의 대통령 탄핵사례는?

탄핵소추권은 국회가 대통령을 견제할 수 있는 가장 강력한 수단으로 권력분립의 원칙에 따라 견제와 균형을 중시하는 대통령제에서 찾아볼 수 있다. 같은 대통령제를 채택하고 있는 미국의 경우 헌법에 의해 탄핵소추권은 하원에 있으며 그 심판의 권한은 상원에 귀속되어 있다. 대통령에 대한 탄핵소추는 하원의원 과반수의 동의로 이루어지며, 연방대법원장을 재판장으로 하는 탄핵심판은 상원의원 3분의 2 이상의 동의로 판결이 결정된다. 탄핵의 대상이 되는 행위는 반역죄, 수뢰죄 또는 기타 중대한 죄 및 비행(other high Crimes and Misdemeanors)으로 규정되어 있다. 역사적으로 미국 의회의 대통령에 대한 탄핵은 1868년 존슨(Andrew Johnson), 1974년 닉슨(Richard Nixon), 그리고 1999년 클린턴(William Clinton), 2019년 트럼프(Donald Trump) 등 네 명의 대통령에 대해 시도되었고, 존슨과 클린턴, 트럼프 대통령은 상원의 탄핵심판에서 무죄 판결을 받았고, 닉슨 대통령은 하원의 소추 이전 사임하였기 때문에 미국 역사상 의회의 탄핵소추를 통해 대통령이 해임된 사례는 없다.

헌법에 위배되는 범죄 의혹(이른바 '국정농단')을 이유로 당시 박근혜 대통령에 대한 탄핵소추를 발의한 경우에서 찾아볼 수 있다. 이 발의안이 같은 해 12월 9일 국회의원 234명의 찬성으로 의결되면서 대통령의 직무수행 권한은 정지되었고, 2017년 3월 10일 헌법재판소의 인용 결정을 통해 대통령 파면이 최종적으로 확정되었다.

또한 국회는 대통령이 국가원수로서 그리고 국군통수권자로서 가지는 권한들 중 정치적으로 중요한 사안들에 대한 동의권을 갖고 있다. 예를 들어, 국회는 대통령이 가지는 외국에 대한 선전포고 권한, 그리고 국군의 외국에의 파견 또는 외국 군대의 대한민국 영역 안의 주둔 등에 대한 동의권을 갖고 있다(헌법 제60조 제2항).[8] 이러한 동의권은 국가수반으로서 대통령의 권한 행사에 국회가 제도적으로 관여할 수 있는 여지를 제공함

---

8) 국회 동의권 행사의 최근 사례로는 노무현 행정부 시기인 2003년 4월 2일 이라크전 파병동의안을 들 수 있다. 동의안은 두 차례의 표결연기를 겪는 진통 끝에 국회 출석의원 256명 중 찬성 179표, 반대 68표, 기권 9표로 통과되었다.

으로써 독단적인 결정을 억제하는 효과를 가진다.

이와 더불어 국회는 대통령의 권한에 대한 견제수단으로 '일반사면'에 대한 동의권을 갖고 있다(헌법 제79조 제2항). 일반사면은 대상을 지칭하지 않고 '특정 범죄를 저지른 일반인 모두의 사면'을 의미하는 것으로 우리가 흔히 보는 '특별사면'과 다르다. 특별사면의 경우 국회의 동의를 필요치 않기 때문에 대통령의 사면권한은 대부분 특별사면의 형태로 행사되었다.

2. 입법권을 통한 견제

우리나라의 헌법 제40조는 "입법권은 국회에 속한다"고 규정하고 있다. 입법은 국회 고유의 권한이며, 따라서 국회는 대통령과 집행기관인 행정부가 수행하는 직무의 범위와 내용을 결정함에 있어서 직접적인 영향을 행사한다. 국회의 입법권은 '재적의원 과반수의 출석과 출석의원 과반수의 찬성'으로 의결되며(헌법 제49조), 대통령의 재의요구가 없으면 법률로서 확정된다.

물론 실제 법률안 제출권은 국회뿐 아니라 정부에게도 부여되어 있고(헌법 제52조) 대통령의 영향 아래 있는 여당이 국회의 입법과정에서 대통령의 이해관계를 반영코자 하므로 입법권을 통한 국회의 견제가 실질적으로 얼마나 효과적인지는 판단하기 어렵다. 그러나 국회가 법률을 제정할 수 있는 권한을 갖는다는 것은 적어도 원칙에 있어서 국회가 대의민주주의의 핵심적인 권력기관임을 의미하는 것이다.

입법권과 함께 국회는 대통령이 갖고 있는 조약 체결·비준에 대한 동의권을 갖는다. 헌법 제60조 제1항에 따르면 국회는 "상호원조 또는 안전보장에 관한 조약, 중요한 국제조직에 관한 조약, 우호통상항해조약, 주권의 제약에 관한 조약, 강화조약, 국가나 국민에게 중대한 재정적 부담을 지우는 조약 또는 입법사항에 관한 조약의 체결·비준에 대한 동의권을 가진다"고 규정되어 있다. 이러한 동의권은 외국과 체결된 조약은 법률과 같은 효과를 가진다는 점에서 국회가 갖고 있는 고유한 입법권 존중의 연장선상에서 이해될 수 있으며, 이는 국회가 대통령에 대해 가지는 또 다른 견제수단이 된다.[9]

3. 대통령 인사권에 대한 견제

마지막으로 국회는 대통령의 인사권에 관여할 수 있는 권한들을 갖고 있다. 국회는 국무총리, 감사원장, 대법원장과 대법관, 헌법재판소장 등 헌법에 규정된 주요한 권력기관의 장(長)에 대한 임명동의권을 갖는다(헌법 제86조, 제98조, 제104조, 제111조).

임명동의권이 국회의 실질적인 권한으로 부상한 것은 국회 인사청문회가 제도화되면서부터이다. 2000년 2월 16일 국회는 국회법 일부 개정안을 통해 헌법에 국회의 동의를 요하는 대법원장·헌법재판소장·국무총리·감사원장 및 대법관에 대한 인사청문회 실시를 신설(국회법 제46조의 3, 제65조의2)하였고, 같은 해 6월 23일 인사청문회법을 제정하면서 법률적인 근거를 갖추었다. 2005년에는 7월 국회법 개정을 통해 인사청문의 대상을 모든 국무위원, 헌법재판소의 재판관과 중앙선거관리위원회의 위원으로 확대함으로써 대통령의 임명권에 국회가 관여할 수 있는 여지를 크게 높였다.

국회의 인사청문회는 인사청문회법에 따라 실시되며, 현행법의 핵심적인 내용을 절차의 순서에 따라 정리하면 다음과 같다. 우선, 헌법에 의해 국회의 동의를 요구하는 직책에 대한 임명동의안 등이 국회에 제출된 때에 13인으로 각 교섭단체의 의석비율에 의하여 인사청문특별위원회를

---

9) 2007년 9월 7일 제17대 국회에 제출된 한미자유무역협정(FTA) 비준동의안은 추가협상의 진통 끝에 제18대 국회인 2011년 11월 22일에서야 국회 본회의를 통과하였으며, 2012년 3월 15일 발효되었다.

구성한다. 다만 국회의 동의가 필요하지 않는 직책의 경우에는 소관 상임
위원회에서 인사청문회를 진행하게 된다. 위원회는 임명동의안 등이 국
회에 제출된 날부터 20일 이내(위원회에 회부된 날부터 15일 이내)에 그 심
사 또는 인사청문을 마쳐야 하며 인사청문회 기간은 3일 이내로 하도록 규
정되었다. 다음으로, 인사청문회는 공직후보자를 출석하게 하여 질의를
행하고 답변과 의견을 청취하는 방식으로 심사가 진행되며, 이러한 심사
는 국가의 안전보장을 위하여 필요한 경우 등을 제외하고는 공개하도록
규정되어 있다(제14조). 마지막으로, 해당 위원회는 인사청문회를 마친 날
로부터 3일 이내에 심사경과보고서 또는 인사청문경과보고서를 의장에게
제출하고, 의장은 본회의에 보고함과 동시에 지체없이 대통령 등 인사권
자에게 송부하는 것으로 국회절차가 마무리된다(제11조).

인사청문회의 대상은 이후 더욱 확대되어 현재에는 대통령이 임명하는
헌법재판소 재판관·중앙선거관리위원회 위원·국무위원·방송통신위원회
위원장·국가정보원장·공정거래위원회 위원장·금융위원회 위원장·국가
인권위원회 위원장·국세청장·검찰총장·경찰청장·합동참모의장·한국은
행 총재·특별감찰관·한국방송공사 사장의 후보자, 그리고 대법원장이 지
명하는 헌법재판소 재판관과 중앙선거관리위원회 위원의 후보자를 망라하
며 2021년 7월 현재 총 65개의 공직이 국회 인사청문의 대상이 되었다.[10]

헌법에 따르면 국회 인사청문회 대상 중에서 삼권분립의 권력기관들,
그리고 그 활동에 있어서 독립성이 중시되는 조직의 기관장들은 그 임명
에 국회의 동의를 반드시 얻도록 규정되어 있다. 그러나 국무위원과 국가
정보원장·검찰총장·경찰청장 등 헌법에 의해 국회의 동의를 요구하지 않
는 직책에 관해서는 인사청문회를 통해 공개적으로 국회의 심사와 검증
을 거치지만, 국회의 인사청문회 결과보고서 채택 여부 및 내용과 관계없

---

10) 전체적인 대상자 수는 국무위원의 수에 따라 상이하며, 대통령당선인이 대통령직인수
에 관한 법률 제5조 제1항에 따라 지명하는 국무위원 후보자들도 국회의 인사청문 대
상이다.

인사청문회의 쟁점은?

인사청문회 제도는 고위공직자 임명에 있어서 대통령의 자의적인 인사권 행사를 국회가 견제하려는 목적으로 만들어졌다. 그러나 제도 도입 이후에도 국회의 고위공직자 자질검증이 업무적격성이나 자질검증보다는 도덕성 검증에 치중되었고, 여야 간 정쟁(政爭)의 수단이 되고 있다는 비판이 제기되고 있다. 우리의 인사청문회제도는 같은 대통령제를 채택하고 있는 미국 상원의 그것과 비교되는데, 미국에서 상원의 인준을 받아야 하는 고위공직은 행정부의 장·차관과 차관보 이상의 직위, CIA와 FBI 등 정보기관의 장, 연방대법원의 대법관, 각국 대사와 연방선거위원회의 위원 등 천여 직이 넘는다. 이 중 행정부 각료에 대한 상원의 인준 거부는 2퍼센트 미만으로 매우 드문 반면, 연방대법관에 대한 인준 거부는 20퍼센트가 넘는 차이를 보인다. 이는 행정부 각료의 경우 대통령의 임명권에 대한 존중과 함께 후보지명 이전의 사전검증이 2~3개월에 걸쳐 철저하게 이루어지는 까닭이며, 연방대법관은 종신직이라는 특수성과 행정부와 의회 간 분쟁에서 연방대법원이 갖는 역할의 중요성으로 청문회가 정치적 격론을 겪기 쉽고 이에 대한 사회적 관심 또한 높기 때문이다.

이 대통령이 임명을 강행할 수 있어(인사청문회법 제6조 제4항) 국회의 견제에 한계가 있다고 할 수 있다.

인사청문회 제도는 고위공직자 임명에 있어서 대통령의 자의적인 권한행사를 국회가 견제하려는 취지로 만들어졌다. 국회가 대통령이 임명한 공직후보자의 자격과 자질 등에 대하여 심의하는 절차를 임명과정에 도입하여 대통령을 견제하고 자격을 갖춘 인사들을 임명토록 함으로써 정부의 통치력을 높이려는 의도로 인사청문회가 도입된 것이다. 문제는 인사청문회가 이러한 의도와 상관없이 정파적 논란의 장이 되는 경우가 빈번하다는 점이다. 실제로 여당의원들은 대통령에 의해 내정된 후보들을 보호하는 데에, 야당의원들은 이를 비판하고 흠집내는 데에 집중하는 등 정파적인 이해관계에 따라 인사청문회에 임하는 경향을 보인다(최준영 외 2008). 이러한 상황은 현행 인사청문회가 그 제도 본연의 취지를 제대로 구현해내지 못하고 있음을 의미하며 이에 대한 정비가 시급한 실정이다.

제9장

국회의 행정부 감시 및 감독

장승진 | 국민대학교

I. 국회에 의한 행정부 감시 및 감독의 의의

국회가 입법부로서 수행하는 일차적인 역할은 법률안을 심의·의결하는 것이다. 그러나 입법 기능 외에도 국회는 다양한 역할을 수행하고 있으며, 가장 중요한 역할 중 하나가 바로 행정부를 감시하고 감독하는 것이라고 할 수 있다. 국회의 행정부 감시·감독은 국민에 의해 선출되지 않은, 따라서 정치적으로 책임지지 않는 관료들의 행위에 대해 유권자를 대신하여 통제한다는 의미를 가진다. 특히 현대사회가 점차 복잡해지고 전문화됨에 따라 행정부의 기능과 위상이 입법부를 압도하게 되는 경향이 강화되고 있다는 현실은 역설적으로 행정부를 감시하고 감독하는 국회의 역할이 가지는 중요성을 더욱 강조하고 있다.

국회가 구체적으로 어떠한 방식으로 행정부를 감시·감독하는가는 의회와 행정부가 어떠한 관계를 맺는가, 즉 어떠한 정부형태를 채택하고 있

는가에 따라 다른 모습으로 나타날 수 있다. 의회 내 다수당 혹은 다수
연합이 내각을 구성하는 의회제의 경우, 정부의 효율적인 정책결정과 집
행을 위해 의회의 의원들이 직접 내각에 참여하는 동시에 행정부의 정책
을 의회에 대해 설명하고 협조를 구하는 활동이 일상적으로 이루어지게
된다. 결과적으로 의회제 하에서는 행정부를 감시하고 감독하기 위한 의
회 차원의 공식적인 제도와 절차는 상대적으로 덜 발달하는 경향이 있다
(Strøm 2000). 반면에 대통령제 하에서는 의회의 입법권과 행정부의 집행
권이 엄격하게 분리된다. 따라서 의회가 자신들이 통과시킨 법률이 실제
로 어떻게 집행되었고 어떠한 결과를 가져왔는가에 관심을 가지고 감시·
감독하는 것이 매우 중요해지며, 이를 위한 공식적인 제도와 절차가 다양
하게 발달해 왔다.

대통령제 하에서 행정부에 대한 감시·감독이 효과적으로 이루어지기
위해서는 의원들이 소속 정당의 구분을 넘어서서 입법부 구성원으로서의
일체감을 가지고 행정부를 상대하는 모습이 요구된다. 그러나 현실에서
나타나는 의회와 행정부 사이의 관계는 정당을 비롯하여 의회 내 여러 행
위자들이 맺는 상호관계에 의해 매우 다양한 형태로 나타나기 마련이다
(King 1976). 특히 한국의 경우 강한 정당기율과 의원들의 낮은 자율성으
로 인해 주요 정책과 쟁점을 둘러싸고 여야 간 소통과 타협보다는 갈등과
대립이 일상적으로 지속되어 왔다(정진민 2008).[1] 더구나 정부가 직접 법
률안을 제안할 수 있으며 국회의원의 국무위원 겸직이 허용되는 등 한국
대통령제가 채택하고 있는 의회제적 요소들로 인해 여당과 행정부 간의
연계가 강한 편이다. 결과적으로 한국에서 발견되는 국회-행정부 관계는
행정부와 여당이 일체가 되어 한 축을 구성하고 국회 내 야당들이 다른

---

[1] 물론 2002~4년 이후 정당정치에서 권력을 분산시키고 정당기율을 약화시키기 위한 다
양한 제도 개혁이 이루어졌으나, 그 결과는 여전히 의원 개인의 자율성보다는 파벌의
중요성을 증가시켰을 뿐이며—잠재적—대선후보를 중심으로 파벌이 응집하는 현상으
로 인해 국회의 제도적 일체감 강화에 있어서는 큰 변화를 가져오지 못했다고 평가된다
(조정관 2009).

한 축을 구성하여 대립하는 구도가 일반적이라고 할 수 있으며, 이 장에서 살펴볼 국회의 감시·감독 권한 역시 이러한 한국의 국회-행정부 관계의 특징을 잘 드러내고 있다.

II. 한국 국회의 행정부 감시 및 감독 권한

1. 국정감사와 국정조사

헌법 제61조는 "국회는 국정을 감사하거나 특정한 국정사안에 대하여 조사할 수 있으며, 이에 필요한 서류의 제출 또는 증인의 출석과 증언이나 의견의 진술을 요구할 수 있다"고 규정함으로써 국회에 국정감사권과 국정조사권을 부여하고 있다. 애초에 국정감사권과 국정조사권은— 비록 제헌헌법에 명시적인 규정은 없었지만— 1953년 국정감사법이 통과되면서 제2대 국회 중반부터 이미 제도화되어 국회가 행정부를 견제하는 중요한 수단으로 기능해왔으나(유성진 2018), 1972년 유신헌법에 의해 폐지되었다. 이후 국정조사권은 1980년 제5공화국 헌법에서 그리고 국정감사권은 1987년 현행 헌법에서 각기 부활했으나, 실제로 실시될 수 있었던 것은 국정감사와 국정조사에 대한 구체적인 사항과 절차를 규정하는 국정감사 및 조사에 관한 법률이 1988년에 제정된 이후부터이다.

현행 법률에 따르면 국정감사는 국정전반에 관하여 소관 상임위원회별로 매년 정기회 집회일 이전에 30일 이내의 기간을 정하여 실시된다.[2]

---

[2] 기존에 국정감사가 '매년 9월 10일부터 20일간' 실시되도록 규정되어 있었으나, 2012년 국정감사 시기 및 기간에 조금 더 융통성을 부여하는 방향으로 법이 개정되었다. 그러나 여전히 관행적으로 '정기회 기간 중' 20일 동안 국정감사를 실시하고 있다.

이 한 조항에 한국의 국정감사 제도가 가지는 중요한 특징이 분명하게 드러나고 있다. 즉 매우 짧은 기간에 매우 포괄적이고 광범위한 사안과 기관을 대상으로 국정감사가 이루어진다는 것이다. 국정감사의 대상기관은 법률에 의해 설치된 모든 국가기관과 광역자치단체, 그리고 정부가 출연하거나 정부의 지원을 받는 대부분의 공공기관을 포함하고 있다. 실제로 2019년의 경우 총 785개 기관에 대해 국정감사가 실시되었으며, 국회가 요구하여 출석한 증인과 참고인의 숫자는 총 4,263명에 달했다(국회사무처 2020a). 그러나 이 모든 기관과 증인에 대한 감사는 10월 2일부터 21일까지 단 20일에 걸쳐 이루어졌을 뿐이었다.

이와 같이 특정한 시기를 정하여 국정전반에 걸쳐 포괄적으로 국정감사를 실시하는 제도를 흔히 '경찰순찰(police-patrol)' 방식이라고 한다. 물론 이러한 경찰순찰 방식의 국정감사 제도도 장점을 가진다고 할 수 있다. 마치 경찰에 의한 정기적인 순찰 활동이 해당 지역의 잠재적인 범죄 발생을 억제하듯이, 행정부의 모든 기관이 예외 없이 국회의 감사 대상이 되기 때문에 위법적이거나 자의적인 정책집행을 사전에 예방하는 효과를 가질 수 있다. 그러나 이와 동시에 짧은 기간에 걸쳐 이루어지는 경찰순찰 방식의 국정감사는 자칫 수박 겉핥기식의 졸속, 부실감사로 이어질 우려가 크기 때문에 한국을 제외한 다른 선진민주주의 국가에서는 거의 사용되지 않고 있는 것이 현실이다. 대신에 많은 국가에서는 행정부의 정책집행과정에서 부당한 사항이 있다는 징후가 나타나거나 시민사회 및 여론에 의한 문제제기가 있을 때 상임위원회나 특별위원회 차원에서 언제든지 감사 및 조사를 실시하는 '화재경보(fire-alarm)' 방식의 행정부 감시·감독 제도를 채택하고 있다.

보다 구체적으로 한국에서 국정감사가 이루어지는 과정은 다음과 같다. 국정감사 시기가 결정되면 먼저 각 상임위원회별로 국정감사계획서를 작성한다. 국정감사계획서에서는 해당 위원회가 선정한 감사 대상기관의 명단과 함께 본회의의 의결을 요구하는 추가적인 대상기관을 제안하고, 각 기관별 구체적인 감사일정을 제시한다. 이후 상임위원회별 국정감사계획서에 대한 본회의 승인이 이루어지면, 감사실시일 7일 전까지 자료제출요구 및 증인 등에 대한 출석요구서를 대상기관에 송달한다. 물론 이 모든 과정에서 교섭단체 간 협의와 협상, 그리고 타협이 이루어지기 마련이다. 국정감사계획서에 따라 진행된 국정감사가 마무리되면, 상임위원회별로 국정감사 결과보고서를 의장에게 제출하고 본회의 의결로 국정감사 결과보고서를 채택한다. 만일 국정감사 과정에서 정부 또는 대상기관에게 시정 및 처리할 것을 요구한 사항이 있다면 해당 기관은 이와 관련한 결과 및 향후 추진계획에 대해 국회에 서면으로 보고하여야 한다.

국정감사가 '국정전반에 대해 정기적으로' 이루어지는 것과 달리, 국정조사는 '특정사안에 관하여 부정기적으로' 이루어지는 화재경보 방식의 행정부 감시·감독 제도이다. 법률에 따르면 국정조사는 재적의원 4분의 1 이상의 요구가 있을 때 소관 상임위원회 혹은 특별위원회에 의해 실시된다고 규정되어 있다. 그러나 이 조항은 단순히 조사의 목적과 주체, 그리고 조사할 사안의 범위 등을 기재한 국정조사요구서를 제출하는 단계에 국한되며, 실제 국정조사가 이루어지기 위해서는 각 교섭단체 대표 간의 협의를 거쳐 본회의에서 국정조사계획서가 승인되어야 한다. 따라서 국정조사 실시에 대한 요구가 제기된다고 하더라도 실제로는 여야 간 정치적 공방과 갈등으로 인해 국정조사계획서가 본회의에서 승인되지 못하는 경우가 많다. 또한 설사 국정조사가 실시되었다 하더라도 중도에 파행을 겪거나 결국 조사 결과에 합의를 이루지 못하여 결과보고서 채택에 실패하는 경우도 적지 않다.

국정감사와 국정조사는 국회가 행정부를 감시하고 감독하기 위한 핵심적인 제도라고 할 수 있지만, 제도 설계 및 운영에 있어서 몇 가지 한계점을 가지고 있다. 먼저 제도적으로 국정감사의 경우 짧은 기간 동안 수많은 기관을 감사하는 것이 가져올 수 있는 문제점은 이미 앞에서 지적한 바 있다. 이러한 국정감사의 한계는 국정조사를 통해 일부 보완될 수 있지만, 현실에서는 여야 합의와 본회의 의결이라는 지나치게 까다로운 조건으로 인해 국정조사가 실제로 실시되는 경우도 많지 않고 사후처리 또

○ 표 9-1　　　　　　　　민주화 이후 국정조사 요구 및 실시 현황

	요구	조사계획서 승인	철회	조사활동	조사결과보고서 채택	미채택	임기만료 폐기[3]
제13대 국회	4	4	–	4	3	1	1
제14대 국회	5	4	–	4	2	2	3
제15대 국회	23	6	1	6	2	4	20
제16대 국회	17	3	–	3	0	3	17
제17대 국회	12	2	–	2	1	1	11
제18대 국회	17	3	1	3	1	2	15
제19대 국회	10	5	–	5	2	3	8
제20대 국회	18	2	–	2	2	–	16
계	106	29	2	29	13	16	91

출처: 국회사무처(2020b)

한 미흡한 경우가 대부분이다. 두 번째로 국정감사와 조사 모두 기본적으로는 행정부가 국회에 제공하는 정보와 자료에 의존하여 이루어질 수밖에 없다는 점에서 행정부와 국회 사이에 존재하는 정보의 비대칭성 문제

3) 임기만료폐기는 본회의에서 조사계획서에 대한 승인이 이루어지지 않아 조사활동에 아예 착수하지 못하였거나, 조사활동에 착수하였더라도 조사결과보고서를 채택하지 못한 경우를 합한 것이다. 두 번째 경우의 예로는 2014년 세월호 침몰사고의 진상 규명을 위한 국정조사를 들 수 있다. 2014년 5월 21일 이완구·박영선 의원 외 274인이 국정조사요구서를 제출하였고, 2014년 5월 29일 제325회 국회(임시회) 제3차 본회의에서 국정조사계획서가 승인되었다. 국정조사계획서에 따르면 2014년 6월 2일부터 8월 30일까지 90일간 국정조사를 실시하기로 했다. 그러나 7월 11일 기관보고까지 이루어진 이후 여당과 야당이 청문회 실시를 위한 증인채택 문제를 둘러싸고 충돌하면서 국정조사가 표류하기 시작했다. 결국 7월 29일 국정조사특별위원회 제5차 전체회의가 여야 간 합의 실패로 인해 30분 만에 정회한 이후 국정조사특별위원회는 별다른 활동 없이 시간만 보냈으며, 국정조사 기간을 연장하기 위한 본회의 개최도 무산되었다. 그리고 8월 30일이 되자 국정조사특별위원회는 그대로 활동을 종료하게 되었다.

상시국감이란 무엇이며 왜 필요한가?

한국의 현행 국정감사 제도 하에서 짧은 기간 동안 너무 많은 수의 기관에 대한 감사가 이루어진다는 비판이 제기될 때마다 소위 '상시 국정감사'가 대안으로 떠오른다. 상시국감이란 국회 상임위원회별로 자율적으로 일정을 정해 1년 내내 국정감사를 실시하는 것이다. 상시국감이 도입되면 한 기관당 감사 기간이 늘어날 뿐만 아니라, 국회 운영도 상임위원회 중심으로 이루어지면서 전문성 역시 강화할 수 있다. 또한 특정한 현안이 제기되었을 때 국정조사를 실시하기 위한 엄격한 절차를 거치지 않고서도 상임위원회 차원의 청문회 실시 등이 가능해진다. 필요하다면 상임위원회 차원의 상시국감과 현재와 같은 정기국감을 병행하는 것도 방법이다. 사실 상시국감의 필요성은 상당히 오래전부터 제기되었으며, 실제로 관련 법안이 수차례 발의된 바 있으나, 행정부의 거부감과 국회의 의지 부족 등이 겹치면서 아직까지 현실화되지 못하고 있다.

를 근본적으로 해결하는 데에는 한계가 있다는 점을 지적할 수 있다.

마지막으로 국정감사 및 국정조사 제도가 가지는 또 다른 한계로는 정당 간 대립과 갈등으로 인해 애초의 취지와는 맞지 않게 정쟁의 도구로 사용되는 일이 빈번하다는 것이다. 국정감사와 국정조사 제도의 목적이

감사원을 국회 소속으로 옮겨야 하는가?

감사원은 국가기관의 회계를 검사하는 동시에 행정부의 사무와 공무원의 직무를 감찰하는 기능을 수행한다. 그런데 현행 헌법 하에서 감사원이 대통령 소속으로 되어 있다는 사실은 감사원 활동의 정치적 중립성과 독립성에 대한 의문을 제기하게 한다. 따라서 감사원을 국회 소속으로 옮겨서 현행 국정감사 및 국정조사 제도를 보완하고 국회의 행정부 감시·감독 기능을 강화해야 한다는 주장이 존재한다. 혹은 감사원을 정치적 영향력으로 보호하기 위해 아예 입법부나 행정부 어디에도 속하지 않는 독립기관으로 만드는 방안도 있다. 실제로 한국의 감사원과 유사한 기능을 수행하는 미국의 회계검사원(Government Accountability Office)이나 영국의 국가감사원(National Audit Office)은 의회에 소속되어 있다. 반면에 독일의 연방회계감사원(Bundesrechnungshof)이나 프랑스의 감사원(Cour des comptes)은 입법부나 행정부 어디에도 속하지 않는 독립기관으로 존재한다.

달성되기 위해서는 여야를 막론하고 국회의원들이 입법부의 일원으로서 국민을 대표하여 행정부를 견제하는 역할에 충실해야 한다. 그러나 현실에서는 야당 소속 의원은 근거없는 폭로나 무분별한 행정부 깎아내리기에 나서는 한편 여당 소속 의원들은 무조건적으로 행정부를 감싸는 행태가 종종 나타난다는 사실을 부정하기 어렵다.

2. 국회의 질문권한

헌법은 국회의 질문권한으로 대정부질문과 긴급현안질문을 규정하고 있다. 헌법 제62조제1항은 "국무총리·국무위원 또는 정부위원은 국회나 그 위원회에 출석하여 국정처리상황을 보고하거나 의견을 진술하고 질문에 응답할 수 있다"고 규정함으로써, 행정부의 구성원이 자신의 재량으로 국회에 출석하여 발언할 수 있는 권한을 부여하고 있다.[4] 그리고 뒤이은 제2항에서는 "국회나 그 위원회의 요구가 있을 때에는 국무총리·국무위원 또는 정부위원은 출석·답변하여야" 한다고 규정하여, 국회가 요구하면 행정부의 구성원이 국회에 출석하여 답변할 의무를 부과하고 있다.

행정부에 대해 국회가 가지는 질문권한은 국회법 제122조에서 대정부질문 제도라는 형태로 구체화되고 있다. 국회는 회기 중 일정한 기간을 정하여 국정전반 혹은 특정 분야를 대상으로 정부에 질문할 수 있으며, 일반적으로 정치, 외교·통일·안보, 경제, 교육·사회·문화의 4개 의제로 구분하여 실시된다. 국회의장은 교섭단체 대표들과 협의하여 질문할 의원의 숫자를 정하고 각 교섭단체의 의석 비율에 따라 배정한다. 대정부질문을 하려는 의원은 미리 질문의 요지를 구체적으로 작성하여 국회의장에게 제출하여야 하며, 국회의장은 늦어도 질문시간 48시간 전까지 질문

---

4) 물론 이 권한이 아무런 제한 없이 행사될 수 있는 것은 아니며, 국회법 제120조에 따르면 사전에 의장이나 위원장의 허가를 받아야 한다.

요지서가 정부에 도달되도록 송부하여야 한다. 대정부질문이 일방적인 연설로 변질되는 것을 방지하기 위해 의원이 한 가지를 질문하면 정부 측의 답변을 들은 후 다음 질문으로 이어지는 일문일답 방식으로 진행되며, 답변시간을 제외한 의원의 질문시간은 20분을 초과할 수 없다.

대정부질문과 더불어 국회는 회기 중 현안이 되고 있는 중요한 사항을 대상으로 정부에 긴급현안질문을 할 수 있다. 20인 이상의 의원의 찬성으로 본회의 개의 24시간 전까지 긴급현안질문을 요구하면 국회의장은 국회운영위원회와 협의하여 실시 여부 및 의사일정을 정하도록 되어 있다. 긴급현안질문의 실시가 결정되면, 국무총리 혹은 해당 국무위원은 반드시 출석하여 답변하여야 한다. 긴급현안질문의 경우 질문시간은 총 120분이고, 의원 1인당 질문 시간은 10분을 초과할 수 없다.

대정부질문과 긴급현안질문과 같은 국회의 질문권한은 국회와 행정부 사이에 존재하는 정보의 비대칭 문제를 완화하고, 결과적으로 국회가 행정부의 정책집행을 효과적으로 감시·감독하는 데 도움을 줄 수 있다. 그러나 실제 국회의 질문권한이 이러한 취지를 얼마나 달성하고 있는가에 대해서는 의문의 여지가 있는 것 또한 사실이다. 많은 경우 국회의 질문권한이 현안을 둘러싼 생산적인 정책 토론보다는 정치적 목적에 의한 여야 간 정쟁의 수단으로 활용되곤 한다. 비록 2003년 법개정을 통해 대정부질문이 일문일답 방식으로 바뀐 이후 다소 완화되기는 했지만, 여전히 자신이 제기한 질문에 대한 행정부의 답변에 귀를 기울이기보다는 일방적인 주장이나 의혹제기에 몰두하는 의원들의 행태 또한 크게 변화했다고 하기 어렵다.

무엇보다도 국회의 질문권한은 입법부와 행정부 간 긴밀한 소통과 협조를 강조하는 의회제 국가에 보다 어울리는 조항이라고 할 수 있다. 실제로 대통령제를 채택하고 있는 미국의 경우 행정부에 대한 본회의 차원의 질문권한을 따로 규정하고 있지 않으며, 대신에 행정부 관계자를 위원회가 실시하는 청문회에 증인으로 출석시켜 현안에 대해 질문을 할 수 있도록 하고 있다. 결과적으로 행정부에 대한 국회의 질문권한은 대통령제를 채택하고 있으면서도 의회제 요소를 가미한 한국 대통령제의 특징을 잘 보여주고 있다.

이러한 측면에서 국회의 질문권한 제도를 근본적으로 새롭게 설계할 필요성도 존재한다. 과거와는 달리 국회의원이 정부를 비판하고 자신들의 활동을 국민들에게 알릴 수 있는 통로가 다양하게 존재하는 언론 환경에서, 그리고 국회의 주요 활동이 대부분 상임위원회를 중심으로 운영되고 있는 현실에서, 과연 짧은 시간 동안 형식적으로 이루어지는 대정부질문이 얼마나 실질적인 감시·감독 효과가 있는지에 대해서 부정적인 시각이 존재한다. 오히려 현재 본회의 차원에서 이루어지는 대정부질문을 축소하고, 대신에 소관 상임위원회에서 실시하는 청문회에 국무위원 및 정부위원이 출석하여 형식에 구애받지 않고 정책 현안에 대한 질문과 답변을 주고받는 형태로 국회의 질문권한 제도를 개편해나가는 방안을 생각해 볼 수 있다.

3. 국무위원 해임건의권

헌법 제63조에 따르면 국회는 재적의원 3분의 1 이상의 발의와 재적의원 과반수의 찬성으로 국무총리 또는 국무위원의 해임을 대통령에게 건의할 수 있다. 일반적으로 대통령제는 이원적 정통성에 기반하고 있기 때문에 행정부가 의회에 대해 책임을 지지 않으며, 따라서 의회가 내각을 불신임하거나 개별 국무위원을 해임할 수 있는 권한을 인정하지 않는다. 이러한 맥락에서 현행 헌법의 규정은 국회가 직접적으로 국무총리나 국무위원의 해임을 의결하는 것이 아니라 행정부의 수반인 대통령에게 해임을 건의하는 것만을 허용하고 있다. 다만 해임건의의 사유에는 특별한 제한이 없기 때문에 정책의 과오나 무능력 혹은 국무회의의 구성원으로서 정치적 책임 등을 이유로도 얼마든지 가능하다. 따라서 국무위원 해임건의권은 헌법 제65조에 의해 대통령을 비롯한 공무원이 헌법이나 법률을 위배했을 경우에 적용되는 탄핵소추와는 구분된다.

　일단 해임건의안이 발의되면 국회의장은 발의된 후 처음 열리는 본회의에 그 사실을 보고하고, 보고된 때로부터 24시간 이후 72시간 이내에 무기명투표로 표결한다. 만일 이 기간 내에 표결이 이루어지지 않는다면 해임건의안은 폐기된다. 결과적으로 많은 경우 국무총리나 국무위원에 대한 해임건의안은 여당에 대한 야당의 정치적인 공세의 일환으로 발의되는 경우가 많으며, 실제로는 대부분 기간 내에 본회의가 열리지 않아 폐기되곤 한다.

　설사 해임건의안이 가결되었다고 하더라도 국회의 건의를 수용할지 여부는 대통령의 정치적 판단에 달려 있다. 그러나 비록 국회의 해임건의

● 표 9-2　　**민주화 이후 국무총리 및 국무위원 해임건의안 발의 현황**

	발의	처리결과				
		가결	부결	기한만료 폐기	의결불요 폐기[5]	철회
제13대 국회	0	–	–	–	–	–
제14대 국회	49	0	25	23	0	1
제15대 국회	9	0	4	2	2	1
제16대 국회	8	2	0	6	0	0
제17대 국회	2	0	2	0	0	0
제18대 국회	1	0	0	1	0	0
제19대 국회	5	0	0	5	0	0
제20대 국회	6	1	0	5	0	0
계	80	3	31	42	2	2

출처: 국회사무처(2020b)

---

5) 의결불요폐기는 해임건의안에 대한 국회의장 보고나 본회의 표결이 이루어지기 전에 해당 국무위원이 사임하였거나 대통령이 해임한 경우이다.

권이 법적 구속력은 없다고 하더라도, 대통령에게 상당한 정치적 압박으로
작용할 수 있다는 점은 부정할 수 없다. 실제로 민주화 이후 제19대 국회
까지 2001년 임동원 통일부장관과 2003년 김두관 행정자치부장관 등 두
차례에 걸쳐 해임건의안이 가결되었으며, 두 번 모두 해당 장관이 자진사
퇴하는 형식으로 대통령이 국회의 뜻을 받아들였다.6) 다만 제20대 국회
중인 2016년 김재수 농림축산식품부장관에 대한 해임건의안이 세 번째로
가결되었으나, 박근혜 당시 대통령에 의해 거부되었고 이후 야당의 극심
한 반발을 불러일으킨 바 있다.

III. 위임입법에 대한 통제

비록 입법권은 국회에 속하지만, 현실에서는 국회가 제정하는 법률은 전
체적인 틀과 핵심적인 사항을 규정하고 자세한 세부사항과 적용규정을
행정부의 재량에 위임하는 것이 일반적이다. 그러나 아무리 현실적인 필
요성이 인정된다고 하더라도, 위임입법이 행정부에 의해 남용되고 나아가
행정부가 실질적인 입법권을 행사하는 상황까지 초래되지 않도록 하기
위해서는 적절한 견제와 통제가 반드시 요구된다. 이러한 필요성은 무엇

---

6) 2001년 임동원 통일부장관의 경우 당시 야당인 한나라당이 제출한 해임건의안에 새정
   치국민회의와 함께 공동여당으로 정권에 참여하고 있던 자유민주연합이 동조함으로써
   재석의원 267명 중 148명의 찬성으로 가결되었다. 임동원 장관은 해임건의안 가결 하
   루 만에 사의를 표명하였으며, 며칠 뒤 김대중 대통령은 임동원 장관뿐만 아니라 자민
   련 소속으로 내각에 입각한 장관까지 경질하는 부분개각을 단행하면서 DJP연합이 붕괴
   되었다. 2003년 김두관 행정자치부장관의 경우 여소야대 상황에서 여당 의원들은 본회
   의장에서 퇴장하고 야당 의원들만 표결에 참여하여 재석의원 160명 중 150명의 찬성으
   로 해임건의안이 가결되었다. 김두관 장관은 국회의 해임건의안이 가결된 지 2주 만에
   정부와 노무현 대통령에게 부담을 주지 않기 위해 자진사퇴 형식으로 물러났다.

보다도 국회가 통과시킨 법률보다 훨씬 많은 수의 대통령령, 총리령, 부령 등이 국민의 권리와 의무에 영향을 끼치고 있다는 사실에서도 단적으로 드러난다. 법제처의 현행 법령현황 데이터에 따르면 2020년 1월 2일 기준으로 대한민국의 법령 체계는 1,464건의 법률, 1,714건의 대통령령, 85건의 총리령, 1,232건의 부령, 그리고 348건의 기타 규칙 등으로 이루어져 있다.

위임입법에 대한 일차적인 통제는 사법부가 담당하고 있다. 헌법 제107조는 "명령·규칙 또는 처분이 헌법이나 법률에 위반되는 여부가 재판의 전제가 된 경우에는 대법원은 이를 최종적으로 심사할 권한을 가진다"고 규정하고 있다. 또한 헌법재판소가 위헌법률심사를 통해 애초에 국회가 제정한 법률에서 행정부에 재량권을 위임한 정도 및 형식이 헌법의 규범과 원칙에 부합하는가를 판단할 수 있다.

하지만 사법부에 의한 사후적 통제로는 위임입법의 남용을 실효성 있게 방지하기 어려우며, 따라서 국회가 위임입법에 대한 사전적 통제를 통해 실질적인 입법권을 강화하는 것이 매우 중요한 의미를 가진다(차동욱 2012). 이에 따라 국회법 제98조의2는 대통령령이나·총리령 및 부령 등이 제·개정 혹은 폐지되었을 때에는 10일 이내에 국회 소관 상임위원회에 제출해야 하며, 만일 기간 이내에 제출하지 못한 경우에는 그 이유를 소관 상임위원회에 통지해야 한다고 규정하고 있다. 그리고 상임위원회는 위원회 또는 상설소위원회를 정기적으로 개최하여 제출된 대통령령, 총리령 및 부령이 법률의 취지나 내용에 부합하는지 여부를 검토하도록 규정하고 있다.

그러나 현실에서 국회에 의한 위임입법 통제는 제대로 작동하고 있다고 할 수 없다. 행정부가 제·개정된 대통령령, 총리령, 부령 등을 아예 국회에 제출하지 않거나 제출하는 경우에도 10일이라는 시한을 준수하지 않는 경우가 대부분이다. 또한 행정부가 위임입법의 실질적인 내용을 이해할 수 있는 자료를 충분히 제공하는 것이 아니기 때문에, 국회에서 위임입법에 대한 검토가 제대로 이루어지기 어렵다. 마지막으로 국회가 위임입법이 법률의 취지나 내용에 부합하지 않는다고 판단한 경우에도 행정부가 적절한 조치를 취하는지 여부를 관리하고 감독할 수 있는 수단이 미흡하다(이현출 2010, 298-301).

이와 같이 국회의 통제가 미흡하다는 인식에서 지난 2015년 위임입법에 대한 국회의 수정 권한을 강화하는 내용의 국회법 개정안이 발의되어 본회의를 통과한 바 있다. 위임입법이 법률의 취지나 내용에 합치하지 않는다고 판단한 경우 기존에는 상임위원회가 소관 행정부처에 단순히 '통보'하는 것에 그쳤으나, 개정안은 '수정·변경을 요구'할 수 있도록 하고 행정부는 요구받은 사항을 처리한 결과를 상임위원회에 보고하도록 한 것이다. 그러나 당시 청와대와 행정부는 개정안이 헌법에 의해 부여된 행정부의 권한과 법원의 심사권을 침해하기 때문에 삼권분립의 원칙에 위배된다고 주장하며 반발했고, 실제로 박근혜 대통령은 국회법 개정안에 대해 거부권을 행사하고 재의를 요구했다. 결국 국회로 다시 돌아온 국회법 개정안은 여당인 새누리당이 표결에 참여하기를 거부함으로써 정족수 미달로 재의결에 실패하고 폐기되었다.

이후 위임입법 통제와 관련한 여러 건의 국회법 개정안이 다시 발의되었으며, 2020년 1월 국회운영위원회가 여러 법률안들을 통합심사하여 위원회 대안으로 제시한 국회법 개정안이 본회의에서 최종적으로 의결되었다. 현행 국회법에 따르면 대통령령과 총리령의 경우 상임위원회가 법률의 취지나 내용에 부합하지 않는다고 판단한 검토결과보고서를 의장에게 제출하면 본회의 의결로 이를 처리하여 정부에 송부하도록 하였다(국회법 제98조의2제4항 및 제5항).[7] 이러한 변화는 상임위원회의 검토 결과가 전체 국회의 의사를 보다 명확하게 대표하도록 함으로써 위임입법에 대한 국회의 통제를 강화하고자 하는 의도를 반영하고 있다. 그리고 정부는 송부받은 검토 결과에 대한 처리 여부를 검토하고 그 처리 결과를─ 검토

---

7) 부령의 경우에는 이전과 마찬가지로 위원회 차원에서 소관 행정부처에게 통보하도록 규정하였다.

결과에 따르지 못하는 경우에는 그 사유를 ― 국회에 제출하여야 한다고 규정하였다.

    2015년 국회법 개정안을 둘러싸고 벌어진 일련의 사태, 그리고 이후 2020년 국회법 개정으로 이어지는 과정은 위임입법이 가지는 정치적 중요성과 함께 위임입법을 바라보는 국회와 행정부의 상반된 시각을 극적으로 보여주고 있다. 국회 입장에서는 위임입법에 대한 사전적 통제를 강화하는 것은 법률의 위임을 벗어난 행정부의 명령을 합리적으로 수정함으로써 국회의 입법권을 보장하려는 것인 반면에, 행정부의 입장에서는 국정운영의 자율성을 제약하고 행정부의 기능을 약화시키는 결과를 가져올 것이라는 우려를 드러내고 있다. 비록 2015년 국회법 개정 논란에서는 행정부의 주장이 관철되었다고 할 수는 있지만, 2020년 국회법 개정에서도 볼 수 있듯이 위임입법에 대한 사전적 통제를 강화하고자 하는 국회의 시도는 계속되고 있으며 이러한 시도의 결과에 따라 국회와 행정부 사이의 관계가 상당히 달라질 가능성이 있다.

국회와 사법부

장승진 | 국민대학교

I. 삼권분립과 사법부의 역할

우리에게 익숙한 삼권분립이라는 표현은 국가의 권력을 입법권, 행정권, 사법권의 세 부분으로 나누어 서로 다른 기관에게 부여함으로써 권력의 집중과 남용의 가능성을 예방한다는 의미를 가진다. 삼권분립의 원칙을 최초로 제시한 프랑스의 사상가 몽테스키외(Montesquieu)는 법을 해석하고 적용하는 권한을 입법부나 행정부가 직접 행사한다면 권력의 과도한 집중으로 인해 시민의 안전과 자유를 보장하는 것이 불가능하다고 주장하였다. 이후 입법부와 행정부로부터 독립적으로 기능하는 사법부의 존재는 현대 입헌민주주의의 기본적인 원칙으로 자리잡게 되었다. 사법부는 헌법과 법률을 해석하고 구체적인 사건에 적용함으로써 구성원들 사이의 갈등을 해결하고 사회 질서를 유지하는 역할을 담당한다. 특히 사법부는—선거를 통해 선출되는 입법부나 행정부와는 달리—정치적 책임성으로부터 상대적으로 자유롭기 때문에 오히려 다수의 논리에 얽매이지 않고 사회적 소수자의 이익과 권리를 보호하기에 가장 적합한 기관이라고 할 수 있다.

헌법은 제101조에서 사법권은 법관으로 구성된 법원에 속한다고 규정하고 있다. 그리고 이어지는 조항에서 법관은 헌법과 법률에 의하여 그 양심에 따라 독립하여 심판하며(제103조), 특별한 경우를 제외하고는 파면 등의 불리한 처분을 받지 않는다고 규정함으로써(제106조) 사법부의 독립을 보장하고 있다. 한국의 사법권은 대법원을 비롯한 각급법원과 헌법재판소에 의해 이원적으로 행사된다. 즉 대법원을 비롯한 각급법원은 국회가 제정한 법률을 해석하고 적용하는 한편, 헌법을 해석하고 적용하는 기능은 헌법재판소가 별도로 담당하고 있다. 물론 헌법재판소와 각급법원은 입법부 및 행정부의 결정과 행위가 헌법과 법률의 테두리를 벗어났는지 여부를 판단함으로써 다른 기관을 견제하고 국민의 자유와 권리를 보호한다는 의미에서 동일한 역할을 수행한다. 그러나 국회가 제정한 법률을 해석하고 적용하는 대법원 및 각급법원보다는 헌법 자체를 해석하고 적용함으로써 국회의 입법권을 견제하는 헌법재판소야말로 국회와의 관계에서 특히 중요한 역할을 담당한다고 할 수 있다.

사법부의 독립이 국민의 기본권 보장을 위해 중요하다는 것은 자명한 사실이지만, 이와 동시에 사법부의 기능과 권한에 아무런 제한이 없을 수는 없다. 사법부 역시 정치적인 결정을 내리는 기관이며(Segal & Spaeth 2002; Epstein & Knight 1998; 박재형 2010), 따라서 사법부의 독립성 역시 모든 정치 권력은 국민으로부터 비롯된다는 것이 대원칙의 한계 내에서만 보장받을 수 있는 것이다. 무엇보다도 선거를 통해 선출되지 않는다는, 따라서 정치적 책임을 지지 않는다는 바로 그 이유로 인해서 사법부의 결정이 가지는 정당성에 대해 의문이 제기될 수 있다. 예를 들어 국민의 압도적 다수—에 의해 선출된 입법부 및 행정부—가 원하는 정책이 사법부를 구성하는 소수의 법관들의 반대로 인해 현실화되지 못한다면, 과연 이러한 결정이 민주주의의 원칙에 비추어보았을 때 정당한 것으로 받아

들여질 수 있는가라는 점이다. 다시 말해서 사법부가 구현하고 있는 법치주의 원칙이 때때로 민주주의의 대의제 원칙과 충돌할 가능성이 있으며 (박찬표 2006), 이러한 충돌을 해결하기 위해서는 국민이 직접 선출한 입법부와 독립적으로 기능하는 사법부 사이의 상호 견제와 균형이 필요한 것이다.

II. 국회에 대한 사법부의 견제 권한

1. 위헌법률심판 및 헌법소원심판

사법부가 입법부나 행정부의 결정 및 행위가 헌법과 법률에 부합하는지 심사하여 그 효력을 무효화할 수 있는 권한을 사법심사(judicial review)라고 하며, 사법부가 다른 기관을 견제하기 위해 행사할 수 있는 가장 강력한 수단이라고 할 수 있다. 한국에서 사법심사는 위헌법률심판과 헌법소원심판이라는 두 가지 형태로 이루어진다.

먼저 위헌법률심판에 대해 살펴보면, 헌법 제107조제1항은 "법률이 헌법에 위반되는 여부가 재판의 전제가 된 경우에는 법원은 헌법재판소에 제청하여 그 심판에 의하여 재판한다"고 규정하고 있다. 즉 법원은 국회가 통과시킨 법률의 위헌 여부에 대한 판단을 헌법재판소에 요청할 권한을 가지며, 헌법재판소는 법률이 헌법에 합치되는지 여부를 심사하여 헌법에 위배된다고 판단될 때에는 해당 법률을 무효화할 수 있는 권한을 가진다. 국회가 통과시킨 법률의 위헌 여부뿐만 아니라 행정부의 명령·규칙·처분 등이 헌법이나 법률에 위반되는지 역시 사법심사의 대상이 되며 이 경우 대법원에서 최종적으로 심사할 권한을 가진다(헌법 제107조제2항).

헌법소원심판은 '공권력의 행사 또는 불행사(不行使)로 인하여' 국민의 기본권이 침해된 경우에 헌법재판소에 제소하여 침해된 기본권의 구제를 청구하는 제도이다(헌법재판소법 제68조제1항).[1] 국회의 입법권도 공권력 중의 하나이므로, 법률 그 자체가 직접적으로 기본권을 침해하고 있는 경우나 국회가 당연히 입법하여야 할 사항을 입법하지 않음으로써 기본권을 침해하고 있는 경우도 헌법소원의 대상이 된다. 즉 기본권의 침해를 가져온 공권력의 행사 또는 불행사가 위헌인 법률 또는 법률조항에 기인한 것이라고 인정될 때에는 해당 법률(조항)이 위헌이라고 선언함으로써 해당 법률의 법적 효력이 사라지거나 제한된다.

위헌법률심판이나 헌법소원심판이 제기되면 헌법재판소는 9명의 재판관 중 6명 이상의 찬성으로 위헌 결정을 내릴 수 있다. 만일 위헌 결정이 내려지면 해당 법률 혹은 법률조항은 결정일로부터 즉시 효력을 상실한다.[2] 위헌법률심판의 경우에는 단순 위헌 결정 외에도 헌법재판소는 헌법불합치, 한정위헌, 한정합헌 등의 몇 가지 '변형결정'을 내릴 수 있다. 헌법불합치 결정은 법률(조항)이 위헌임을 인정하면서도 즉각적으로 효력을 상실할 경우 법의 공백으로 인한 사회적 혼란이 예상되기 때문에 특정 시점까지 잠정적으로 효력을 유지시키는 것이다. 만일 정해진 기간 내에 국회가 해당 법률을 개정하지 않는다면 역시 해당 법률(조항)은 효력을 상실하게 된다. 결과적으로 헌법불합치 결정은 국회의 입법권을 존중한다는 의미도 있다. 한정위헌이나 한정합헌의 경우 심판의 대상이 된 법률(조항)이 여러 가지 의미로 해석이 될 수 있을 때 " … 라고 해석한다면 위헌/합헌

---

1) 위헌법률심판이 재판을 담당하고 있는 법원의 결정을 통해서만 가능한 것과는 달리, 헌법소원심판은 기본권을 침해받은 당사자가 직접 헌법재판소에 청구할 수 있다. 다만 다른 법률에 구제절차가 있는 경우에는 그 절차를 모두 거친 후가 아니면 헌법소원심판을 청구할 수 없다. 그리고 위헌법률심사를 법원에 신청했지만 기각되었을 경우에도 신청을 한 당사자는 헌법재판소에 헌법소원심판을 청구할 수 있다.

2) 위헌 결정이 내려진 법률이 형벌에 관한 것일 경우 소급하여 효력을 상실하기 때문에, 과거 해당 법률이나 조항에 의해 유죄 판결을 받은 사람은 재심 및 형사 보상을 청구할 수 있다. 다만 위헌 결정이 내려진 법률이나 조항에 대해 이전에 합헌으로 결정한 사건이 있는 경우에는 합헌 결정이 이루어진 다음 날로 소급하여 효력을 상실한다.

이다"는 식으로 법률의 해석이나 적용 가능성을 제한하는 결정이다.

사법부가 행사하는 사법심사 권한은 국회의 입법권과 행정부의 집행권에 대한 가장 마지막 단계의 판단이라는 점에서 실질적으로 사법부가 정책의 수립과 집행과정에서 최종결정권자인 것과 마찬가지의 효과를 가질 수 있다. 그러나 동시에 사법심사는 사법부가 임의로 사용할 수 없으며 법률의 위헌 여부가 진행 중인 재판의 전제가 되는 경우에만 혹은 당사자가 제기했을 때에만 수동적으로 적용된다는 점에서 제한적인 권한이라고 할 수 있다.

원칙적으로 헌법재판소의 결정은 최종적이며 모든 국가기관에 대해 구속력을 가진다. 그러나 현실에서 헌법재판소의 결정이 항상 관철되는 것은 아니다. 예를 들어 헌법재판소가 위헌이나 헌법불합치 결정을 내렸음에도 불구하고 국회가 해당 법률을 개정하지 않거나[3] 혹은 해당 법률과 사실상 동일한 내용의 법률을 다시 통과시키는 경우도 있다.[4] 또한 한정위헌이나 한정합헌 결정의 경우 대법원은 법률을 해석하는 권한은 법원만이 가지기 때문에 헌법재판소가 법원에 법률 해석 및 적용 기준을 제시하는 것은 적절하지 않다고 주장하며, 현재까지도 헌법재판소 결정의 효력을 인정하지 않고 있다. 이러한 현실은 사법부가 자신의 결정을 강제로 집행할 수 있는 힘을 가지고 있지 않다는 사실을 의미하며, 앞서 언급한 사법심사의 수동적인 측면과 더불어 사법부에 의한 국회 견제가 가지는 제한적인 성격을 보여주고 있다.

---

3) 예를 들어 국가보안법 제19조의 경우 1992년에 헌법재판소가 위헌 판결을 내렸으나(90 헌마82, 1992.4.14), 아직까지도 법조항으로 남아 있다. 해 뜨기 전이나 해가 진 후 옥외집회를 금지하는 집회 및 시위에 관한 법률(집시법) 제10조도 2009년에 헌법불합치 결정을 받았지만(2008헌가25, 2009.9.24) 여전히 개정되지 않은 법조항이다.

4) 예를 들어 의료법에서 시각장애인들에게만 안마사 자격을 부여하는 조항은 일반 국민의 직업선택의 자유를 지나치게 침해한다는 이유로 위헌 결정을 받았으나(2006헌마 368, 2006.5.25), 국회는 동일한 조항을 기존에 시행령에서 규정하던 것을 의료법 본문에서 직접 규정하는 것으로만 개정하여 다시 통과시켰다.

2. 권한쟁의심판

헌법 제111조제1항은 국가기관 간에 권한과 의무의 내용에 대한 다툼이 있는 경우 헌법재판소가 심판할 수 있다고 규정하고 있다. 그리고 헌법재판소법 제62조에서는 헌법재판소의 권한쟁의심판의 대상을 국회, 정부, 법원 등 국가기관 상호 간의 다툼, 정부와 지방자치단체 간의 다툼, 그리고 지방자치단체 상호 간의 다툼 등 크게 세 가지로 구분하고 있다. 다시 말해서 국회의 입법이나 보다 상위 기관의 재량에 의해 해결될 수 없는 헌법기관 간 다툼이 발생했을 경우 헌법재판소가 개입하여 조정할 수 있다는 것이다.

　민주화 이후 헌법재판소에 제기된 국가기관 상호 간의 권한쟁의심판은 주로 국회를 중심으로 전개되어 왔으며, 그중에서도 입법절차의 결함을 다투는 국회의원과 국회의장 간 권한쟁의심판이 큰 부분을 차지하고 있다.[5] 원래 헌법재판소는 국회의원은 권한쟁의심판의 당사자가 될 수 없다는 입장을 취해왔으나 1996년 판결부터 입장을 바꿔서 국회의원도 권한쟁의심판을 청구할 자격이 있다고 인정하고 있다. 당시 여당인 신한국당이 야당 국회의원들을 배제하고 단독으로 본회의를 소집하여 노동관계법 등 11개 법안을 통과시킨 것에 대해 야당 국회의원들이 권한쟁의심판을 청구하였으며, 헌법재판소는 국회의원도 권한쟁의심판의 당사자가 될 수 있을 뿐만 아니라 한 걸음 나아가 국회법 상의 절차를 위반하여 법률안을 처리한 것은 의원들의 법률안 심의·표결권을 침해했다고 판결하였다(96헌라2, 1997.7.16). 다만 적법한 절차를 밟지 않고 가결된 법률안

---

5) 1988년 헌법재판소 부활 이후로 2019년 12월까지 헌법재판소에서 최종 결정이 내려진 —즉 심리 중이거나 취하된 사건을 제외하고— 권한쟁의심판은 총 74건이었으며, 이 중 27건이 중앙정부 차원에서 국가기관 상호 간의 다툼을 다루는 사건이었다. 이 중 단 1건을 제외하고는 모두 국회(의원)를 청구인 혹은 피청구인으로 포함하고 있었으며, 특히 국회의원과 국회의장 간 권한쟁의가 16건에 달했다(http://search.ccourt.go.kr/ths/pr/selectThsPr0101List.do).

을 무효로 해달라는 청구는 받아들이지 않았다.

이후로도 국회의 입법절차를 대상으로 한 국회의장—혹은 상임위원장—과 국회의원 간 권한쟁의심판은 꾸준히 제기되어 왔다. 그러나 헌법재판소는 지금까지 의원의 법률안 심의·표결권이 침해되었다는 사실을 인정하는 경우라도 입법절차에 결함이 있다는 이유로 국회가 통과시킨 법률을 무효화할 수는 없다는 입장을 일관되게 취해왔다(홍석한 2013). 국민의 대표기관이자 입법기관인 국회는 입법절차를 비롯한 국회운영과 관련하여 폭넓은 자율권을 가지며, 권력분립의 원칙이나 국회의 지위와 및 기능에 비추어 국회의 자율권이 존중되어야 한다는 것이다.

그러나 국회의 자율권 역시 헌법과 법률을 심각하게 위반하지 않는 범위 내에서만 허용될 수 있다는 것은 당연하며, 이러한 점은 헌법재판소의 판결에서도 명시되어 있다. 따라서 이후 사안에 따라 헌법재판소가 권한쟁의심판을 통해 국회가 통과시킨 법률을 무효화하는 일이 벌어질 가능성은 얼마든지 존재한다. 결과적으로 헌법재판소의 위헌법률심사가 법률안의 내용을 판단하여 국회의 입법권을 견제하는 것과는 별개로, 권한

최근의 국회의장과 국회의원 간 권한쟁의 사건으로는 어떤 것이 있는가?

국회선진화법은 다수당에 의한 일방적인 국회 운영을 방지하기 위해 국회의장의 직권상정 권한을 엄격하게 제한하는 한편 신속처리대상 안건지정을 위해서는 3/5의 가중된 의결정족수를 요구한다. 2015년 1월 새누리당의 일부 의원들은 국회선진화법이 다수결의 원칙에 위배되어 의원 개개인의 법안에 대한 심의·의결권을 침해한다고 주장하며, 직권상정을 거부한 국회의장과 신속처리대상 안건지정을 거부한 상임위원장을 상대로 헌법재판소에 권한쟁의심판을 청구하였다. 1년이 넘는 오랜 심리 끝에 2016년 5월 헌법재판소는 국회선진화법의 해당 조항들이 국회의원의 법안 심의·의결권을 침해하지 않는다고 판결했다(2015헌라1, 2016.5.26). 특히 헌법재판소는 결정문에서 "헌법실현에 관한 1차적 형성권을 갖고 있는 정치적·민주적 기관인 국회와의 관계에서 헌법재판소가 가지는 기능적 한계에 비추어" 보았을 때 "심사를 최대한 자제하여 의사절차에 관한 국회의 자율성을 존중하는 것이 바람직하다"고 밝혔다.

쟁의심판은 — 아직까지는 실제로 일어나지 않았지만 — 법률안을 심의·의결하는 절차와 과정을 심사의 대상으로 삼아 국회의 입법권을 견제하는 수단으로 활용될 수 있는 것이다.

III. 사법부에 대한 국회의 견제 권한

1. 사법부의 구성과 운영

사법부를 통제하기 위한 국회의 가장 일차적인 수단은 바로 사법부를 구성하는 단계에서 국회가 영향력을 발휘할 수 있다는 사실이다. 헌법 제104조는 대통령이 대법원장 및 대법관을 임명하기 위해서는 국회의 동의가 반드시 필요하다고 규정하고 있다. 또한 헌법재판소의 경우 국회가 직접 9인의 재판관 중 3인을 선출할 뿐만 아니라, 대통령이 재판관들 중에서 헌법재판소장을 임명하기 위해서는 역시 국회의 동의를 얻도록 하고 있다(제111조).

국회는 사법부의 구성뿐만 아니라 운영에도 영향을 끼칠 수 있다. 법원 및 헌법재판소의 설치 및 구성에 관한 기본적인 사항은 헌법에 규정되어 있으나, 실제 기관의 조직 및 운영에 관한 구체적인 사항은 법원조직법과 헌법재판소법 등의 법률로 정하게 된다. 따라서 입법권을 가지고 있는 국회는 관련 법률을 제·개정함으로써 법원과 헌법재판소의 조직과 운영에 영향을 끼칠 수 있다. 또한 예산안에 대한 심의·의결을 통해 사법부에 배정된 예산을 변경함으로써 간접적으로 사법부를 견제할 수 있다. 마지막으로 국회 법제사법위원회가 실시하는 국정감사 및 국정조사를 통해서도 법원 및 헌법재판소의 사무와 행정을 통제할 수 있다.

2. 법관의 탄핵

헌법 제65조에 의해서 국회는 고위 공직자가 직무집행에 있어서 헌법이나 법률을 위배했을 경우 재적의원 3분의 1 이상의 발의와 재적의원 과반수의 찬성으로 탄핵소추를 의결할 수 있다. 다만 탄핵소추안이 발의되었다 하더라도, 본회의에 보고된 시점으로부터 24시간 이후 72시간 이내에 표결이 이루어지지 않는다면 해당 탄핵소추안은 폐기된 것으로 간주된다(국회법 제130조제2항). 그리고 탄핵소추안이 국회 본회의를 통과했다고 해서 곧바로 탄핵이 이루어지는 것은 아니며, 해당 공직자의 권한 행사를 정지시킬 뿐이다. 최종 탄핵 여부는 헌법재판소의 탄핵심판을 거쳐야 하며, 재판관 9명 중 6명 이상이 찬성하면 파면이 결정된다.

헌법재판관을 비롯한 법관 역시 헌법이나 법률을 위배했을 경우 국회에 의한 탄핵소추의 대상이 되는 것은 마찬가지이며, 이론적으로는 국회가 사법부를 견제할 수 있는 수단이 될 수 있다. 그러나 한 가지 문제는 법관에 대한 탄핵 역시 헌법재판소에 의한 탄핵심판을 거쳐야 한다는 점이다. 즉 사법부에 대한 탄핵심판을 사법부 스스로가 실시한다는 점이 국회에 의한 탄핵소추 의결이 가지는 효과를 저하시킬 가능성이 있다. 심지어 헌법재판관이 직무수행에서 잘못을 저질렀을 경우 과연 헌법재판소의 탄핵심판을 통해 파면하는 것이 가능할 것인가에 대해 의문이 제기될 수 있다.

현재까지 한국에서 법관에 대한 탄핵이 실제로 이루어진 예는 찾아볼 수 없다. 제헌국회 이래로 지금까지 현직 법관에 대한 탄핵소추안은 두 차례 발의되었으나 모두 성공하지 못했다. 1985년 제12대 국회에서 불공정한 정치적 인사에 대해 판사들이 집단적으로 반발하면서 유태흥 대법원장에 대한 탄핵소추안이 야당에 의해 최초로 발의되었으나, 본회의에서 부결되었다. 2009년 18대 국회에서는 촛불집회 관련 재판에 개입했다는 의혹을 받은 신영철 대법관에 대해 탄핵소추안이 발의됐지만 72시간 이내 표결이 이뤄지지 않아 폐기되었다. 가장 최근에는 2018년 박근혜 정부

법관 탄핵과 관련한 해외 사례로는 어떤 것이 있는가?

미국의 경우 법관을 비롯한 고위 공직자에 대한 탄핵은 연방하원의 탄핵소추와 연방상원의 탄핵심판을 거쳐 이루어진다. 지금까지 미국에서는 15명의 연방법관이 탄핵소추의 대상이 되었으며, 이 중 8명이 상원에서 탄핵결정을 받아 파면되었다. 탄핵의 사유로는 실제 위법을 저지른 경우 외에도 정신적 불안과 재판 중 주취상태, 자의적이고 고압적인 재판지휘, 소송당사자와의 부적절한 사업상 관계 등 다양한 이유가 있었다. 일본의 경우 중의원과 참의원이 같은 수의 위원으로 구성하는 재판관소추위원회가 탄핵소추를 결정하면, 역시 중의원과 참의원이 같은 수의 위원으로 구성하는 탄핵재판소가 소추된 법관에 대한 탄핵심판을 실시한다. 흥미로운 점은 일본의 경우 일반 국민도 소추위원회에 법관의 탄핵소추를 청구할 수 있다는 점이다. 일본 역시 탄핵의 사유를 폭넓게 인정하고 있으며, 지금까지 9명의 법관에 대한 탄핵소추가 이루어졌고 이 중 7명이 탄핵심판을 거쳐 파면되었다(김선화 2018).

에서 발생한 청와대와 대법원 사이의 재판거래 및 사법농단 의혹이 불거지면서 관련 대법관에 대해 탄핵을 요구하는 목소리가 있었으나 현실화되지는 않았다.

IV. 정치의 사법화

2004년 헌법재판소는 노무현 대통령의 핵심 선거공약이었으며 국회에서 여야 합의를 통해 가결시킨 신행정수도의 건설을 위한 특별조치법에 대해 위헌 판결을 내렸다. 대한민국의 수도가 서울이라는 사실은 일종의 '관습헌법'이기 때문에, 수도를 이전하는 것은 법률을 통해서는 불가능하며 국민투표와 같이 헌법개정에 준하는 절차를 거쳐야 한다는 것이 헌법재판소 결정[6]의 핵심이었다(2004헌마554·556병합, 2004.10.21). 당시 헌법재판소의 판결에 대해서는 다양한 반응이 나타났지만, 결정 자체에 대한 찬반과는 별개로 정치의 사법화(judicialization of politics) 현상에 대한 논의가 본격적으로 등장하기 시작했다.

정치의 사법화란 국가의 주요한 정책결정 및 이를 둘러싼 갈등이 정치과정이 아닌 사법과정으로 이전되어 해소되는 현상을 일컫는다(Ferejohn & Pasquino 2003, 248). 다시 말해서 국민의 권리와 의무에 변화를 가져올 수 있는 주요 정책이 국민으로부터 선출된 대표자들 사이의 토론과 타협을 통해서가 아니라 선출되지 않은 소수 법관들의 판단에 의해 결정된다는 것이다. 그리고 정치의 사법화 현상이 나타나는 가장 근본적인 원인은 ― 정당 양극화의 심화 등으로 인해 ― 의회가 교착상태에 빠지고 결과적으로 효과적인 정책결정능력을 상실하게 되는 상황이라고 할 수 있다(Ferejohn & Pasquino 2003). 또한 유권자들이 사법부는 정파적 이해관계로부터 벗어나서 공정하고 중립적인 결정을 내릴 수 있다고 믿으며, 따라서 다른 권력기관에 비해 상대적으로 더 높은 신뢰를 보인다는 점도 정치의 사법화 현상에 기여하고 있다. 마지막으로 정치의 사법화는 정치인들의 전략적 선택의 결과일 수도 있다(Hirschl 2008). 예를 들어 사법부에 결정을 미룸으로써, 의원들은 논쟁적인 쟁점에서 섣불리 한 쪽 입장을 취해야 하는 상황에서 벗어나는 한편 결정에 따르는 정치적 책임으로부터도 자유로워질 수 있다. 또한 의회 내 소수파의 경우 사법부라는 외부의 권위에 기대어 정부의 정책을 공격하기 위한 수단으로 활용될 수도 있다.

정치의 사법화 현상은 한국에서도 더 이상 무시할 수 없는 현실로 다가오고 있다. 〈그림 10-1〉에서도 알 수 있듯이, 1988년 이후 헌법재판소에 접수된 위헌법률심판 및 권한쟁의심판 건수는 ― 헌법재판소 부활 직후의 예외적인 상황을 제외하고는 ― 완만하지만 지속적으로 증가하고 있

---

6) 신행정수도의 건설을 위한 특별조치법에 대해 위헌 판결은 위헌법률심판이 아니라 헌법소원심판의 결과였다. 즉 헌법개정절차를 거치지 않고 국회입법만으로 수도 이전을 결정한 것은 헌법 제130조에 따른 청구인들의 국민투표권을 침해하였다는 것이 헌법재판소의 판결이었다.

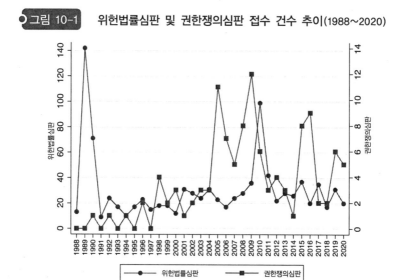

🔵 그림 10-1 위헌법률심판 및 권한쟁의심판 접수 건수 추이(1988~2020)

출처: 헌법재판소 홈페이지

다. 또한 2014년에는 헌법재판소의 정당해산심판에 의해 직전 선거에서 정당투표 기준으로 10%를 넘는 유권자의 지지를 받고 13명의 당선자를 배출한 통합진보당이 해산되고 소속 의원들은 의원직을 상실한 일도 있었다.

물론 헌법이 가지는 정치적 성격을 고려했을 때, 헌법재판소가 정치적 문제에 대해 판결을 내리는 것 자체를 문제시할 수는 없다. 즉 헌법재판소의 관할이라는 점이 명백하여 헌법재판소가 심리를 진행하여 결론을 내려야 하는 사건들이 정치적 분쟁의 성격을 갖고 있고, 그에 대한 헌법재판소의 판결이 역시 정치적으로 영향을 끼친다고 하여 무조건 정치의 사법화로 봐서는 안 된다는 것이다(차동욱 2016). 또한 정치권이 다양한 사회적 욕구에 부응한 정책을 형성하는 데 실패하거나 첨예한 갈등 문제를 해결하지 못하는 상황에서, 정치적 압력으로부터 독립된 사법부가 공정한 판결을 통해 분쟁을 해결한다면, 대의민주주의의 결함을 보완하고 민주주의의 발전을 도모할 수도 있다.

그러나 정치의 사법화가 여전히 문제가 되는 가장 중요한 이유는 정치영역의 핵심적인 쟁점에 대한 결론이 국민에 의해 선출되지 않고 따라서 정치적 책임을 지지도 않는 사법부에 의해 내려진다는 것은 민주적 정당성이라는 점에서 취약할 수밖에 없기 때문이다. 특히 입법부가 중요한 정치적 쟁점의 결론을 이끌어내기 위한 활동들을 포기하거나 그 능력을 상실하고 사법부에 의존하게 되는 상황은 대의민주주의의 자체의 약화 및 위기를 의미하기도 한다. 이러한 관점에서 보았을 때 국회의원과 국회의장 간 권한쟁의심판과 같이 국회 내에서 합의와 타협을 통해 해결될 수 있는―그리고 해결되어야 할―분쟁에 대해 헌법재판소가 지속적으로 개입하게 되는 상황은 분명히 문제라고 할 수 있다.

두 번째로 정치의 사법화는 역으로 '사법의 정치화(politicization of judiciary)'를 가져올 여지가 있다는 점에서도 문제라고 할 수 있다. 정치권이 스스로 해결해야 할 문제를 사법부로 가져가고 사법부의 판결이 다시 정쟁의 수단으로 사용되는 현상이 반복될수록, 사법부가 정치적 논쟁의 한가운데에 휩싸이게 된다. 또한 정치의 사법화가 진행될수록 정치권력이 여론을 통해 사법부를 압박하거나 혹은 사법부의 인적·조직적 구성에 영향을 끼칠 수 있는 국회의 권한을 활용하여 사법부의 판단을 자신들의 정치적 선호에 부합하는 방향으로 유도하려고 노력할 수 있다. 결국 사법부가 정치에 깊숙이 개입하게 되면서 오히려 정치권력에 휘둘리게 되고, 결과적으로 사법부의 중립성과 독립성에 대한 국민들의 신뢰를 저하시키게 될 우려가 있는 것이다.

민주주의가 심화될수록 국민의 기본권을 보호하고 국가권력이 행사될 수 있는 한계를 확인하는 사법부가 정책결정과정에서 영향력을 발휘하는 것은 자연스러운 현상이라고 할 수 있다. 이러한 사법부의 영향력 확대가 정치의 사법화 나아가 사법의 정치화로 이어지지 않기 위해서는 정치권과 사법부의 노력이 함께 이루어져야 한다. 국회가 정치적 사안을 마구잡이로 헌법재판소로 떠넘기는 태도를 지양하는 한편, 사법부 또한 정치적 사안에 대한 판단을 내리는 데 있어서 일관된 기준을 세우고 지켜가려는 노력이 필요하다. 각 정치 주체들의 의식적·제도적 노력을 통해 국회와 사법부 사이의 건강한 견제와 균형을 유지하는 것이야말로 삼권분립의 원칙에 기반한 대의민주주의의 발전에 필수적인 요소라고 할 수 있다.

제**4**부

국회 도와주기와 바로잡기

제11장 국회의원 보좌진제도와 의정활동 지원기구 · 전진영

제12장 국회의원 윤리와 정치자금 · 조진만

제11장

국회의원 보좌진제도와 의정활동 지원기구

전진영 | 국회입법조사처

I. 의정활동 지원기구의 필요성

현대사회 들어서 다양한 사회이익이 분화되고 전문화됨에 따라서, 의회의 핵심기능인 입법·행정부 감독 및 예산심의활동을 수행하기 위해서는 상당한 수준의 전문성을 필요로 한다. 특히 권력융합형 정부형태인 의회제 국가에 비해서 삼권분립을 원칙으로 하는 대통령제 국가에서 의회의 정책전문성은 입법활동뿐만 아니라 효율적인 국정감독을 위해서 더욱 중요하다. 이로 인해서 미국 의회는 규모나 기능 측면에서 막강한 의원보좌진과 의정활동 지원기구를 갖추고 있으며, 이는 미국 의회를 세계적으로 가장 강력한 의회로 평가받게 만드는 중요한 요인 중 하나이다.

우리나라에서 근대적 의회제도는 다른 국가에 비해서 상대적으로 늦게 발전하기 시작했을 뿐만 아니라 국가 주도의 급속한 경제발전으로 인해서, 행정부 관료조직의 발전과 전문적인 역량강화에 비해 국회의 입법

및 정책기능은 매우 취약했다. 이로 인해서 국회는 오랫동안 '통법부' 또
는 '거수기'라는 비판을 받아왔다. 특히 전문적인 정보의 측면에서도 행정
부는 유능한 관료조직과 방대한 국책연구기관의 지원을 받아 온 반면, 국
회가 2000년 이후에 와서야 전문적 의정활동 지원기구를 신설하였다. 이
처럼 정보 비대칭성의 측면에서도 국회의 정책결정 능력이나 국정감독
기능은 취약할 수밖에 없었다.

민주화 이후로 국회의 입법기능 및 정책결정 능력이 강화됨에 따라서
의원보좌진과 의정활동 지원기구의 필요성은 더욱 커졌다. 사회경제적 이
익의 분화와 전문화는 국회의 정책결정 과정에서 보다 전문적인 지식을
필요로 하였다. 과거에 비해서 다양한 전문적인 직업군에서 충원되는 의
원이 증가하였지만, 의원 개인의 역량에만 의존한 의정활동은 현실적으로
어려워졌다. 이에 제13대 국회(1988~1992)에서 현재와 같은 별정직 공무
원 신분을 갖는 의원보좌진제도가 처음으로 확립된 것이다.

의원보좌진은 국회의원의 정치철학과 정책적 입장을 가장 잘 파악하
고 지근거리에서 지원하는 존재로서, 의원과 동일한 정치적 신념이나 당
파성을 갖는다. 이들이 의원의 의정활동에 대해 미치는 영향력은 매우 크
고 직접적인 것으로 알려져 있다. 최근 들어서 변호사나 회계사와 같은
전문자격사 출신의 보좌진이 증가하고 있는데, 보좌진의 전문성이 높을수
록 입법영향력도 큰 것으로 나타났다(정광호·김권식 2008).

반면에 의원의 의정활동 지원을 위한 또 다른 축인 지원조직의 경우
여·야 의원을 망라하여 전체의원을 지원대상으로 하기 때문에 엄격한 정
치적 중립성을 필요로 한다. 지원조직이 의원의 의정활동에 미치는 영향력
은 의원보좌진에 비하면 간접적이며, 지원조직 구성원의 대부분은 일반직
공무원이기 때문에 의원보좌진에 비해서 상대적으로 신분안정성이 더 높
다는 점에서 차이가 있다.

과거에 비해서 입법부로서 국회의 역할이 강화되고, 행정부의 정책집
행에 대한 견제와 감독의 중요성이 커짐에 따라서 의원 개인보좌진의 규
모도 꾸준히 확대되어 왔고, 국회예산정책처나 국회입법조사처와 같은 전

문적인 지원기구도 신설되었다. 전문적인 지원기구의 역할이 갈수록 중
요해짐에 따라서, 지원기구의 규모도 처음 신설될 당시에 비해서 거의 2
배 정도 확대되었으며, 이들이 제공하는 서비스에 대한 의원들의 의존이
나 활용도도 급증하는 추세이다.

II. 국회의원 보좌진제도

1. 보좌진제도의 연혁

민주화 이후 입법부로서 국회의 기능과 역할이 커짐에 따라서 국회의원
의 전문적인 정책능력 역시 중요해졌다. 그런데 국회의원 직무는 입법활
동뿐만 아니라 행정부 감독활동, 예산안 심사 등을 포함하여 지역구 대표
활동까지 매우 광범위하다. 이런 모든 활동을 의원 혼자서 준비하기란 현
실적으로 어렵기 때문에 대부분의 국가들은 의원에게 개인 보좌진[1]을 지
원하고 있다. 특히 미국처럼 의회의 정책결정능력이 강력한 의회일수록 의
원 개인에게 지원되는 보좌진의 규모는 크다.

현재 우리나라 국회의원에게는 4급 2인, 5급 2인, 6·7·8·9급 1인 등
총 8인의 보좌진과 1인의 인턴비서가 지원된다. 보좌진은 별정직 공무원
신분이기 때문에 임용이나 급여체계 등은 국가공무원법상의 공무원에 준
하여 결정된다.

의원에게 보좌직원이 지원되기 시작한 것은 제3대 국회부터이다. 1954

---

1) 국회의원 보좌진에 대한 공식명칭은 '보좌직원'이다. 국회의원 수당 등에 관한 법률 제9
　조제1항은 "국회의원의 입법활동을 지원하기 위하여 보좌진 등 보좌직원을 둔다"고 규
　정하고 있으며, 제2항은 "보좌직원에 대하여는 별표 4에서 정한 정원의 범위에서 보수
　를 지급한다"고 규정하고 있다.

년 8월 18일 통과된 '국회사무처직제중개정안'에 따라 국회의원 보좌진은
공식적인 지위를 갖게 되었다. 당시에는 의원 1인당 3급 을류(현재의 5급
상당) 보좌진 1인이었는데, 이를 제4대 국회에서 3급 갑류(현재의 4급 상당)
로 격상시켰다. 이후 제5대 국회에서 의원보좌진은 1인당 2인(현재 4급 상
당 1인, 현 6급 상당 1인)으로 증원되었고, 제8대 국회에서 3인으로 증원되
었다. 그러나 1973년 2월 유신체제 하의 비상국무회의에서 국회의원 수
당 등에 관한 법률을 제정하면서 부칙으로 "국회의원에게는 직접 국가예
산에서 지급하는 비서관·비서 등을 두지 않는다"고 규정함으로써 그동안
운영되던 의원보좌진 지원제도를 폐지하였다.

제9대 국회에서 다시 국회의원 수당 등에 관한 법률을 개정하여 1인
(현 4급 상당)을, 제10대 국회에서 4인, 제11대 국회에서 3인, 제12대 국회
에서 5인 등 의원 보좌진 규모는 꾸준히 확대되어 왔다. 현재와 같이 별정
직 공무원 신분을 갖는 의원보좌진 제도가 확립된 것은 제13대 국회부터
인데, 이후 의원보좌진 제도의 변화는 〈표 11-1〉과 같다.

이처럼 의원 보좌진의 규모는 제13대 국회 이후로 꾸준히 확대되어
왔지만, 보좌진 증원에 대한 국민들의 반응은 매우 비판적이었다. 특히
국회의 공전이나 입법교착의 반복으로 '일하지 않는 국회'에 대한 국민적
비판이 심각한 상황에서 보좌진 증원은 혈세낭비라는 여론이 지배적이었
다. 실제로 1997년 제15대 국회에서는 4급 보좌진을 1인 증원하려고 시

● 표 11-1   **의원보좌진 규모의 변화**

국회	보좌진 직급	보좌진 정수
제13대	4·5·6·7·9급 각 1인	의원 1인당 5인×299인=1,495인
제16대	4급(2인), 5·6·7·9급 각 1인	의원 1인당 6인×273인=1,638인
제18대	4급(2인)·5급(2인), 6·7·9급 각 1인	의원 1인당 7인×300인=2,100인
제20대	4급(2인)·5급(2인), 6·7·8·9급 각 1인	의원 1인당 8인×300인=2,400인

출처: 각 국회별 '국회의원 수당등에 관한 법률' [별표 4] 보좌직원의 정원

주요국 의회의 의원보좌진의 규모와 임용조건은 어떻게 다른가?

전 세계 주요국 의회 중에서 미국·영국·독일·프랑스 등 의회의 경우 공통적으로 보좌진은 공무원 신분이 아니며, 보좌진의 임면(任免)과 담당 업무의 배분은 전적으로 의원의 재량에 속한다. 또한 이들 의회에서 보좌진의 보수는 의회가 의원에게 지급하는 보좌진 수당(staff allowances)을 의원이 임의로 배분하는 방식으로 이루어진다. 우리나라와 비교할 때 미국만이 의원 1인에게 지원되는 보좌진이 우리나라 국회보다 많은데, 미국 하원의 경우 의원은 보좌진 수당으로 보좌진을 18인까지만 고용하도록 제한이 있다. 영국·독일·프랑스 의회의 경우 보좌진 수의 제한은 없지만, 3인~5인 정도의 보좌진을 고용할 수 있는 수준으로 보좌진수당이 제공된다. 반면 일본 국회의 의원 보좌진은 우리나라처럼 공무원 신분을 부여받으며, 국비로 지원되는 의원보좌진은 3인이다.

도하다가 여론의 반대에 부딪혀서 백지화되기도 하였다.

2. 의원보좌진의 역할과 자격

의원보좌진은 입법활동 및 국정감사 등 행정부 감독활동, 예산심사활동 등 공식적인 의원의 업무를 포함하여, 지역구 민원업무 등 지역구 활동을 비롯하여 의원 수행까지 매우 광범위한 역할을 수행하고 있다. 그런데 국회의원 보좌진의 임무나 역할을 규정하고 있는 법이나 규칙은 없다. 보좌진 제도의 법적 근거는 '국회의원 수당 등에 관한 법률'인데, 제9조에서 국회의원의 입법활동 지원을 위해서 보좌직원을 둔다는 점과 제9조의2에서 보좌직원으로 임용할 수 없는 결격사유를 규정하고 있을 뿐, 보좌직원의 임무에 대한 별도의 규정은 없는 것이다.

따라서 보좌진을 어떻게 운영할 것인지는 전적으로 국회의원 개인의 재량권에 속하며, 보좌진에 대한 임면 역시 의원의 권한에 속한다. 이로 인해서 보좌진을 운영하는 방식은 의원에 따라 천차만별이며, 직급별 임무와 역할도 매우 상이하게 운영되고 있다. 예컨대, 어떤 의원은 5급 비서관에게 정책활동 지원을 맡기는 반면, 다른 의원실은 의원수행을 맡기거나 지역구 관리를 맡기기도 한다. 또한 의원의 대표유형(지역구 대표 또는 비례대표)이나 원내대표 등 정당지도부 지위를 맡고 있는지 여부에 따라서도 보좌진의 임무와 역할은 상이하다. 결국 의원보좌진의 역할은 '국회의원이 수행하는 모든 업무에 대한 지원'으로 정의할 수 있다.

　　보좌진의 자격과 관련해서는 오랫동안 '국가공무원 임용에 결격사유가 없는 자'라는 요건 이외에는 별도의 제한이 없었다. 그러나 의원의 친인척 임용 등이 윤리적 문제로 불거지면서 제20대 국회(2017년)에서 친족을 의원보좌진으로 임용하는 것을 제한하는 법 개정이 이루어졌다. 즉 국회의원 수당 등에 관한 법률 제9조의2를 신설하여 제1항제3호에 '국회의원의 배우자 또는 4촌 이내의 혈족·인척'은 보좌직원에 임용할 수 없음을 명시하였다. 또한 의원 보좌진이 원내에서 무력충돌이 발생할 때마다 행동대장 역할을 하는 것을 막기 위해서 국회법 제166조에 규정되어 있는 '국회 회의 방해죄'를 범한 자로서 500만 원 이상의 벌금형을 선고받고 그 형이 확정된 후 5년이 지나지 않은 자를 보좌진으로 임용할 수 없도록 결격사유에 포함시켰다.

의원보좌진은 어떤 방식으로 채용되는가?

의원보좌진은 별정직 공무원 신분이며, 국회 차원의 공식적인 채용절차는 없다. 보좌진의 임면권이 국회의원에게 있기 때문에, 면직 및 임용은 수시로 이루어지는데, 국회 홈페이지 의원실채용사이트에 수시로 공고가 난다. 의원실별로 보좌진에 대해서 요구하는 자격조건이나 경력이 천차만별이어서, 특정 직급에 요구되는 자격을 일반화하기 어렵다. 일반적으로 의원이 소속된 상임위원회와 관련된 경력자를 우대하며, 의원실별로 서류전형 이후 면접을 거쳐서 선발한다.

3. 의원보좌진의 급여 및 복지

국회의원 보좌진은 공무원 신분이기 때문에, 급여나 복지혜택은 모두 공무원 급여체계나 복지체계에 따른다. 공무원은 급수와 호봉에 따라서 급여가 달라지는데, 의원보좌진의 경우 임용 급수에 따라 초봉에 인정되는 호봉에 차이가 있다. 〈표 11-2〉에는 2019년을 기준으로 의원보좌진의 직급별 급여현황이 나타나 있다. 월정급여에는 본봉과 의원보조수당 및 정액급식비, 직책수행경비 등이 포함되어 있으며, 상여급에는 정근수당(1월, 7월 지급)과 명절휴가비(설날, 추석 지급) 등이 포함된다.

〈표 11-2〉에 나타나 있지 않은 수당으로 가족수당과 자녀학비보조수당이 있다. 이 역시 모든 공무원에게 공통적으로 지급되는 수당으로, 해당공무원의 별도 신청에 따라서 지급된다. 가족수당은 배우자의 경우에는 4만 원, 배우자 이외의 부양가족은 2만 원씩 지급된다. 자녀학비보조수당은 고등학생 자녀가 있는 공무원에게 지급되는데, 서울시내 국공립학교 평균액이 지급된다.

의원보좌진에게 지급되는 보수현황을 보면 특히 4급·5급 보좌진의 보수는 결코 낮은 수준이 아니다. 그러나 임면권이 전적으로 국회의원에게 달려 있다 보니 이직률이 높고, 이로 인한 신분 불안정성은 보좌진의 사기를 저하시키고 전문성을 떨어뜨리는 주요 원인으로 지적되어 왔다(박

표 11-2　　　　의원보좌진 평균 보수 현황(2021년 5월 기준)

(단위: 원)

구분	4급(21호봉)	5급(24호봉)	6급(11호봉)	7급(9호봉)	8급(8호봉)	9급(7호봉)
월정급여	6,530,450	5,744,090	4,007,090	3,468,810	3,044,550	2,705,070
상여금(1년)	8,032,960	7,572,800	5,072,000	4,288,640	3,715,360	3,222,080
월평균	7,199,860	6,375,150	4,429,750	3,826,190	3,354,160	2,973,570
연급여	86,398,360	76,501,880	53,157,080	45,914,360	40,249,960	35,682,920

출처: 국회사무처 운영지원과 자료

명호 외 2017). 이 문제를 개선하기 위해서 보좌진제도의 법적 근거를 '국회의원 수당 등에 관한 법률'로부터 독립시켜서, 보좌진의 신분이나 업무 범위 등을 통합하여 규정하는 별도의 법률을 제정하자는 제안[2]이 있었지만 입법에 성공하지는 못했다. 또한 근로기준법상의 '면직예고제'를 보좌진에게도 적용하여, 의원이 보좌진을 면직할 경우에는 한 달 전에 미리 예고하도록 하는 내용의 '국회의원 수당 등에 관한 법률' 개정안도 제안된 바가 있지만, 임기만료로 폐기되었다.

III. 국회 의정활동 지원기구

국회는 국회의원의 의정활동을 지원하기 위해서 보좌진과 별도로 다양한 의정활동 지원기구를 제도화하고 있다. 조직의 설립 순서대로 국회사무처, 국회도서관, 국회예산정책처, 국회입법조사처가 대표적인 의정활동 지원기구이다. 의원보좌진은 직무범위에 대한 명확한 규정이 없이 의원의 특성과 필요에 따라 운영되는 반면, 의정활동 지원기구의 업무범위는 각 조직법률에 명확하게 규정되어 있다.

국회사무처의 주된 업무는 본회의 및 위원회 회의지원을 비롯하여 국회운영 사무에 대한 행정적 지원이다. 국회도서관은 의정활동에 필요한 정보의 수집·정리·분석기능을 담당하고 있고, 국회예산정책처와 국회입법조사처는 정책결정기관으로 국회에 요구되는 전문성을 보완하고 2000년 이후 들어서 설립된 조직이다. 네 기관은 모두 국회법에 근거조문을 가짐

---

2) 제18대 국회에서 김춘진 의원이 대표발의한 '국회의원 보좌진 법안(의안번호 1803655)'과, 제20대 국회에서 강석호 의원이 대표발의한 '국회의원 보좌직원 법안(의안번호 2023556)'이 대표적이다.

과 동시에 별도의 독립된 법, 즉 국회사무처법, 국회도서관법, 국회예산정
책처법, 국회입법조사처법에서 조직 및 직무에 대해 규정하고 있다.[3]

1. 국회사무처

국회사무처는 1948년 제헌국회 개원과 함께 설치되었기 때문에 국회의 지
원기구 중에서 가장 오래된 조직이다. 기본적으로 회의체라는 국회의 특
성상 회의업무에 대한 지원조직이 없이 국회를 운영하기란 불가능하므로,
국회사무처는 제헌국회의 출범과 그 역사를 같이 하고 있다. 국회사무처
의 수장은 장관급인 국회사무총장으로, 의장이 각 교섭단체 대표의원과의
협의를 거쳐 본회의의 승인을 받아 임면하고, 그 직무는 '의장의 감독을
받아 국회의 사무를 총괄하고 소속 공무원을 지휘·감독'하는 것으로 국회
법에 규정되어 있다.
　〈그림 11-1〉에 나타나 있듯이 국회사무총장 아래 차관급 직위인 입법
차장과 사무차장이 있다. 입법차장의 직무는 입법보조업무와 위원회업무
지원 및 이에 따른 조정에 관하여 사무총장을 보좌하는 것이고, 사무차장
의 직무는 행정관리업무에 관하여 사무총장을 보좌하는 것이다(국회사무
처법 제5조). 입법차장 관할 하에 법제실과 의사국, 방송기획관 및 의정종
합지원센터가 있고, 사무차장 관할 하에 기획조정실과 국제국, 관리국, 의
정연수원, 인사과, 운영지원과 등이 조직되어 있다. 국회 위원회 조직 역
시 국회사무처 산하에 조직되어 있다.
　국회사무처의 직무는 국회사무처법 제2조에서 '의장의 지휘·감독을

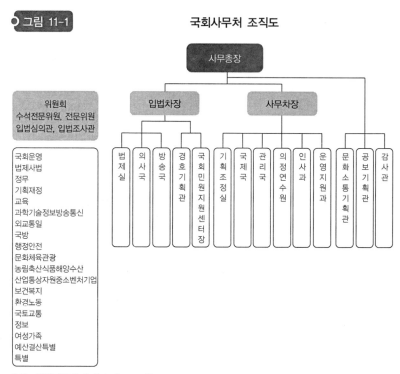

● 그림 11-1

국회사무처 조직도

사무총장

입법차장

사무차장

위원회
수석전문위원, 전문위원
입법심의관, 입법조사관

법제실
의사국
방송국
경호기획관
국회민원지원센터장

기획조정실
국제국
관리국
의정연수원
인사과
운영지원과
문화소통기획관
공보기획관
감사관

국회운영
법제사법
정무
기획재정
교육
과학기술정보방송통신
외교통일
국방
행정안전
문화체육관광
농림축산식품해양수산
산업통상자원중소벤처기업
보건복지
환경노동
국토교통
정보
여성가족
예산결산특별
특별

출처: 국회사무처 홈페이지(https://nas.na.go.kr/nas/guide/organization.do)

받아 국회 및 국회의원의 입법활동과 국회의 행정업무에 관련된 사무를
처리'하는 것으로 규정되어 있다. 국회사무처의 담당하는 구체적인 사무
는 법률안과 청원의 접수·처리, 국회의 법안심사·예산결산심사·국정감
사 및 국정조사·국가정책평가 등의 지원, 국회의 본회의 및 위원회회의에
관한 지원, 국회의 의사중계방송 및 홍보, 국회의 의원외교활동지원 등 매우
폭넓게 규정되어 있다. 특히 국회법제실은 국회의원과 위원회가 요청한
법률안의 입안 및 검토를 담당하고, 대통령령과 총리령 등을 분석·평가
하며, 국회의원의 법제활동을 지원하는 조직이다.

국회사무처의 직제상 정원은 총 3,842인(2021년 기준)인데, 여기에는
국회의원 개인 보좌진 2,400인이 포함된다. 따라서 의원보좌진이 국회사
무처 정원의 절반이 넘는 62.5%를 차지하고 있다. 직제에 포함되지 않는

전문임기제와 교섭단체 정책연구위원 등까지 포함하면 국회사무처의 정원은 3,919인에 이르기 때문에, 국회사무처는 국회의 입법지원조직 중에서 가장 규모가 큰 조직이다. 국회사무처 소속 직원의 80.1%가 공무원이며, 의원보좌진이 별정직 공무원이기 때문에 일반직보다 별정직 공무원의 비율이 압도적으로 높다.

2. 국회도서관

국회도서관은 1952년 설립되었으며, 주요 기능은 국회의 입법활동 및 국정심의에 필요한 각종 정보를 수집·정리·분석하여 제공하는 것이다. 국회도서관은 의회도서관이지만, 국회와 국회의원만을 배타적으로 지원하는 것은 아니며, 일반 국민에게도 자료열람 등을 통해서 정보를 제공하는 기능을 수행하고 있다. 특히 의회정치를 비롯하여 사회과학과 관련된 자료 및 정보의 양과 가치는 국내 최고수준이라는 평가를 받는다.

국회도서관장은 차관급 정무직 공무원으로, 의장이 국회운영위원회의 동의를 받아 임명하도록 국회법에 규정되어 있다. 국회도서관장 산하에는 1관(기획관리관), 2실(의회정보실·법률정보실), 2국(정보관리국·정보봉사국), 그리고 국회기록보존소가 조직되어 있다(2021년 기준). 국회도서관의 직제상 정원은 362인이며, 대부분이 사서직으로 구성된다. 국회도서관 직원은 입법지원조직 가운데 공무원 비율이 가장 높아서, 전체 직원의 96.3%가 공무원 신분이라는 점이 특징적이다.

3. 국회예산정책처

국회예산정책처는 2004년에 미국 의회예산처(Congressional Budget Office)를 모델로 설립되었다. 국회예산정책처의 주요 기능은 국회의 국가 예·결산 심의를 지원하고, 국회의 재정통제권을 강화하기 위해 비당파적이고 중립적으로 전문적인 연구·분석을 수행하는 것이다. 국회예산정책처법 제3조는 국회예산정책처의 직무를 구체적으로 규정하고 있다. 이에 따르면 예산안·결산·기금운용계획안 및 기금결산에 대한 연구 및 분석, 예산 또는 기금상의 조치가 수반되는 법률안 등 의안에 대한 소요비용의 추계, 국가재정운용 및 거시경제동향의 분석 및 전망, 국가의 주요 사업에 대한 분석·평가 및 중·장기재정소요 분석, 국회의 위원회 또는 국회의원이 요구하는 사항의 조사 및 분석 등이 국회예산정책처의 직무에 포함된다.

특히 2005년부터 의원안이나 정부안 모두 예산이나 기금상의 조치가 수반되는 의안을 제안하는 경우에는 비용추계서를 함께 제출하도록 의무화되면서, 의원이 법안을 발의할 경우 비용추계서를 작성하는 업무를 예산정책처에 의뢰하는 경우가 많이 증가하였다. 국회의 행정부에 대한 견제와 통제를 위해서는 국회의 재정통제권 강화가 필수적인데, 예산정책처의 설립과 함께 그동안 취약한 것으로 평가받아 왔던 국회의 재정통제권이 강화되고 있다는 평가를 받는다.

국회예산정책처장은 차관급으로, 국회의장이 운영위원회의 동의를 받아 임면하도록 되어 있다. 의장이 처장 임명동의를 요청할 때에는 미리 국회예산정책처장추천위원회의 추천을 받아야 한다. 예산정책처장 산하에는 2실(예산분석실, 추계세제분석실) 1국(경제분석국) 1관(기획관리관), 3담당관(총무담당관, 정책총괄담당관, 기획예산담당관)이 조직되어 있다(2021년 기준). 기획관리관실과 그 산하에 3개의 담당관은 행정지원조직이고, 2실 1국 산하의 17개 과에서 실무를 담당하고 있다. 2021년을 기준으로 직제상 정원은 138인이며, 예산정책처 직원 중 공무원의 비율은 75.3%이다.

4. 국회입법조사처

국회입법조사처는 의정활동 지원기구 중에서 가장 늦은 2007년에 설립되었다. 국회입법조사처는 미국 의회도서관 산하에 의회조사처(Congressional Research Service)를 모델로 설립되었다. 미국을 포함하여 외국의 의회조사기구는 대부분 의회도서관 산하조직으로 구성되어 있는데 반해, 국회입법조사처는 국회의장 직속기관으로 국회의 다른 입법지원조직과 대등한 지위를 갖고 있다는 점이 특징적이다. 국회입법조사처가 설립되기 이전까지 유사한 기능을 했던 입법정보분석실은 국회도서관 산하에 있었다.

국회입법조사처는 예산 및 재정과 관련된 사안만을 소관업무로 하는 국회예산정책처와 달리 모든 정책분야를 포함한다는 점에서 업무분야가 매우 포괄적이다. 이런 점에서 국회입법조사처는 모든 정책분야를 망라하는 국회 산하 연구분석기관으로, 국회 안의 '싱크탱크(think-tank)'를 표방하고 있다. 국회입법조사처법 제3조는 국회입법조사처의 직무를 규정하고 있는데, 국회의 위원회 또는 국회의원이 요구하는 사항의 조사·분석 및 회답, 입법 및 정책 관련 조사·연구 및 정보의 제공, 입법 및 정책 관련 자료의 수집·관리 및 보급, 국회의원연구단체에 대한 정보의 제공, 외국의 입법동향의 분석 및 정보의 제공 등이 여기에 포함된다.

이 중에서도 가장 중요한 직무는 국회 위원회와 국회의원이 요구하는 사항에 대한 조사분석 회답 업무이다. 조사분석회답은 국회입법조사처 전체 업무의 70% 정도를 차지할 정도로 핵심적인 업무로서, 조사분석을 요구한 위원회 또는 의원에게만 제공되는 배타적인 업무이다. 이 업무에서 기밀성이 중요한 이유는 조사분석 요구 자체가 의원의 입법 아이디어를 담고 있는 경우가 많기 때문이다. 조사분석 회답업무 이외에 보고서 발간, 주요 정책사안에 대한 세미나 개최, 의원연구단체 지원, 의원에 대한 대면보고 등이 조사처의 주요 기능에 속한다.

기밀성과 함께 국회입법조사처의 직무수행 원칙으로 중요한 것은 정치적 중립성(비당파성)과 객관성, 전문성 등이다. 이 중에서 특히 정치적 중립성은 당파적인 대립이 첨예한 국회에서 매우 중요한 원칙이다. 여야가 대립하는 쟁점이슈의 경우에는 객관성과 전문성의 원칙에 따라 작성한 보고서조차도 정치적 소용돌이에 휘말리는 경우가 발생하고 있기 때문이다. 최근 들어서 원내정당 간의 당파적이고 이념적인 양극화가 더욱 심화되고 있다는 점에서 정치적 중립성의 원칙은 업무수행에서 절대적으로 중요하다.

국회입법조사처장은 정무직 차관급으로, 국회예산정책처장과 마찬가지로 국회의장이 운영위원회의 동의를 받아 임면하도록 되어 있다. 의장이 처장 임명동의를 요청할 때에는 미리 국회입법조사처장추천위원회의 추천을 받아야 한다. 국회예산정책처장과 국회입법조사처장의 추천을 위해서 국회는 '국회예산정책처장추천위원회 및 국회입법조사처장추천위원회 구성 등에 관한 규칙'을 제정하여 운영하고 있다.

국회입법조사처의 조직구성은 3실·1관·2심의관·14개 팀으로 운영되고 있다. 한 개의 실당 4개의 팀이 조직되어 있으며, 기획관리관실 산하 기획팀과 총무팀은 행정지원조직이다. 정치행정조사실에는 정치의회팀·법제사법팀·외교안보팀·안전행정팀이, 경제산업조사실에는 재정경제팀·금융공정거래팀·산업자원팀·국토해양팀이, 사회문화조사실에는 교육문화팀·과학방송통신팀·보건복지여성팀·환경노동팀이 속해 있다. 2021년 기준 직제상 정원은 126인이며, 이 중 77.6%가 공무원 신분을 갖는다.

국회 의정활동 지원기구의 직원은 어떻게 채용되는가?

국회 의정활동 지원기구의 직원은 공채를 통해서 채용된다. 국회의 공채시험은 5급 공무원을 채용하는 입법고시와 8급, 9급 공채가 있다. 입법고시는 일반행정직·법제직·재경직·사서직 등 4개 직렬(職列)이 있고, 8급 공채는 일반행정직, 9급 공채는 속기직·사서직·경위직 등의 직렬이 있다. 입법고시는 1차 필기시험과 2차 논술시험, 3차 면접시험을 거쳐서 선발하고, 8급과 9급 공채는 1·2차를 병합하여 필기시험을 보고 3차 면접시험을 본다.

한편 국회예산정책처와 국회입법조사처의 공채는 특정 분야에서 박사학위 소지자 또는 변호사 자격증 소지자 등 전문성을 가진 사람을 대상으로 서류심사와 면접시험을 거쳐서 선발한다. 의정활동 지원기구 간에는 인사교류를 하고 있어서, 국회사무처 소속 직원이 다른 의정활동 지원기구에 파견근무를 하기도 한다.

제12장
국회의원 윤리와 정치자금*

조진만 | 덕성여자대학교

I. 의회정치와 의원윤리

정치철학자인 마이클 샌델(Sandel 2005)은 "윤리적 기반을 잃은 정치는 국가와 국민의 공공선에 해악을 끼치는 가장 무서운 적"이 된다는 점을 피력하였다. 그리고 이러한 차원에서 "정치인의 도덕성은 일반인보다 높아야 한다"라고 주장하였다. 공적인 정치 영역에서 윤리가 얼마나 중요한지 잘 보여주는 주장이다.

권력의 문제를 다루는 정치학에서 윤리 문제가 중요한 이유는 무엇일까? 권력은 자신이 원하는 바를 이루는 데 매우 유용한 수단이 된다. 이러한 이유로 권력을 장악한 정치인이 도덕성을 상실한 채 자신이 원하는 바

---

* 본 장의 의원윤리와 관련된 내용은 필자가 『의정연구』 제25권 3호(2019년)에 게재한 "의원윤리의 쟁점과 한국의 실태"의 내용을 수정·보완한 것임을 밝힌다.

를 쟁취하기 위하여 사적으로, 부도덕하게 권력을 사용하면 우리 사회가 그 피해를 고스란히 감당해야 한다. 특히 한국의 경우 유교사상의 영향으로 인하여 덕치(德治)와 윤리의 문제가 더욱 중요하게 부각되는 특징을 보인다. 유교사상에서 정치는 수신(修身), 즉 개인의 자기 성찰과 수련으로부터 시작된다. 이러한 이유로 한국의 선거에서 유권자는 정당뿐만 아니라 후보자 개인에 대한 인물 평가를 고려하여 투표 결정을 하는 모습도 보인다. 그러므로 정치인이 어떠한 윤리적 태도와 행태를 보여주는가는 문제는 규범적인 차원뿐만 아니라 현실적인 차원에서도 중요하다.

더불어 의회정치의 특성을 고려할 때에도 의원윤리의 문제는 중요하다. 의회는 기본적으로 다양한 선호와 이해관계를 가지고 있는 정치적 대표자인 의원들이 정책에 대한 합의를 이끄는 것을 중심으로 운영된다. 이러한 이유로 의회정치는 기본적으로 비효율적이고 갈등적인 특징을 보인다. 이러한 상황에서 의원의 윤리 문제가 불거지면 의회는 정치적 대결의 장으로 변모한다. 의회의 효율성은 더욱 떨어지고, 갈등도 심화되는 상황이 전개된다. 이러한 의회의 모습을 긍정적으로 평가할 시민들은 많지 않다. 대부분의 국가들에서 의회의 신뢰도가 가장 낮은 특징을 보이는 이유도 이와 같은 의회정치의 특성과 깊은 관련이 있다(Bond and Fleisher 2000; Davidson et al. 1966; Hibbing and Theiss-Morse 1995; Mayer and Canon 1999).

그러므로 의회가 그 기능을 차질 없이 수행하기 위해서는 의원이 품위를 유지하면서 윤리 문제와 관련한 시비를 최소화할 필요가 있다. 특히 한국은 국회가 정파적으로 운영되는 특징을 보이기 때문에 국회의원의 윤리의식을 높일 수 있는 구체적인 방안들을 적극적으로 모색하고 현실화시킬 필요가 있다. 하지만 지금까지 한국의 국회가 윤리 문제를 개선하기 위하여 보여준 모습에는 부족함이 많다.

II. 한국의 의원윤리 제도와 실태

1. 국회의원의 의무와 윤리 관련 규정 체계

한국의 경우 최고 상위법인 헌법에서 국회의원의 의무를 명시하고 있다. 구체적으로 헌법 제46조는 "청렴의 의무가 있다(제1항)"라는 점, "국가이익을 우선하여 양심에 따라 직무를 수행해야 한다(제2항)"라는 점, "지위를 남용하여 국가·공공단체 또는 기업체와의 계약이나 그 처분에 의하여 재산상의 권리·이익 또는 직위를 취득하거나 타인을 위하여 그 취득을 알선할 수 없다(제3항)"라는 점을 명시하고 있다. 이와 같은 헌법에 명시된 국회의원의 의무는 국회의원의 윤리 문제를 다루는 가장 기본적인 법적 근거가 되고 있다.

헌법상에 명시된 국회의원의 의무를 국회 차원에서 좀 더 구체적으로 적용하기 위하여 국회법상 국회의원 윤리 관련 조항들이 다수 존재한다. 구체적으로 국회법에서는 국회의원의 겸직(제29조)과 영리 업무 종사(제29조의2)를 금지하고 있다. 제21대 국회(2020~2024)에서 공직자이해충돌방지법안을 제정함에 따라 국회법에 의원의 이해충돌 방지를 위한 국회법 조항이 신설되어 2022년 5월 30일부터 시행될 예정이다. 신설된 국회법에서는 사적 이해관계의 등록(제32조의2)과 신고(제32조의4), 그리고 이해충돌[1] 우려가 있는 안건 등에 대한 회피(제32조의5)를 규정하고 있다. 이외에도 상임위원회 선임에 있어서도 공정을 기할 수 없는 뚜렷한 사유가 있다고 인정될 경우에는 위원으로 선임하지 않도록 하는 규정(제48조 제7항)을 두고 있다. 뿐만 아니라 직무 수행상 알게 된 국가기밀에 속하는

---

[1] 국회법은 이해충돌의 개념을 "의원이 직무를 수행할 때 본인의 사적 이해관계가 관련되어 공정하고 청렴한 직무수행이 저해되거나 저해될 우려가 있는 상황"이라고 규정하고 있다.

사항을 공개하거나 타인에게 누설해서도 안 된다(제54조의2제2항). 또한 국회의원은 품위를 유지할 의무(제25조)가 있다. 이와 관련하여 국회의원이 국회 의사 진행을 현저히 방해하였을 때(제102조), 회의장의 질서를 어지럽히는 행위를 하거나 이에 대한 의장 또는 위원장의 조치에 따르지 아니하였을 때(제145조제1항), 의장석 또는 위원장석을 점거하고 점거 해제를 위한 의장 또는 위원장의 조치에 따르지 아니하였을 때(제148조의2), 본회의장 또는 위원회 회의장 출입을 방해하였을 때(제148조의3), 다른 사람을 모욕하거나 다른 사람의 사생활에 대한 발언을 하였을 때(제146조) 등에는 윤리특별위원회의 심사와 의결을 통하여 징계를 받을 수 있다.

2. 국회의원 윤리 규정과 윤리특별위원회

민주화 직후 구성된 제13대 국회(1988~1992)에서 국회의원의 윤리 문제에 관한 관심이 본격적으로 생겨났다. 그리고 이와 관련한 법과 제도가 마련되었다. 제13대 국회는 1991년 2월 7일 국회의원 윤리강령을 제정하여 선포하였다. 국회의원 윤리강령은 국민의 대표자인 국회의원이 양심에 따라 직무를 성실히 수행하고, 국회의 명예와 권위를 높이기 위하여 준수해야 할 사항을 선언한 문서라는 점에서 의의가 있었다. 다만 강령의 성격상 선언적 성격이 강한 특징을 보이기 때문에 제13대 국회는 곧이어 1991년 5월 8일 국회의원 윤리실천규범을 제정하였다.

국회의원 윤리실천규범은 국회의원 윤리강령을 성실하게 준수할 것을 제1조에 명시하면서 국회의원이 지켜야 할 윤리 문제를 좀 더 구체화하고 있다. 세부적으로 국회의원 윤리실천규범은 국회의원의 품위 유지(제2조), 청렴 의무(제3조), 직권 남용 금지(제4조), 직무 관련 금품 등 취득 금지(제5조), 국가기밀 누설 금지(제6조), 통상적이고 관례적인 수준을 넘는 사례금 수령 금지(제7조), 법률로 정한 것 이외의 겸직 금지(제8조), 겸직 신고 의무(제9조), 직무 수행과 관련하여 직접적 이해관계가 존재하는 사안에

> ### 국회의원 윤리 규정의 한계점은 무엇인가?
>
> 한국정치에서 윤리의 문제가 중요하게 인식되고 있음에도 불구하고 국회의원의 윤리 관련 규정은 미비한 특징을 보인다. 실제로 국회의원 윤리강령은 1991년 2월 7일 제정된 이후 단 한 번도 개정된 적이 없다. 뿐만 아니라 국회의원 윤리실천규범도 1991년 5월 8일 제정된 이후 1993년 7월 13일과 2017년 3월 2일에 일부 개정된 이후 지금까지 그 내용이 충실하게 개정되지 못하였다. 더욱이 국회의원 윤리강령과 국회의원 윤리실천규범은 선언적인 차원에서 짧게 작성되어 있어 실질적으로 사안이 발생하였을 경우 이를 적용하여 논의하고 처방을 마련하기에는 한계점이 있다. 그동안 국회의원의 윤리의식을 높이기 위한 국회의원 윤리실천규칙과 윤리실천법안 등이 소수의 국회의원들을 중심으로 발의되었지만 제대로 논의가 되지 못한 채 가결되지 못하였다.

대한 사전 소명과 회피의 의무(제10조), 재산 등록과 신고 의무(제11조), 의례적인 범위를 넘는 기부 행위 금지(제12조), 국외 활동에 대한 신고와 보고 의무(제13조), 성실한 회의 출석 의무(제14조), 보좌 직원의 임용 및 관리와 관련한 내용(제15조) 등으로 구성되어 있다.

제13대 국회는 국회의원 윤리강령과 국회의원 윤리실천규범을 마련한 후 1991년 5월 31일 국회법 개정을 통하여 국회의원의 윤리 심사와 징계에 관한 사항을 심사하기 위한 목적으로 윤리특별위원회를 설치하였다. 이를 통하여 국회 내 질서를 문란케 하거나 국회의 위신과 품위를 손상하게 한 국회의원이 있을 때, 국회가 자율권을 가지고 해당 국회의원을 제제할 수 있는 제도가 마련되었다.

윤리특별위원회의 구성과 운영과 관련한 규칙도 1991년 7월 23일에 제정되었다. 구체적으로 윤리특별위원회는 위원장 1인과 위원 17인의 총 18인으로 구성된다. 윤리특별위원회 위원은 교섭단체 소속 의원 수의 비율에 따라 의장이 각 교섭단체 대표의원의 추천을 받아 선임한다. 위원장과 간사는 윤리특별위원회에서 호선되고 본회의에 보고되는데, 교섭단체별로 한 명씩의 간사가 선임된다. 윤리특별위원회 구성 등에 관한 규칙에 따라 윤리특별위원회에는 자격심사소위원회와 징계심사소위원회가 존재한다. 그리고 각 교섭단체별 의원 수 비율에 따라 추천되고 의장이 위촉하는 인사들로 구성되는 윤리심사자문위원회도 존재한다. 윤리심사자문위원회는 의원의 겸직, 영리업무 종사, 징계, 이해충돌 방지에 관한 사항들에 대하여 검토하고 의장, 해당 의원, 교섭단체 대표의원에게 의견을 제출하는 역할을 수행한다. 국회법상 윤리심사자문위원회의 의견을 국회가 반드시 따라야 할 의무는 없지만 존중하여야 한다는 점을 명시하고 있다.

국회의원의 윤리 문제와 관련하여 자격심사와 징계심사가 핵심을 이룬다. 먼저 자격심사의 경우 국회의원이 겸직, 공직선거후보자 등록, 피선거권 상실 등의 이유로 국회의원직을 유지하기 힘들 때 청구된다. 국회의원 30명 이상의 연서로 국회의장에게 자격심사청구서를 제출함으로써 그 절차가 진행된다. 국회의장이 접수한 자격심사청구서를 윤리특별위원회에 회부하면 윤리특별위원회는 자격 유무를 심사하여 보고서를 국회의장에게 제출한다. 그리고 최종적으로 본회의 표결에서 재적 국회의원 3분의 2 이상이 찬성하면 국회의원직을 상실하게 된다.

다음으로 징계 요구의 경우 헌법과 국회법에 명시된 국회의원의 의무와 윤리를 위반하였을 경우 진행된다. 국회의장은 단독으로 징계 대상 국회의원이 존재할 경우 윤리특별위원회에 그 사안을 회부할 수 있다. 상임위원회 위원장은 상임위원회 소속 국회의원에 대한 징계대상자 보고를 국회의장에게 할 수 있으며, 국회의원 20명 이상의 찬성으로 징계 대상 국회의원에 대한 징계대상자심사요구서를 제출할 수 있다. 이외에는 모욕을 당한 국회의원, 윤리특별위원회 위원장과 위원 5인 이상이 국회의장에게 징계 요구를 할 수 있다.

2005년 7월 6일에는 윤리특별위원회 구성 등에 관한 규칙을 개정하여 외부인으로 구성되는 윤리심사자문위원회에서 국회의원의 윤리 문제를 자문할 수 있는 조치가 이루어졌다. 이후 2010년 5월 28일에는 윤리심사자문위원회의 구성과 운영을 강제할 수 있도록 국회법상에 설치 근거가 마련되었다(제46조의2). 하지만 제20대 국회(2016~2020)는 2018년 7월 17일 국회법 개정을 통하여 윤리특별위원회를 비상설 특별위원회로 전환시키는 결정을 내렸다.

이것은 그동안 윤리특별위원회의 실질적 역할이 미진하였다는 점을 보여준다. 동시에 향후 윤리특별위원회가 안건 심사를 진행하기 위해서는 별도로 구성되어야 하므로 결과적으로 국회의원의 윤리 문제에 대한 국회의 심사 기능이 더욱 취약해질 수 있다는 점을 시사한다. 실제로 제21대 국회 출범 이후에도 윤리 문제와 관련한 징계안이 다수 발의되었지만 위원장과 간사 선임을 위한 단 한 차례의 회의만이 열렸다. 이것은 오늘날 윤리특별위원회가 얼마나 제대로 운영되지 못하는지를 상징적으로 보여준다.

3. 국회의원의 윤리 위반 사유

의원이 일으키는 윤리 문제는 자신의 직위와 권력을 이용하여 사적인 이득을 챙기는 이해 충돌의 문제와 공인으로서의 품위를 유지하지 못한 부적절한 언사와 행동으로 야기되는 문제가 대부분이다. 그렇다면 한국의 국회의원들은 어떠한 윤리 문제를 일으키고 있을까? 이를 구체적으로 살펴볼 수 있는 방법은 윤리특별위원회에 회부된 국회의원 윤리 관련 징계안의 내용을 살펴보는 것이다.

〈표 12-1〉을 놓고 볼 때, 오늘날 우리 사회 전반이 투명해진 상황 속에서 국회의원이 자신의 지위를 이용하여 사적인 이익을 챙기는 사례는 상대적으로 많지 않다는 점을 파악할 수 있다. 하지만 정치권의 갈등과 대결이 심화하면서 상대방에 대하여 막말이 범람하고, 명예 훼손에 해당하는 발언이 많다는 점은 우려스러운 부분이다.

특히 제20대 국회에서 윤리특별위원회에 회부된 국회의원 윤리 징계안의 절반 이상(51.2%)이 막말과 명예 훼손과 관련이 있다는 점에 대해서는 심각한 고민과 개선이 필요하다.

일찍이 배젓(Bagehot 1928)은 "정치에 대한 국민의 신뢰는 효율성이

표 12-1   제20대 국회 윤리특별위원회에 회부된 징계안 사유와 건수

징계 사유와 예시	건수(비율)
막말 및 명예 훼손(간첩 망언, 허위사실 유포, 성희롱, 5.18망언, 동료 국회의원에 대한 막말, 다른 정당 폄훼, 좌파 독재 막말)	22(51.2%)
괴담과 선동(집회)	8(18.6%)
이해 충돌(내부 정부 이용 재산 증식과 직권 남용)	5(11.6%)
품위 유지 위반(작품 전시, 스트립바 출입, 성 추행)	3(7.0%)
점거(직무 수행 방해, 의사 발언 방해)	2(4.7%)
국가기밀 누설	2(4.7%)
정파적 의사 진행	1(2.3%)
합계	43(100.0%)

출처: 경제정의실천시민연합 정치개혁위원회 보도자료(2019년 7월 18일)

아닌 품위에서 나온다"라고 지적하였다. 이것은 국민의 대표기관인 의회는 어떠한 목표를 신속하게 달성하였는가의 결과보다는 그 과정에서 어떠한 모습을 보여주었는가의 문제가 더욱 중요할 수 있다는 점을 시사한다. 실제로 민주국가에서 시민들이 의회를 평가할 때, 정책의 내용과 결과보다는 정책 결정 과정이 어떠하였는지, 즉 정책 결정 과정에서 의원들 사이에 충분한 토의가 이루어졌는지, 자발적 합의가 이루어졌는지, 소수의 의견도 존중되었는지 등에 대한 인상이 주된 평가의 기준이 된다 (Gutmann and Thompson 1996; Hibbing and Theiss-Morse 1995). 또한 의원들이 의안 심사 과정에서 극단적이고 과장된 수사에 의존하고 상대방을 매도하는 발언을 할 때 시민들은 의회를 불신하게 된다(Uslaner 1993).

한국의 국회에 대한 국민의 신뢰는 바닥을 치고 있다. 국회 내에서 정당들이 첨예하게 갈등하는 상황 속에서 국회의원들이 부적절한 막말과 행동이 빈번하게 나오고 있다. 하지만 실상 국회의원들은 이에 대한 문제 의식을 느끼지 못하고, 오히려 정략적으로 이러한 수단을 활용하는 것이 필요하다는 행태까지도 보인다. 한국의 국회가 국민으로부터 신뢰받는

국회 특수활동비에 대한 논란은 무엇인가?

국회 특수활동비는 국회의장, 부의장, 상임위원장 등에게 의정활동 지원 명목으로 지급되는 돈이다. 기획재정부 지침에 따르면 국회 특수활동비는 '정보나 사건 수사, 그 밖에 이에 준하는 국정 수행 활동에 쓰이는 경비'로 규정되어 있다. 국회 특수활동비의 경우 2017년에는 81억 5,800원, 2016년에는 78억 5,800만 원이 사용되었다. 문제는 국회 특수활동비의 경우 그 성격상 사용한 이후에도 영수증을 내는 증빙 절차가 없다는 점에 있다. 이러한 이유로 국회 특수활동비는 '눈먼 돈'이라는 의심을 지속적으로 받아왔고, 시민단체들은 국회 특수활동비 사용 내역을 공개할 것을 지속적으로 요구하였다. 국회 특수활동비 사용 내역이 공개될 경우 국회의 행정부 감시 역할이 위축될 수 있다는 주장이 제기되었다. 하지만 2018년 5월 3일 대법원은 국회 특수활동비 내역 공개가 국익을 침해한다고 단정할 수 없고, 국민의 알 권리 충족과 국회 활동의 투명성과 정당성을 확보하는 데 기여할 수 있다는 관점에서 판결을 내렸다. 이러한 상황 속에서 2018년 8월 13일 국회는 특수활동비 폐지에 대하여 합의하였다.

대의기관으로서 그 위상을 재정립하기 위해서는 이러한 국회의원의 인식과 행동에 변화가 있어야 한다는 점을 명확하게 인식할 필요가 있다.

4. 윤리특별위원회 징계안 처리 실태

의원이 윤리 문제를 일으켜 징계안이 회부되더라도 의회 차원에서 실질적으로 중징계 처벌을 받는 경우는 극히 드물다. 그 이유는 국민의 대표자라는 의원의 직위로 인하여 상대적으로 징계안 처리에 신중한 측면도 존재하지만 의원들 사이에 동료의식도 중요하게 작용하기 때문이다. 특히 한국의 경우 상설위원회가 아닌 비상설 특별위원회 형태로 윤리특별위원회가 존재하고, 정당들이 서로 자신에게 소속된 국회의원들을 감싸는 모습을 강하게 보이기 때문에 더욱 국회의원의 윤리 문제에 대한 제대로 된 처벌이 이루어지지 못하고 있다.

이러한 문제점들을 개선하기 위하여 외부 인사로 구성된 윤리자문위
원회를 설치하였다. 하지만 실질적으로 윤리자문위원회의 결정이 구속력
을 갖지 못하기 때문에 제 역할을 수행하지 못하고 있다. 더불어 윤리특별
위원회에 국회의원 징계안을 올라오더라도 징계안을 처리해야 하는 기간
에 관한 규정이 없어 회기가 종료될 때, 징계안도 자동으로 폐기되는 모
습이 자주 목격된다.

〈표 12-2〉는 제15대 국회(1996~2000)부터 제19대 국회(2012~2016)까
지 윤리특별위원회에 회부된 징계안이 어떻게 처리되었는가를 정리하여
제시한 것이다. 이 표를 보면 윤리특별위원회에 회부된 국회의원 윤리 관련
징계안의 처리 비율이 38.5%로 낮다는 점을 확인할 수 있다. 더불어 처리
된 징계안들 중에서 가결된 징계안은 단 6.4%에 불과할 정도로 그 비율이
낮다. 뿐만 아니라 과반수가 넘는 징계안(61.5%)이 임기 만료로 폐기되었
다. 이것은 한국에서 국회의원이 윤리와 관련한 문제를 일으켜 징계안이
윤리특별위원회에 회부되더라도 제대로 처리되지 못하고 있다는 점을 직
접적으로 보여준다.

● 표 12-2 **윤리특별위원회 징계안 처리 현황:** 제15대~제19대 국회

국회	접수	처리	처리 내용				심사 기한 만료	임기 만료 폐기
			가결	부결	철회	기타		
제15대	44	13	0	10	1	2	0	31
제16대	13	0	0	0	0	0	0	13
제17대	37	21	10	5	5	1	0	16
제18대	54	24	1	7	16	0	0	30
제19대	39	14	1	0	6	7	0	25
합계 (비율)	187 (100.0%)	72 (38.5%)	12 (6.4%)	22 (11.8%)	28 (15.0%)	10 (5.3%)	0 (0.0%)	115 (61.5%)

출처: 윤리특별위원회 홈페이지

어떻게 의원윤리를 제도적으로 강화시킬 수 있을 것인가?

톰슨(Thompson 1995)은 시민단체 대표 또는 외부 전문가들로 구성된 독립적 윤리 심의기구를 만들어 문제가 제기된 의원의 윤리 사안들에 대한 일차적인 조사를 담당하고, 윤리 심의의 충분한 근거가 있다는 조사 결과가 나오면 자동으로 윤리위원회가 그 윤리 사안을 다루어 판결을 내리도록 할 필요가 있다고 주장하였다. 이러한 주장을 토대로 미국 하원은 2008년 외부 인사로 구성되는 의회윤리실(Office of Congressional Ethics)을 신설하여 사전 윤리 심사를 담당하고 있다. 한편 한국의 시민단체들도 국회의원 스스로 윤리 문제를 제대로 다루기 힘들어 윤리특별위원회에 학계, 법조계, 시민단체 등 외부인사로 구성된 윤리조사위원회를 설치하여 조사와 징계 권고 등에 대한 권한을 가져야 한다고 주장한다. 이외에도 윤리조사위원회가 권고한 사안에 대해서는 일정 기간 이내에 반드시 처리하도록 규정하고, 국회의원 징계에 대한 회의 내용을 원칙적으로 공개하는 국회법 개정도 필요하다고 주장하고 있다. 2005년에 외부 인사로 구성되는 윤리심사자문위원회가 설치되었지만 이것은 기존에 시민단체에서 주장한 윤리조사위원회와는 그 권한과 기능이 차이를 보인다. 그리고 여타 개혁 요구사항들에 대한 조치는 아직까지 국회에서 수용되지 않고 있다.

III. 정치자금과 의원윤리

1. 선거와 정치자금

민주주의에는 비용이 소요된다. 후보자가 좋은 정책을 개발하고, 조직을 동원하여 유권자들에게 이를 적극적으로 홍보하는 데 돈이 필요하다. 민주주의 국가에서 정치자금이 선거결과에 미치는 영향력이 크게 나타나는 이유도 여기에 있다. 이러한 상황에서 대부분 국가는 정치인이 모금하고 사용할 수 있는 자금의 규모를 제한하고 있다.

물론 미국과 같이 정치자금의 모금 자체가 정당과 후보자의 능력으로 간주하고, 실질적으로 자유로운 모금과 지출을 할 수 있는 국가도 존재한다. 미국에서는 기부 문화가 보편화되어 있는 상황 속에서 유권자가 정치인을 후원하는 것을 정치적 의사를 표현하는 하나의 방식으로 간주한다. 그러므로 정치인의 정치후원금을 제한하는 것은 유권자의 자유로운 정치적 의사 표현의 자유를 제한하는 동시에 돈 많은 사람들만 정치를 할 수 있게 하는 결과를 초래할 수 있다고 본다. 하지만 정치자금 모금과 관련한 기부 문화가 제대로 정착되어 있지 않은 국가에서 정치자금의 무한정 사용은 실질적으로 돈 많은 후보자가 선거에서 유리한 위치를 점유하는 결과를 초래할 가능성이 더욱 크다.

문제는 민주국가에서 의회는 주기적으로 시행하는 선거를 통하여 구성되고, 이러한 구조 속에서 의원은 정치자금이 항상 필요한 상황에 놓이게 된다는 점에 있다. 정치자금이 득표에 도움이 된다는 점이 보편적으로 인정되는 상황 속에서 의원은 차기 선거를 대비하여 정치자금을 모으려는 유인을 갖게 된다.

그렇다면 국회의원은 정치자금을 어떻게 모금할 수 있을까? 공식적으로는 후원회를 통하여 지정된 액수의 정치자금을 조달할 수 있다. 구체적으로 국회의원은 정치자금법상 매년 최대 1억 5천만 원의 후원금을 모금할 수 있다. 그리고 선거가 실시되는 해에는 그 두 배인 3억 원까지 후원금을 모금할 수 있다.2) 정치자금법에 따르면 국회의원 후원회가 신용카드, 예금계좌, 전화 또는 인터넷 전자결제시스템 등에 의한 모금으로 인하여 부득이하게 연간 모금 한도액을 초과(모금 한도액의 20% 이내)한 경우 다음 연도 모금 한도액에 포함하도록 하고 있다.

하지만 모든 국회의원이 모금 한도액에 근접하는 후원금을 모으는 것은 아니다. 중앙선거관리위원회가 2018년도 국회의원 후원회 모금 내역

---

2) 국회의원이 아닌 경우 국회의원선거 120일 전 예비후보자로 등록하면 후원금을 모금할 수 있으며, 최대 1억 5천만 원까지 모금할 수 있다. 국회의원의 경우 정치신인과 비교하여 후원금 모금 액수와 기간에서 유리한 측면이 있어 형평성 문제가 제기되고 있다.

> **국회의원 출판기념회를 둘러싼 의혹과 논란은 무엇인가?**
>
> 국회의원이 정치자금을 모금할 수 있는 주요 수단 중 하나가 출판기념회 개최이다. 국회의원 출판기념회의 경우 도서 판매 내역을 보고할 필요가 없다. 이러한 이유로 국회의원은 선거를 앞두고 정치자금을 충당할 목적으로 출판기념회를 개최하는 모습을 보인다. 이 문제를 해결하기 위해서는 도서를 정가로만 판매하고, 1인당 구매 한도를 제한하는 조치가 필요하다. 더불어 출판기념회의 수입과 지출 내역을 투명하게 할 수 있는 방안을 모색할 필요가 있다.

을 집계하여 발표한 결과를 살펴보면 연간 모금 한도액을 초과하여 후원금을 모금한 국회의원 후원회는 전체 298개 중에 34개(11.4%)였다(중앙선거관리위원회 보도자료, 2019년 2월 26일). 2018년을 기준으로 더불어민주당 노웅래 국회의원은 3억 2,379만 원의 가장 많은 후원금을 모은 반면 자유한국당 이우현 국회의원은 1,028만 원의 후원금을 모금하여 큰 차이를 보였다.

　유권자들은 국회의원이 모은 정치후원금의 규모와 액수가 결코 적지 않다고 생각할 것이다. 하지만 정작 국회의원은 임기 동안 정치 활동을 하고 지역구 유권자들을 관리하기에는 항상 정치자금이 부족하다는 생각을 가질 가능성이 크다. 또한 공식적인 경로를 통하여 들어온 정치자금은 그 지출 용도가 제한되어 있고, 회계 보고 등의 까다로운 절차들도 존재한다. 그러므로 국회의원의 입장에서 보면 자신이 편하게 지출할 수 있는 정치자금을 만들고자 하는 유혹에서 벗어나지 못할 수 있다.

2. 한국의 정치자금 모금 및 지출

유권자가 국회의원이 정치자금을 어떻게 모금하여 지출하는지를 정확하게 파악하기는 쉽지 않다. 심지어 학자나 언론사 등도 이와 관련한 자료를 구하여 분석하기가 쉽지 않다. 중앙일보사가 2018년 중앙선거관리위원회에 정보 공개를 요청하여 국회의원의 후원금 수입·지출 내역을 분석한 결과를 살펴보면 2017년 한 해 기준 297명의 국회의원이 504억의 후원금을 모금하여 306억 원(55.8%)을 지출한 것으로 파악되었다(중앙일보, 2018년 6월 2일 자). 개별 국회의원들 간의 차이가 존재하지만 평균적으로 국회의원 1인당 1억 원 넘는 후원금을 일 년 동안 사용하고 있는 것이다.

일반적으로 국회의원의 정치자금의 수입은 자산(차입금 포함),[3] 후원회 기부금, 정당의 지원금(보조금, 보조금 외)[4]으로 구성된다. 이 중에서 국회의원 정치자금 수입의 대부분은 후원회 기부금으로 구성되는 특징을 보인다. 그리고 정치자금 지출은 선거가 있는 해에 이와 관련하여 지출되는 선거비용과 선거의 시행 여부와 상관없이 일상적으로 지출되는 인건비와 경상비 등의 선거비용 외의 두 가지 지출로 이루어진다.

그렇다면 국회의원들은 후원받은 정치자금을 제대로 잘 지출하고 있을까? 지금까지 학자들, 언론사, 시민단체들은 과거와 비교하여 국회의원의 정치자금 지출이 많이 투명해진 것으로 평가하고 있다. 하지만 여전히 국회의원들은 후원금을 주머닛돈으로 생각하고, 지출 내역을 상세하게 보고하지 않는 경우도 많은 것이 사실이다. 그리고 이러한 문제들을 어떻게 제도적으로 개선할 것인가에 대한 고민도 지속해서 진행되고 있다.

먼저 국회의원 후원금 모금과 관련하여 고액 기부자[5]의 인적사항에 대한 철저한 확인과 검증이 제대로 이루어지지 못하고 있다는 문제점이 지속해서 제기되고 있다. 국회의원 후원회에 1회 30만 원 이상, 연간 300

---

3) 자산은 자신과 배우자, 8촌 이내의 혈족, 4촌 이내의 인척으로부터 무상이나 무이자로 지원받은 정치자금을 의미한다. 그리고 차입금은 은행이나 타인으로부터 빌린 돈으로 원금과 이자를 갚아야 하는 정치자금을 의미한다.

4) 정당의 지원금은 국고로 지원되는 경상보조금과 선거보조금, 그리고 중앙당 후원회를 통하여 모금한 후원금의 일부를 국회의원에게 지원하는 방식으로 이루어진다.

5) 정치자금법상 후원인은 여러 후원회에 후원금을 기부할 수 있지만 그 총액이 2,000만 원을 초과할 수는 없다. 또한 하나의 후원회에 연간 500만 원 넘는 금액을 기부하지는 못한다.

만 원 이상 기부자의 경우 이름, 생년월일, 주소, 직업, 전화번호 등의 인적사항을 기재해야 하지만 적지 않은 경우도 다수 존재한다. 뿐만 아니라 직업란에 회사원(직장인), 자영업, 사업 등으로 모호하게 기재한 사례도 적지 않다. 이것은 후원금을 내는 기부자들이 신원을 노출하기를 꺼리고 인적사항을 정확히 기재하지 않아도 처벌할 법적 조항이 존재하지 않기 때문이다.

　기업이나 기관들이 고액 기부금을 다수의 개인별로 소액으로 쪼개어 후원하는 행태를 명확하게 밝혀내기 힘들다는 문제점도 여전히 존재한다. 현행 정치자금법에서는 기업이 법인자금을 활용하여 기부하는 것을 금지하고 있다. 또한 개인이 기부할 수 있는 후원금 한도액도 연간 500만 원을 넘지 못하게 규정하고 있다. 기업의 입장에서는 국회의원에게 보다 많은 후원금을 기부해야 자신들이 원하는 것들을 요구하고 관철할 가능성이 커진다. 그러므로 일부 기업에서는 다수 직원들의 이름을 빌려 정치인들에게 거액의 후원금을 쪼개어 기부하는 시도를 하는 것이다. 이러한 측면들을 개선하기 위해서는 고액 기부자에 대해서는 사후적으로도 확인과 검증을 할 수 있도록 인적사항을 구체적인 형태로 반드시 기재하도록 하는 제도적 장치가 필요하다. 그리고 정치후원금을 신고하는 중앙선거관리위원회의 홈페이지를 통하여 그 내역을 언제든 수월하게 확인할 수 있도록 하는 방안을 고려해볼 수도 있다.

　다음으로 정치자금 지출과 관련해서는 무엇보다도 회계 보고의 형식을 개선할 필요가 있다. 현재 국회의원이 사용한 정치자금에 대한 회계 보고는 통일된 형식과 분류기준이 마련되어 있지 않다. 더욱이 회계 보고의 내용은 그림 파일 형태로 받아 확인하는 형태로 이루어져 있어 실질적으로 학자, 언론, 시민단체가 그 내용을 감시하여 문제점을 지적하기 힘들다. 다시 말해 국회의원의 정치자금 지출을 한눈에 손쉽게 파악할 수 있는 형태로 정리되어 있지 않다. 그리고 이마저도 정보 공개 청구를 통해서만 제한적으로 접근할 수 있다.

　실제로 국회의원의 정치자금 모금과 지출과 관련한 투명성이 크게 제고된 상황 속에서 이와 같은 문제점들을 오히려 정치자금과 관련한 의혹과 불신을 조장하는 요인으로 작용할 수 있다. 그리고 오히려 이러한 제도적 허점들로 인하여 국회의원이 정치자금 모금과 지출과 관련하여 도덕적으로 해이한 모습을 보이면서 문제를 일으킬 가능성도 커진다. 중앙선거관리위원회는 이러한 문제점들을 개선하기 위하여 2016년 정치자금과 관련한 수입과 지출이 발생하면 48시간 이내에 중앙선거관리위원회에 신고하고, 전자파일 형태로 관련 내역을 보고받아 홈페이지에서 게시함으로써 누구든지 언제든 조회가 가능하도록 하는 정치자금법 개정 의견을 국회에 제출한 바 있다. 하지만 아직까지 국회가 입법을 하지 않아 현실화되지 않았다.

민주주의를 제대로 운영하기 위해서는 비용이 들고, 이러한 비용을 국가적인 차원에서 모두 감당하기는 어려운 것이 현실이다. 그러므로 유권자가 자신이 지지하는 정치인을 후원할 수 있는 정치문화를 조성하는 것이 중요하다. 민주주의의 기본원칙을 고려할 때, 유권자 다수가 소액으로 정치후원금을 기부하고, 소액 다수의 정치후원금을 받은 정치인이 선거에서 당선되고, 이 정치후원금을 투명하고 올바르게 모금하고 사용할 수 있는 제도를 구축하는 것이 중요하다.

• 참고문헌 •

가상준. 2007. "정치적 선호도와 당선횟수로 본 17대 국회 상임위원회 특징." 『사회과학연구』 15(2): 236-278.

＿＿. 2012. "18대 국회 상임위원회 전반기와 후반기 비교 연구." 『한국정당학회보』 11(1): 5-30.

＿＿. 2018. "국회 원구성 방식의 변화." 손병권 외. 『대한민국 국회제도의 형성과 변화』. 서울: 푸른길.

가상준·유성진·김준석. 2009. "18대 국회 초선의원과 17대 국회 초선의원의 비교연구." 『세계지역논총』 27(1): 285-314.

강원택. 2001. "한국정치에서 이원적 정통성의 갈등 해소에 대한 논의: 준대통령제를 중심으로." 『국가전략』 7(3): 29-50.

＿＿. 2009. "당내 공직후보 선출과정에서 여론조사 활용의 문제점." 『동북아연구』 14: 35-63.

＿＿. 2011. "국회 소위원회 제도의 운영 현황과 발전 방안." 『현대정치연구』 4(2): 5-27.

곽진영. 2003. "국회-행정부-정당 관계의 재정립: 분점정부 운영의 거버넌스." 『의정연구』 9(2): 161-185.

국회사무처. 2008. 『대한민국국회 60년사』. 서울: 국회사무처.

＿＿. 2016a. 『국회법 해설』. 서울: 국회사무처.

＿＿. 2020b. 『2020 의정자료집: 1948~2020』. 서울: 국회사무처.

＿＿. 2019. "국회인력통계: 정기통계 2019-07."

＿＿. 2020a. 『2019년도 국정감사·조사 통계자료집』. 서울: 국회사무처.

국회예산정책처. 2019. 『2019 대한민국 재정: 국가재정체계 안내서』. 서울: 국회예산정책처.

김민전. 1996. "14대 국회의원의 의사결정 구조: 상임위원회의 배정과 그 활동을 중심으로." 한국정치학회 하계학술대회 발표논문.

김선화. 2018. "법관탄핵 해외사례: 미국과 일본 사례를 중심으로." 『이슈와 논점』 제1511호. 서울: 국회입법조사처.

김용철. 2011. "한국 선거운동의 민주적 품질: 자유와 공정의 관점에서." 『의정연구』 17(3): 83-116.

김지윤. 2013. 『좋은 선거구 나쁜 선거구: 대한민국 선거구 재획정을 위한 제언』. 서울: 아산정책연구원.

문우진. 2011. "여론조사 공천이 정당 정치에 미치는 영향: 위임문제와 파급효과를 중심으로." 『사회과학연구』 50(1): 105-130.

박경미. 2009. "17대 국회의원의 법안 발의와 처리결과: 국회의원의 상임위원회 선호도와 교섭단체 소속여부를 중심으로." 『의정연구』 15(2): 159-185.

_____. 2010. "국회와 정당." 임성호 외. 『한국 국회와 정치과정』. 서울: 도서출판 오름.

박경미·손병권·임성학·전진영. 2012. 『한국의 민주주의: 공고화를 넘어 심화로』. 서울: 도서출판 오름.

박명호·박재성. 2017. "국회의원 보좌직원 제도의 개선방안 모색." 『사회과학연구』 24(3): 197-220.

박재형. 2010. 『한국정치와 헌법재판소』. 서울: 집문당.

박찬표. 2006. "헌법에 기대기: 민주주의에 대한 두려움 혹은 실망." 『한국정당학회보』 5(1): 71-102.

박천오. 1998. "국회의원의 상임위원회 선호성향과 동기." 『한국정책학회보』 7(1): 293-315.

박홍민·이준한 2004. "제17대 국회의원 선거와 의원교체." 『한국정치연구』 13(2): 167-187.

손병권. 1999. "정당이익이론과 1961년도 미국 하원 규칙위원회 확대에 관한 투표 행태 분석." 『한국정치학회보』, 32(4): 243-262.

손병권·가상준·윤종빈·최준영. 2007. 『비례대표의원과 지역구 의원의 의정활동의 특성과 성과 비교』. 한국의회발전연구회 연구보고서.

신명순. 1994. "전국구 국회의원제도의 비판적 고찰." 『한국정치학회보』 28(2): 2239-2258.

오승용. 2008. "분점정부가 국회 입법에 미치는 영향: 중요법안 처리결과를 중심으로." 『의정연구』 14(2): 61-93.

유병곤. 2006. 『갈등과 타협의 정치: 민주화 이후 한국의회정치의 발전』. 서울: 도서출판 오름.

유성진. 2018. "국회의 행정부 견제방식: 제도적 연원과 형성 그리고 변화." 손병권 외. 『대한민국 국회제도의 형성과 변화』. 서울: 푸른길.

유웅조. 2017. "한국 의회외교의 현황과 성격." 국회입법조사처 세미나 「한국 의회외교의 과거와 현재, 그리고 미래」 발표문. 2017년 11월 17일.

윤천주. 1963. 『한국정치체계: 정치상황과 정치참여』. 서울: 고려대학교출판부.

윤형섭. 1992. 『한국정치론』. 서울: 박영사.

음선필. 2009. "비례대표국회의원의 역할과 신분." 『홍익법학』 10(2): 117-149.

이창수·예승우. 2012. 『예산법률주의 쟁점과 과제』. 예산현안분석 제42호. 서울: 국회예산정책처.

이현우. 2009. "국회 상임위원회의 운영 : 전문성과 대표성의 재평가." 『의정연구』 15(1): 145-176.

이현출. 2004. "제17대 초선의원 의정활동 평가: 초선의원의 공천과정." 『의정연구』 10(2): 5-37.

_____. 2010. "국회와 행정부." 임성호 외. 『한국 국회와 정치과정』. 서울: 도서출판 오름.

임성호. 2008. "규제중심 선거관리의 패러독스: 18대 총선과 한국 대의민주주의." 『현대정치연구』 제1권 2호: 5-36.

장 훈. 2010. 『20년의 실험: 한국 정치개혁의 이론과 역사』. 파주: 나남.

전용주. 2005. "후보공천과정의 민주화와 그 정치적 결과에 관한 연구: 제17대 국회의원 선거를 중심으로." 『한국정치학회보』 39(2): 217-236.

전진영. 2006a. "국회의원의 갈등적 투표행태 분석: 제16대 국회 전자표결을 중심으로." 『한국정치학회보』 40(1): 47-70.

_____. 2006b. "조세정책 관련법안에 대한 국회의원의 투표행태 분석." 『의정연구』 12(1): 131-157.

_____. 2010. "국회 입법과정." 임성호 외. 『한국 국회와 정치과정』. 서울: 도서출판 오름.

_____. 2012. "미국 의회의 신속입법 절차." 국회입법조사처. 『이슈와 논점』 제445호. 서울: 국회입법조사처.

_____. 2015. "국회선진화법은 국회를 선진화시켰는가?" 『현대정치연구』 8(1): 99-125.

_____. 2018. "국회의장의 권한과 역할: 제도의 근원과 역사적 변화." 손병권 외. 『대한민국 국회제도의 형성과 변화』. 서울: 푸른길.

_____. 2018. "'사회적 참사법'의 입법과 국회 안건신속처리제의 쟁점." 국회입법조사처. 『이슈와 논점』 제1408호. 서울: 국회입법조사처.

_____. 2020. "국회 안건신속처리제의 운영현황과 개선과제." 국회입법조사처 입법·정책보고서 제45호. 서울: 국회입법조사처.

전진영·김인균·윤영관. 2019. "시간의 정치: 무엇이 입법시간을 결정하는가?" 『한국정당학회보』 18(4): 201-228.

전진영·박찬욱. 2012. "제18대 국회 상임위원회의 입법권력 분석." 『의정논총』 7(1): 57-73.

정광호·김권식. 2008. "국회의원 보좌진의 입법영향력 분석." 『한국행정학보』 42(1): 77-95.

정영국. 1995. "전국구 의원의 국회 상임위원회 활동 분석." 『한국과 국제정치』 11(1): 53-78.

정진민. 2008. "생산적 국회운영을 위한 대통령-국회 관계와 정당." 『한국정당학회보』 7(1): 77-102.

정진웅. 2018. "국회법 예산안 자동부의제의 성격과 한계." 『의정연구』 24(1): 104-133.

조성대. 2010. "국회와 이익집단." 임성호 외. 『한국 국회와 정치과정』. 서울: 도서출판 오름.

조정관. 2009. "민주화 이후 국회-대통령-정당의 상생관계?: 역사적 관점에서." 『의정연구』 15(1): 5-38.

조진만. 2010. "국회의 구조." 임성호 외. 『한국 국회와 정치과정』. 서울: 도서출판 오름.

_____. 2018. "국회 교섭단체제도의 형성과 변화." 손병권 외. 『대한민국 국회제도의 형성과 변화』. 푸른길.

지병근. 2010. "서베이 민주주의? ─ 6.2 지방선거 후보공천사례를 중심으로." 『한국정치연구』

19(3): 57-75.

_____. 2016. "한국 주요정당들의 공천제도와 계파갈등: 2016년 국회의원선거 사례분석." 『동서연구』 28(4): 59-86.

차동욱. 2012. "행정입법에 대한 헌법적 통제." 『한국정당학회보』 11(1): 259-284.

_____. 2016. "정치의 사법화에 대한 헌법재판소의 책임: 국회의원과 국회의장 간 권한쟁의 사건을 중심으로." 『한국정당학회보』 15(2): 69-103.

최 선. 2019. "외국의 국민소환제도 운영사례." 『의정연구』 25(2): 189-200.

최정원. 2010. "국회의원의 사회경제적 배경." 임성호 외. 『한국 국회와 정치과정』. 서울: 도서출판 오름.

최준영·조진만·가상준·손병권. 2008. "국무총리 인사청문회에 나타난 행정부 국회 관계 분석: 회의록에 대한 내용분석을 중심으로." 『한국정치학회보』 42(2): 151-169.

한국정치학회. 2013. 『국회 입법지원 인력과 기관에 관한 연구』. 2013년도 국회사무처 연구용역보고서.

홍석한. 2013. "입법절차 통제에 관한 헌법재판소 판례의 분석과 평가." 『공법연구』 41(4): 127-153.

Aldrich, John H. 1995. *Why Parties*. Chicago: University of Chicago Press

Bagehot, Walter. 1928. *The English Constitution*. London: Oxford University Press.

Binder, Sarah A. 1999. "The Dynamics of Legislative Gridlock, 1947-96." *American Political Science Review* 93(3): 519-533.

Bond, Jon R., and Richard Fleisher, eds. 2000. *Polarized Politics: Congress and the President in a Partisan Era*. Washington, DC: CQ Press.

Cain, Bruce E., John A. Ferejohn, and Morris P. Fiorina. 1987. *The Personal Vote*. Cambridge and London: Harvard University Press.

Cooper, Joseph, and David W. Brady. 1981. "Institutional Context and Leadership Style: The House from Cannon to Rayburn." *American Political Science Review* 75(2): 411-425.

Cox, Gary, and Mathew McCubbins. 1993. *Legislative Leviathan: Party Government in the House*. Berkeley, CA: University of California Press.

_____. 2005. *Setting the Agenda: Responsible Party Government in the U.S. House of Representatives*. New York: Cambridge University Press.

Davidson, Roger H., David M. Kovenock, and Michael K. O'Leary. 1966. *Congress in Crisis: Politics and Congressional Reform*. Belmont, CA: Wadsworth Publishing Company.

Davidson, Roger H., and Walter J. Oleszek. 2008. *Congress and Its Members*. Washington, DC: CQ Press.

Downs, Anthony. 1957. *An Economic Theory of Democracy*. New York: Harper.

Duverger, Maurice. 1954. *Political Parties: Their Organization and Activity in the Modern State*. London: Methuen.

Edwards III., George, Andrew Barrett, and Jeffrey Peake. 1997. "The Legislative Impact of Divided Government." *American Journal of Political Science* 41(2): 545–563.

Epstein, Lee, and Jack Knight. 1998. *The Choices Justices Make*. Washington, DC: CQ Press.

Farrell, David M. 1997. *Comparing Electoral Systems*. New York: Prentice Hall.

_____. 2001. *Electoral Systems: A Comparative Introduction*. New York, NY. Palgrave.

Fenno, Richard F. 1973. *Congressmen in Committee*. Boston, MA: Little, Brown and Co.

Ferejohn, John, and Pasquale Pasquino. 2003. "Rule of Democracy and Rule of Law." José María Maravall, and Adam Przeworski, eds. *Democracy and the Rule of Law*. Cambridge: Cambridge University Press.

Gilligan, Thomas W., and Keith Krehbiel. 1990. "Organization of Informative Committees by a Rational Legislature." *American Journal of Political Science* 34(2): 531–564.

Ginsberg, Benjamin, and Martin Shefter. 1990. *Politics by Other Means*. New York: Basic Books.

Gutmann, Amy, and Dennis Thompson. 1996. *Democracy and Disagreement*. Cambridge: Belknap Press.

Hall, Richard L., and Bernard Grofman. 1990. "The Committee Assignment Process and the Conditional Nature of Committee Bias." *American Political Science Review* 84(4): 1149–1166.

Hazan, Reuven Y., and Gideon Rahat. 2010. "Candidate Selection Methods: An Analytical Framework." *Party Politics* 7(3): 297–322.

Hibbing, John R., and Elizabeth Theiss-Morse. 1995. *Congress as Public Enemy*. Cambridge: Cambridge University Press.

Hirschl, Ran. 2008. "The Judicialization of Mega-Politics and the Rise of Political Courts." *Annual Review of Political Science* 11: 93–118.

Karp, Jeffery A., Jack Vowles, Susan A. Banducci, and Todd Donovan. 2002. "Strategic Voting, Party Activity, and Candidate Effects: Testing Explanations for Spilt Voting in New Zealand's New Mixed System." *Electoral Studies* 21(1): 1–22.

Kelly, Sean Q. 1993. "Divided We Govern: A Reassessment." *Polity* 25(3): 475-484.

King, Anthony. 1976. "Modes of Executive-Legislative Relations: Great Britain, France, and West Germany." *Legislative Studies Quarterly* 1(1): 11-36.

Knight, Jack. 1992. *Institutions and Social Conflict.* New York: Cambridge University Press.

Krehbiel, Keith. 1990. "Are Congressional Committees Composed of Preference Outliers?" *American Political Science Review* 84(1): 149-163.

_____. 1991. *Information and Legislative Organization.* Ann Arbor. MI: University of Michigan Press.

_____. 1998. *Pivotal Politics: A Theory of U.S. Lawmaking.* Chicago: University of Chicago Press.

Linz, Juan J., and Alfred Stepan. 1997. "Toward Consolidated Democracies." Larry Diamond *et al.*, eds. *Consolidating the Third Wave Democracies: Themes and Perspectives.* Baltimore: Johns Hopkins University Press.

Liphart, Arend. 1994. *Electoral Systems and Party Systems: A Study of Twenty-Seven Democracies, 1945-1990.* New York. Oxford University Press.

Mayer, Kenneth, and David Canon. 1999. *The Disfunctional Congress?* Boulder, CO: Westview Press.

Mayhew, David R. 1974. *Congress: The Electoral Connection.* New Haven, CT: Yale University Press.

_____. 1991. *Divided We Govern: Party Control, Lawmaking, and Investigations, 1946-1990.* New Haven, CT: Yale University Press.

Sandel, Michael J. 2005. *Public Philosophy: Essays on Morality in Politics.* Cambridge: Harvard University Press.

Searing, Donald D. 1994. *Westminster's World.* Cambridge: Harvard University Press.

Segal, Jeffrey A,, and Harold J. Spaeth. 2002. *The Supreme Court and the Attitudinal Model Revisited.* New York: Cambridge University Press.

Shepsle, Kenneth A., and Barry R. Weingast. 1987. "The Institutional Foundations of Committee Power." *American Political Science Review* 81(2): 85-104.

Strøm, Kaare. 2000. "Delegation and Accountability in Parliamentary Democracies." *European Journal of Political Research* 37(3): 261-289.

Taagepera, Rein, and Matthew Soberg Shugart. 1989. *Seats and Votes: The Effects and Determinants of Electoral Systems.* New Haven: Yale University Press.

Thompson, Dennis F. 1995. *Ethics in Congress: From Individual to Institutional*

Corruption. Washington, DC: The Brookings Institutions.

Tolchin, Susan J., and Martin Tolchin. 2001. *Glass Houses: Congressional Ethics and the Politics of Venom*. Boulder, CO: Westview Press.

Uslaner, Eric. 1993. *The Decline of Comity in Congress*. Ann Arbor, MI: University of Michigan Press.

찾아보기

| ㄱ |

감사원 111, 120, 122, 163
개원 61, 62, 64, 197
결산 87, 111-113, 120, 122, 200
경찰순찰 방식 160
고액 기부자 216, 217
공직선거법 32-43, 46, 49, 98, 102
공천 45, 47-54, 56, 75, 134
공청회 94, 96, 108, 123, 129, 130
교섭단체 63, 65-70, 74, 76, 85, 88, 97,
99, 108, 117, 130, 131, 143,
153, 161, 164, 197, 199, 207
국가재정법 111, 112, 115, 120
국무위원 해임건의 166
국정감사 86, 159-163, 180, 193, 198
국정조사 86, 159, 161, 163, 180, 198
국회도서관 196, 199, 201
국회사무처 74, 106, 196-199
국회선진화법 74, 76, 96, 97, 102, 107,
115, 179
국회예산정책처 112, 190, 196, 199-202
국회의원 윤리강령 206, 207
국회의원 윤리실천규범 206, 207
국회의장 36, 37, 62-66, 71-76, 94, 97,
98, 107, 116, 131, 164, 165, 167,
178, 179, 185, 200-202, 207,
208
국회입법조사처 190, 196, 200-202
권한쟁의심판 178, 179, 183, 185
긴급명령권 148, 149
긴급현안질문 74, 103, 164, 165

| ㄷ |

다수제 24, 25, 27-29
단점정부 142, 143
당론 33, 135-137
대법원 132, 169, 174, 175, 177, 182
대정부질문 103, 164-166

| ㅁ |

무제한토론 102, 100, 112

| ㅂ |

법사위 체계자구심사 99, 100
법안 발의 70, 91, 92, 123, 125, 126
법제사법위원회 64, 83, 86, 87, 97-99,
100, 126-128, 180
별정직 공무원 190-192, 194, 199
분점정부 142-144
비례대표 의원 45-47, 51, 58, 123, 124
비례제 24-30
비용추계서 91, 92, 200

| ㅅ |

사법심사 175, 177
사법의 정치화 185
상임위원장 62, 63, 64, 66, 70-73, 88,
89, 179, 211
상임위원회 36, 62, 63, 65, 66, 69, 71,
73, 75, 79-81, 83-89, 94, 97-

101, 103-108, 113, 115-117, 121, 123, 126-129, 135, 154, 159- 161, 166, 169, 170, 205, 208
선거구획정위원회 34
소관사항 81, 91, 94, 102
소위원회 81, 83, 84, 94, 96, 100, 101, 116, 117

| ㅇ |

안건신속처리제 97, 98
안건조정위원회 100, 101
여촌야도(與村野都) 30, 34
연구단체 123, 130
예산 86, 87, 111-113, 115, 117, 118, 134, 180, 200, 201
예산결산특별위원회 69, 84, 87, 89, 112, 113, 115, 116, 121
예산안 자동부의제 115
원구성 61-65, 67, 69-71, 88, 127
위원회 중심주의 93, 94
위임입법 148, 168-171
위헌법률심판 175, 176, 183
윤리심사자문위원회 69, 208
윤리특별위원회 84, 206-209, 211, 212
의원보좌진 189, 190, 192-196, 198, 199
의원외교 131
의원총회 71, 72, 123, 131, 135
의장단 62, 69-72, 88
이원적 정통성 136, 141-143, 166
인사청문회 86, 153-155
입법과정 74, 75, 91, 93, 94, 97, 100- 103, 106-108, 127, 130, 143, 144, 152

| ㅈ |

자격심사 208
재선 23, 34, 42, 45, 47, 48, 66, 75,

80, 86, 124, 126, 132, 134
재의요구권 145
재정통제권 110, 111, 200
전원위원회 69, 81, 85, 108
전자표결 102-104, 106
정당기율 107, 135-137, 158
정치의 사법화 182-185
준연동형 비례대표제 32, 33
지구당 132, 133
지역구 의원 45-47, 53, 58, 123, 124, 126, 132
지원기구 189-191, 197, 197, 200, 202
직권상정 74-76, 97, 98, 107, 179
직업적 배경 53, 56, 58
징계심사 208

| ㅊ |

청원 79, 88, 123, 127-129, 198
초선의원 49, 56
출판기념회 215
충원 31, 45, 48, 56, 156

| ㅌ |

탄핵 151, 181, 182
탄핵소추 150, 151, 167, 181, 182
특별위원회 36, 69, 80, 83, 84, 87, 89, 160, 161
특수활동비 211

| ㅎ |

헌법소원심판 175, 176
헌법재판소 31, 35, 130, 150, 151, 153, 169, 174-185
혼합제 27, 28
화재경보 방식 161

지은이 소개

- **손병권**

  중앙대학교 정치국제학과 교수

  University of Michigan, Ann Arbor 정치학 박사

  주요 저서 및 논문 |

  『한국형 발전국가의 국가이념과 정치제도』(공저)(인간사랑, 2018)

  "제19대 국회 전반기 평가: 국회, 대통령, 여야 정당 간의 관계를 중심으로"(『의정연구』, 2014) 등 다수

- **가상준**

  단국대학교 정치외교학과 교수

  State University of New York, Stony Brook 정치학 박사

  주요 저서 및 논문 |

  『민주시민과 청년의 삶』(공저)(오름, 2018)

  "정당 간 양극화가 투표율 상승을 견인하고 있는가?"(『한국정당학회보』, 2020)

  "한국 정치자금 공개제도의 개선방안 연구: 한국과 미국 사례 비교를 중심으로"(『의정연구』, 2020) 등 다수

• **박경미**

전북대학교 정치외교학과 부교수

이화여자대학교 정치학 박사

주요 저서 및 논문 |

『대한민국 국회제도의 형성과 변화』(공저)(푸른길, 2018)

"한국 정당 지도부와 당내민주주의"(공저)(『의정논총』, 2019) 등 다수

• **유성진**

이화여자대학교 스크랜튼학부 부교수

State University of New York, Stony Brook 정치학 박사

주요 저서 및 논문 |

『대한민국 국회제도의 형성과 변화』(공저)(푸른길, 2018)

"촛불의 정치적 효과: 정치적 불만과 참여의 활성화"(『한국과 국제정치』, 2017)

"인식의 부조화와 참여의 비대칭적 활성화: 후보와 정당인식 그리고 한국의 보수주의"(『의정연구』, 2018) 등 다수

• **장승진**

국민대학교 정치외교학과 부교수

Columbia University 정치학 박사

주요 저서 및 논문 |

"유권자들은 총선에서 누구를 언제 심판하는가?: 제21대 총선에서 나타난 조건부 회고적 투표"(『한국정치학회보』, 2020)

"보수적이지 않은 보수주의자와 진보적이지 않은 진보주의자: 이념성향, 정책선호, 그리고 가치 정향"(『한국정당학회보』, 2020)

"한국 지방선거의 다층적 회고적 투표"(『한국정당학회보』, 2019) 등 다수

• 전진영

　　국회입법조사처 정치의회팀장

　　서울대학교 정치학 박사

　　주요 저서 및 논문 ｜

　　　"시간의 정치: 무엇이 입법시간을 결정하는가?"(공저)(『한국정당학회보』, 2019)

　　　"역대 국회의장의 제도적 권한 및 당파적 역할의 변화와 지속"(『의정논총』, 2018)

　　　"법인세법에 대한 국회의원의 투표행태 분석"(『한국정치학회보』, 2015) 등 다수

• 조진만

　　덕성여자대학교 사회과학부 정치외교학전공 부교수

　　연세대학교 정치학 박사

　　주요 저서 및 논문 ｜

　　　『견제와 균형: 인사청문회의 현재와 미래를 말하다』(공저)(써네스트, 2016)

　　　"정치체계의 특성과 의회의원의 법안 발의: 31개 민주국가 교차분석"(『의정연구』, 2005)

　　　"의회의 운영시간 결정요인에 대한 교차국가분석"(『한국정치학회보』, 2008)

　　　"의회의 집합적 의사결정과 신뢰: 한국의 현실과 선택"(『의정연구』, 2009)

　　　"국회의원-지역구민 이념적 일치도가 선거정치에 미치는 영향 분석"(『미래정치연구』, 2019) 등 다수